오늘 배워 내일 써먹는

경제상식

돈을 잘 쓰고, 모으고, 불리기 위해
꼭 알아야 할 금리·환율·유가

한 달 공부
챌린지 01

오늘 배워 내일 써먹는
경제 상식

김정인 지음 | 남시훈 감수

더퀘스트

'한 달 공부 챌린지'는?

꼭 배워야 하지만 시간도 없고 어려워서 마음 한구석에 내버려 둔 공부, 한 가지씩은 있으시죠? 각 분야 최고의 저자들이 경제, 사회, 심리 등 필수 교양을 잘근잘근 쪼개고 씹어 독자들에게 떠먹여 드립니다. 딱 한 달 만에 끝낼 수 있도록 핵심만 뽑아 정리했습니다.
#한달챌린지 목표를 세우고 공부를 시작해봅시다.

#돈벌려면
#경제지식부터_채우자
#첫번째_한달챌린지_경제상식공부
#다음은_재테크공부

'한 달 챌린지' 그 첫 번째 주제로, 경제상식부터 공부합니다. 손해 보지 않고 소중한 내 돈을 지키려면 일단 경제 기초부터 알아야 합니다. 경제 이야기를 사례, 그림과 함께 풀었습니다. 어렵다고 생각해 외면해왔던 경제 공부. 이제는 꼭 좀 배워서 써먹읍시다!

지금, 경제공부를 해야 하는 이유

이미 알고 계시죠? 열심히 저축만 하면 걱정 없이 살 수 있던 시절은 이제 오래전에 끝났다는 거. 사업에 크게 성공하거나 복권에 당첨되거나 부모님에게 물려받을 건물이 있는 것이 아닌 이상 목돈 들어가는 내 집 마련, 결혼, 자녀 양육, 노후 준비를 하려면 대출과 재테크는 필수를 넘어 생존 기술이 된 세상입니다. 그만큼 금융실무와 친해져야만 한다는 이야기죠.

하지만 너무 무서워할 필요는 없습니다. 나만 그런 건 아니니까요. 모두가 비슷한 상황이면 또 그런 내로 살 길이 열린답니다. 하지만 이것저것 알기는 알아야겠죠. 패스트푸드 매장의 셀프 주문 키오스크 화면에 적힌 영단어 'ORDER'를 큰 노력 없이 읽기 위해 12년간 영어를 배워왔던 것처럼 말이에요. 공교육에서 우리만큼 영어를 배우지 못한 윗 세대 어르신들은 요새 간판이나 안내 문구들이 죄다 영어로 되어 있어 읽기조차 힘들다고 하죠. 아마 우리가 그 시절로 돌아가면 한자로 쓰인 문서를 못 읽어서 주민등록등본도 떼기 힘들 거예요. 이렇게 적혀 있을 테니까요.

住民登錄謄本을 發給하려면 洞事務所에서 民願事務契員에게 申請書類를 接受하시오.

혹시 경제기사나 금융상품 가입설명서를 읽을 때 저런 한자를 읽는 것과 비슷한 기분을 느끼시나요? 그렇다면 잘 오셨습니다. 이 책이 바로 당신을 위한 책이니까요.

금융실무를 이해하려면 가장 먼저 경제정보를 제대로 읽을 줄 알아야 합니다. 금융실무는 경제적인 기반 위에서 이뤄지니까요. 겁내지 마세요. 경제와는 이제부터 천천히, 꾸준히 친해지면 됩니다. 이 책을 재밌게 읽다 보면 웬만한 경제현상은 대강 이해할 수 있게 될 거예요.

대강 이해한다는 말이 너무 속 편한 소리로 들리신다구요? 아뇨. 대강 이해하는 것만으로도 충분합니다. 경제를 꼼꼼하고 완벽하게 알려면 실제 상황을 겪어보는 수밖에 없거든요.

어떤 보험이 나에게 더 맞는지, 지금 예산으로 어느 가격대의 월세를 구해야 적절한 건지, 주택담보대출을 받을 땐 상환 방식을 무엇으로 해야 할지, 퇴직연금을 안전하게 운용하려면 어느 정도의 욕심을 부려서 상품을 선택해야 할지, 주식투자 이야기에 어떻게 맞장구칠지, 창업을 했는데 정부지원금 수급 조건은 뭐라는 건지, 이 주식을 지금 팔아야 할지, 우리 업계 전망은 어떤지, 이직하려는 회사와 부서의 장기적인 전망은 어떤지, 이번 기획안은 어떤 시장을 어떻게 노려서 작성할지 등등.

그러나 인생에 일어날 수 있는 모든 경제적 상황에 대한 매뉴얼을 다 만들 순 없겠죠. 그러니 우리의 목표는 뭔가 이벤트가 생겼을 때, 관련 뉴스나 전문가의 조언을 찾아보면서 "아, 나 이거 아는데? 들어봤는데?" 하고 자료를 찾을 수 있는 수준을 달성하는 것입니다.

현실적으로 '돈이 어디서 태어나 어디로 어떻게 흘러 다니는지 이해하는 정도' 말이에요.

딱 그만큼의 경제공부, 이제 시작합니다.

차례

3주차. 환율 공부

4주차. 유가 공부

1주차

경제공부의
시작

왜 평범한 사람들이
금리, 환율, 유가를 공부해야 하나요?

저자 경제현상에 대해 안다고 주택담보대출 이자를 내가 깎을 수 있는 것도 아닌데 왜 이렇게 어려운 금리와 환율, 거기다가 생소한 유가까지 알아야 하죠? 어차피 우리 같은 사람들은 이자가 낮다고 하면 낮은 이자를 받아들일 수밖에 없고, 휘발유 값이 올랐다고 하면 오른 가격으로 기름을 넣을 수밖에 없잖아요.

편집자 그래도 공부하고 싶어 하는 사람들이 많아요.

저자 왜요?

편집자 서자 님은 처음 경제공부를 왜 시작하셨나요?

저자 세상 굴러가는 걸 이해하려면 돈 굴러가는 걸 먼저 이해해야 하니까요?

편집자 세상을 왜 이해하고 싶으셨는데요?

저자 알아야 뭐라도 하죠. 트렌드를 잘 따라가야 프로젝트도 성공하고, 승진도 하고, 월급도 오르고, 이직도 하고요. 그래야 월급도 오르고 학자금대출도 빨리 갚으니까요. 더불어 투자도 할 수 있으면 좋고, 노후 대비는 필수로 해야 하고, 노후자금 투자할 때 펀드 사기 같은 거 당하면 안 되고, 혹시 나중에 장사를 해야 할지도 모르고….

편집자 독자 분들도 마찬가지예요.

그렇죠. 알아야 뭐라도 할 수 있습니다. 그러니까, 알아야 돈을 벌 수 있죠. 또 돈을 벌려면 세상의 흐름을 읽는 게 그 첫 번째 일입니다. 왜 그럴까요? 이 상황에서 떠오르는 이야기가 하나 있습니다. 바로 '기차 화장실' 이야기입니다. 19세기 산업혁명이 일어나면서 사람들은 걷거나 말을 타는 대신 기차와 배를 타고 다닐 수 있게 됐습니다. 물론 철도 사업자는 돈을 많이 벌었겠죠? 각국 조선 산업도 크게 성장했을 테고 기차와 배에 철강을 대는 광공업과 철강 산업도 활발히 컸을 겁니다. 하지만 그런 산업은 투자해야 하는 돈도 크고, 경영하는 데 들어가는 자원도 너무 많잖아요. 그럼 우리 같은 개인들은 전혀 돈을 벌지 못했을까요? 빠른 이동이 가져다주는 편리함만 누리면서 세상 돌아가는 것과 크게 상관없이 살았을까요?

꼭 그렇지만은 않았던 것 같습니다. 새롭게 생긴 기차와 배에 들어가는 화장실 생각을 하면 말이에요. 그 무렵 사람들은 이동 수단에 화장실이 필요하다는 생각을 하지 못했습니다. 가다가 뱃속에서 신호가 오면 그냥 언제든 내려서 해결하면 됐거든요. 하지만 지금은 아무도 달리는 기차에서 마음대로 내려서 용변을 볼 생각은 하지 않지요. 역에 정차할 때마다 기차에서 잽싸게 내려 역 화장실을 이용하지도 않고요.

분명히 기차나 배에 들어갈 화장실을 처음으로 생각한 사람은 큰 성공을 거뒀을 겁니다. 그 화장실을 끊임없이 개량한 사람도 인류 역사에 큰 공헌을 한 덕에 통장이 빵빵해졌을 거고요. 그 사람들이나 그들의 회사에 투자한 사람들도 마찬가지입니다.

이제는 세계가 클 만큼 크고 발전할 만큼 발전해서 '깨끗한 화장실'의 도입만큼 엄청난 대박은 드물 겁니다. 하지만 세계 경제의 흐름을 잘 따라가다 보면 직장인으로서도 조그맣게 내 가계부를 챙기고, 회사 프로젝트의 '중박'을 치는 일은 가능할 것 같아요. 저는 보통 이런 희망을 '수세식 변기 발명 게임'이라고 부릅니다. 그리고 21세기 직장인의 수세식 변기 발명 게임을 만드는 기본이 바로 금리와 환율과 유가입니다.

금리와 환율과 유가는 우리의 실생활에 가장 많은 영향을 끼칩니다. 바로 세상을 지금 같은 모습으로 굴러가게 만드는 무역과 금융의 핵심 요소이기 때문이죠.

금리와 환율과 유가의 연관성

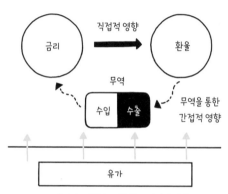

우리가 사용하는 모든 것에 직접적 영향

앞에 언급한 기차도 석탄과 석유를 연료로 사용할 수 있게 되면서 등장한 이동 수단입니다. 현대사회의 거의 모든 물질들은 석유에서 탄생하기 때문에 이 모든 것의 원재료인 석유의 가격, 즉 유가는 세계경제 전체를 움직입니다. 게다가 우리나라처럼 석유가 나지 않는 국가는 100% 수입에 의존해야 하는데, 이때 한국 돈 5만 원짜리를 받아가는 사우디아라비아 왕자님은 존재하지 않습니다. 국제 거래는 미국 달러로 진행하는 거죠. 그럼 한국 돈과 미국 달러를 몇 대 몇으로 바꾸

금리, 환율, 유가와 기차와 변기의 상관관계

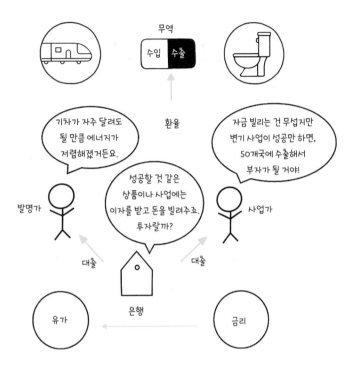

느냐 하는 문제가 등장합니다. 그게 바로 환율이고요. 그럼 또 환율은 어떻게 결정되느냐? 그건 바로 금리가 결정합니다.

뭔가 알 것 같으면서도 잘 모르겠죠? 걱정 마세요. 앞으로 천천히 설명할 금리, 환율, 유가 이야기를 잘 따라오시기만 하면 됩니다. 책을 덮을 즈음에는 이 내용을 구석구석 이해할 수 있게 될 거예요. 본격적인 내용을 공부하기 전에 이번 챕터에서는 기본적인 경제학 상식을 알아보고 재밌는 사례들을 통해 실생활에서 금리와 환율과 유가가 어떻게 작용하는지 자연스레 살펴보는 시간을 가질 거예요.

수요와 공급의 법칙 등 기본적인 경제 법칙에 대한 지식이 있으시거나 각종 사례에 익숙하신 분들은 바로 다음 챕터로 넘어가셔도 무리는 없답니다. 그래도 돌다리도 두드리는 기분으로 천천히 읽어보시길 권해드려요. 다 피가 되고 살이 되는 이야기니까요.

경제학 교과서에 나올 사건, 팬데믹 시대의 무역과 금융

2020년은 코로나19 바이러스 감염증이 창궐하는 바람에 우리 모두 힘든 한 해를 보내야 했습니다. 하지만 경제상식을 공부하기에는 아주 적절한 시기였지요. 겨우 버티고 있던 경제의 취약한 부분이 드러나고 많은 뉴스를 통해 돈의 흐름을 명확히 볼 수 있었기 때문입니다.

2020년 3월 9일, 세계 증시가 폭락했습니다. 어떤 주식은 휴지 조각이 됐고, 절대 망하지 않을 것 같았던 대형주도 가격이 크게 떨어졌어요. 코로나 사태 이전에 최고가가 62,000원이 넘었던 삼성전자가 42,000원 정도로 3분의 1 토막이 났으니까요.[1] 주식에 투자했던 개인과 기업들, 국민연금기금운용본부 같은 기관들은 그 시점에 큰 손해를 보았습니다.

주식 가격이 다시 오를 때까지 오랫동안 가지고 있을 수 있다면 그나마 괜찮습니다. 하지만 주식 일부를 그때그때 팔아서 생활비나 의무적인 지급금으로 써야 한다면 이건 아주 무서운 상황인 거죠. 산 가격보다 싸게 팔아야 하고 그 순간 손해가 납니다.

그러나 위기를 기회로 삼은 사람들도 있습니다. 폭락한 시점이 좋은 주식을 저렴하게 살 기회라고 생각한 사람들은 그때 주식을 샀습니다. 단기적으로 이 결정은 꽤 괜찮은 수익을 가져다줬습니다.[2]

또 코로나 사태로 인해 네이버, 카카오, 줌, 쿠팡 같은 각종 플랫폼 기업, 씨젠이나 에스티팜 같은 바이오 기업 등 비대면 산업과 치료제 및 백신 개발 산업은 오히려 시장 규모를 키웠습니다. 회사마다 수익률에 차이는 있었습니다. 하지만 꼭 투자로 돈을 벌지 않았더라도 주가가 떨어질 때 놀라서 팔아버리지 않은 사람들은 그때 판 사람들만큼 잃지는 않았지요. 주식을 계속 갖고 있었던 이들은 여러 가지 정보를 조합해서 이 폭락은 반드시 회복될 거라고 생각했던 사람들입니다.

요새는 금융과 경제를 공부해서 현명한 판단을 하는 사람들이 많아졌습니다. 코로나가 심해질 기미를 보이자 이와 관련된 기업들에 투자해 돈을 번 사람들도 많았고, 또 주식과 펀드에 투자하는 형태의 퇴직연금을 갖고 있던 사람들도 미리 돈을 빼거나 운용상품의 비율을 변경해 괜찮은 수익률을 올리기도 했습니다. 이렇게 2020년에 남들보다 안정적으로 돈을 벌었던 사람들의 공통점은 무엇일까요?

바로 실생활에서 경제의 흐름을 읽을 수 있었다는 것입니다. 어디 한 번 작년 돈의 흐름을 통해 경제학적 배경지식을 채워볼까요? 2020년 한 해 주요 경제뉴스의 전반적인 흐름은 이렇습니다.

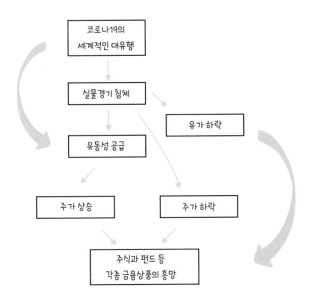

2020년 돈과 경제뉴스의 흐름

코로나19의 가장 무서운 점은 높은 전염성입니다. 조금만 가까이 접촉해도 병에 걸리니 병원 신세를 져야 하죠. 초기에는 치료제나 백신도 없었고요. 이러다 보니 사람들이 서로 만나기 어려워집니다. 얼굴을 맞댔다가 감염에 감염이 이어지면 유럽 인구의 3분의 1이 사망했던 흑사병 사건이 재현될 판국이었죠. 그렇게 아무도 만나지 못하고 외출조차 어려워지다 보니 실물경기가 멈춰버립니다.

실물경제는 뭐고 금융경제는 뭐지?

요새 결제는 신용카드나 모바일로 해서 실물화폐(현금)를 볼 일이 적습니다. 내 통장에 돈이 얼마 있는지는 보통 모바일 뱅킹에 나타나는 숫자로 확인합니다. 인터넷 쇼핑몰에서 물건을 살 때도 인터넷에 올라온 사진을 보고, 인터넷으로 결제를 합니다. 그 과정에서 진짜 화폐나 물건을 볼 일은 드물죠. 만드는 사람, 파는 사람과 이야기를 나눌 일도 별로 없습니다.

하지만 분명히 공장에서는 진짜 물건이 만들어지고 있습니다. 진짜 물건이 쌓인 진짜 창고도 있고, 그 창고에서 중간 지점까지 물건을 날라주는 진짜 트럭도 있고, 그 트럭을 운전하는 사람과 물건 파는 사람에게 물건을 받아서 접수한 사람 그리고 물건을 배달해주는 사람도 있죠. 이 사람들은 서로 '만나야만' 일할 수 있습니다.

실제 물건이 만들어져서 운반되고 진열되고 팔리는 경제, 이걸 바로 실물경제 혹은 실물경기라고 합니다. 광산에서 광부들이 모여 싱크대를 만드는 데 들어가는 알루미늄을 캐는 것도 실물경제고, 필리핀에서 재배한 바나나가 한국까지 올 수 있도록 커다란 화물선에 싣는 것도 실물경제입니다. 백화점에서 쇼핑을 하거나 카페에서 커피를 한 잔 사 마시는 것도 실물경제죠. 심지어 여기 등장한 모든 사람들이 월급을 받고 판매 수익을 올리는 것도 실물경제입니다. 생산과 제조, 내수와 소비, 수출입과 같은 무역까지 코로나19는 바로 이 실물경제를 한 방에 멈춰 세운 겁니다.

 코로나에 걸릴까 봐 과일 따러 못 가겠어! 일당이 안 나와!

 과일 수확을 못 하고 있어! 과일 값을 못 받고 있어!

 과일 가지러 못 가겠어! 운반비를 못 받고 있어!

 과일들이 안 들어와! 보관료를 못 받고 있어!

창고에 과일이 없대! 장사를 못하고 있어!

 과일 사러 못 가겠어! 사실 돈도 없어!

 다들 못 한다는데 왜 나만 일해야 해?

 사람들이 뭘 사러 안 와서 물건이 안 팔려!

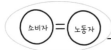 다니는 회사가 물건을 못 팔아서 월급이 안 나와!

─────── 여기까지가 실물 경제 ───────

회사가 멈춰버려서 이익도 안 나오고, 주가가 떨어진다!

응? 나는 어디에 투자해야 하는 거야?
이전에 투자한 데서 손해 보는 거 아냐? 돈을 도로 찾을까?

26

잠깐, 앞의 그림에서 실물경제가 아닌 부분이 끼어들었습니다. 이름이 뭔지 아시나요? 끼어든 분의 이름은 바로 '금융경제'입니다.

금융경제 님은 정말 이해하기 어려우신 분이에요. 이 부분을 '경제학적으로' 이해하자면 이렇게 시작해야 합니다. 현대 금융이론은 영국의 경제학자인 존 메이너드 케인스가 저술한 《고용·이자 및 화폐의 일반이론》에서부터 시작되었는데, 유동성 선호이론에 따르면 화폐의 수요와 공급이 일치하는 지점에서 균형이 이뤄지며… 화폐의 미래가치를 현재가치로 변환해… 화폐할인… 시장금리($r1$)가 균형금리($r*$)보다 높을 때 마샬의 k가….

하지만 이 부분을 완벽하게 이해하고 계신 독자님은 이 책을 읽지 않으시겠죠. 우리는 어디까지나 '일상 속에서' 경제가 어떻게 작동하고 있는지 아는 게 목적입니다. 어렵고 아주 정확한 내용보다는 실용적이면서도 대충 맞는 내용으로 이해하도록 해요.

돈의 교환활동이 바로 금융

태초는 아니고 그 언제부턴가 '돈'이 생겼습니다. 원시시대 어느 부족은 조개껍데기를 갖고 돈이라고 했고, 어느 부족은 예쁜 조약돌만 모아 돈이라고 했다고 합니다. 무엇을 돈이라고 하든 중요한 건 사람들에게 돈이라는 '개념'이 필요했다는 점입니다.

돈이 생기기 전 경제활동은 물물교환 형태였습니다. 사람이 아무리 잘났어도 혼자서 인생에 필요한 모든 걸 만들어낼 수는 없는 노릇이죠. 그래서 나한테는 있는데 너한테는 없거나, 나한테도 있지만 너한테 있는 게 더 좋거나 한 것들을 서로 교환하기 시작했습니다.

이렇게 바뀌자 혼자 살 때보다 삶의 질이 훨씬 나아졌죠. 그러다 보니 욕심이 생겨 더 많은 사람들과 거래를 하고 싶어집니다. 3명이서 물건을 주고받는 것보다 30명이 서로서로 주고받는 게 새로운 물건이 훨씬 많지 않겠어요? 그런데 여기서 문제가 생깁니다. 서로 교환하고 싶은 물건이 일치하지 않는 거예요. 심지어 내가 가진 모든 물건 중 단 1개도 필요하지 않다는 사람도 생깁니다. 나는 저 사람이 가진 모든 게 다 좋아 보이는데 말이죠. 그러자 사람들은 '돈'을 발명해냅니다.

물건을 바꾸는 대신 돈으로 살 테니 돈을 갖고 있다가 또 다른 사람의 물건이 탐나면 너도 돈을 내고 사라는 거지요. 돈에다가 일정 수준의 가치를 저장해놓은 것입니다. 이렇게 돈은 가치의 저장 수단이자 계산의 단위가 됐죠. 그리고 물건 대신 돈이 왔다갔다하게 된 걸 바로 금융이라고 부릅니다.

그런데 또 하나 문제가 생깁니다. 우리 집 오렌지 1개를 조개껍데기 3개로 살 수 있으면 바다 건너 메리네 오렌지도 조개껍데기 3개로 살 수 있어야 하지 않겠어요? 그게 공평하잖아요. 하지만 현실은 그렇지 않았습니다. 사람들은 일단 받고 싶은 만큼 가격을 불렀죠. 그래서 이 오렌지는 조개껍데기 100개, 저 오렌지는 조개껍데기 3개가 됐습니다. 물론 오렌지를 당장 먹지 않으면 죽는 병에 걸린 사람이 아니고서야 조개껍데기 100개짜리 오렌지를 살 리 없겠죠. 사실 그런 병에 걸린 사람도 그 오렌지는 사지 않았습니다. 바로 옆 가게에서 조개껍데기 3개에 팔고 있는 오렌지가 있었거든요.

이러다 보니 장터에서 '대충 요 정도의 가격을 매기면 오렌지가 가장 많이 팔리더라' 하는 전통이 생깁니다. 옆 상인이 나와 비슷하게 맞추고, 그 옆 상인도 비슷하게 맞추고 하는 식으로 한 장터의 오렌지 가격은 대강 비슷해졌죠.

그러나 바다 건너 사정은 다릅니다. 사람들이 가질 수 있는 조개껍데기 개수도 다르고, 오렌지 농사가 얼마나 잘 되는지도 다르죠. 그렇게 지역에 따라 같은 물건이라도 가격이 달라집니다. 이 가격의 차이를 이용하는 시장이 바로 무역입니다.

(이 부분을 더 자세히 알고 싶으시면 '비교우위'라는 개념을 찾아보세요. 보통 비교 상품이 2가지가 나오면서 환율 개념이 추가됩니다. 이 책을 읽어 나가다 보면 더 자세히 다뤄진답니다.)

'오렌지 구입단'이라 쓰고 '무역회사'라 읽는다

오렌지가 잘 나지 않는 나라 사람들은 오렌지를 싸게 사 먹고 싶습니다. 그래서 '오렌지 구입단'을 꾸려 오렌지가 싼 옆 나라에 가서 오렌지를 왕창 사오려고 하죠. 오렌지 구입단이 오렌지를 많이 사오려면 큰 수레가 필요합니다. 큰 수레를 만드는 데는 돈이 필요합니다. 오렌지 구입단은 발 넓은 옆집 사람에게 부탁합니다.

"저기요, 우리가 오렌지 사오면 좀 떼어 드릴게. 돈 빌려줄 사람들 없나 좀 알아봐줘요. 그 사람들한테도 넉넉하게 챙겨 드릴게. 오렌지 팔아서 이득 보면 빌려준 돈보다 더 많이 드리겠다고."

그렇게 발 넓은 옆집 사람은 주변에 돈 있는 사람들을 알아봅니다. '금융 중개'를 하게 된 것이죠. 이런 정보를 알게 된 돈 좀 있는 사람들은 오렌지 구입단에게 수레 값을 투자한 '투자자'가 됩니다. 오렌지 구입단이 옆 나라로 건너가 오렌지를 사와서 다시 파는 건 실물경제지만, 발 넓은 옆집 사람과 돈이 남아서 오렌지 구입단에게 수레를 사준 사람들이 한 일은 금융경제입니다.

그래서 어떻게 됐냐고요? 오렌지 구입단은 오렌지를 많이 사와서 조개껍데기 6개에 팔았는데 아주 인기를 끌었습니다.

수입 오렌지가 등장하기 전에는 오렌지 1개에 조개껍데기 10개였거든요. 바다 건너에서 사 먹으면 조개껍데기 3개이긴 하지만 그 돈 아끼려고 바다를 건너느니 오렌지 구입단이 파는 걸 사 먹는 편이 훨씬 나았죠. 그래서 사람들은 오렌지 구입단이 한 번 바다를 건널 때마다 더 많은 오렌지를 사오길 바라게 됩니다. 수레를 더 많이 사주려고 너도나도 돈을 모아서 주는 거죠. 그런데 돈을 빌려주는 사람이 너무 많다 보니 이제는 다 기억하기가 어려워졌습니다. 그래서 오렌지 구입단은 누가 얼마만큼의 돈을 줬는지 기록한 증표를 나눠줍니다.

자, 조개껍데기 300개 줬다고 적었습니다.
다음에 우리 수레가 도착하면 이거 내시오.
그럼 원금에 5% 이자 얹어서 돌려드려요.

혹시 돈으로 안 돌려받고 계속 갖고 있으면서
다른 혜택을 볼 수도 있나요?

수레 1대를 다 살 만큼 내시면 그 수레에 실린 모든 오렌지에
대해서는 어떻게 처분할지 결정권을 드리겠소.

좋아요. 그럼 이 문서는 내가 수레 1대 값을 투자했다는 증표인 거예요.

이 증표가 주식 혹은 채권이냐고요? 맞습니다. 오렌지 구입단을 무역회사라고 본다면 이게 바로 주식이나 채권이고, 이게 바로 금융경제랍니다. 실물경제와 금융경제가 다르다기보다는 실물경제가 더 성장할 수 있도록 지원해주는 파트너가 바로 금융경제인 거죠.[3]

경제가 일정 규모 이상이 되면 금융경제의 충분한 발달 없이는 실물경제도 풍요로워지기 어렵습니다. 그래서 현대 경제에서는 정부도 금융경제의 한 플레이어입니다. 우리나라의 실물경제가 원활하게 돌아가야 부자 나라가 되잖아요. 그래서 정부는 세금과 국채 같은 도구로 실물경제에 지원도 하고 투자도 하는 것이죠. 정부의 금융경제를 특별히 '재정'이라고 부릅니다.

유동성 공급: 실물경제 살리려고 금융 풀었네

2020년 한 해 코로나 사태로 세계 실물경제가 죽어가는 상황, 앞에서 설명했었죠? 정부의 발등에 불이 떨어집니다. 어떻게든 실물경제를 살려보려고 노력했죠. 바로 이 이야기를 하기 위해 조개껍데기와 오렌지 이야기를 길게 한 겁니다. 이제 조개껍데기를 그냥 돈이라고 하겠습니다.

재무부
장관

대통령님! 큰일 났습니다. 코로나 때문에 기업과 상점들이 망해갑니다!

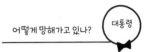

어떻게 망해가고 있나?

대통령

재무부
장관

기본적으로 장사가 안 됩니다. 수익이 나지 않아서
기업은 월급 지급이 밀린 상태고, 상점은 가게 낼 때
대출받았던 은행 빚에 이자도 못 내고 있습니다!

그럼 우리가 돈을 풀어야 하는 것 아닌가?

대통령

재무부
장관

맞습니다. 금리를 내려서 은행 이자를 싸게 해주고
기업에는 특별대출을 진행하려고 합니다.

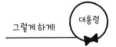

그렇게 하게!

대통령

재무부
장관

월급 못 받은 사람들도 밖에서 돈을 쓸 수 있게
재난지원금도 현금으로 뿌릴 거예요!

이런 대화를 나눈 후, 정부와 은행에서 잠자고 있던 돈이
기업과 상점으로 그리고 일반 소비자의 주머니로도 흘러 들

어갑니다. 이런 걸 '유동성 공급'이라고 합니다. 왜 유동성 공급이라고 하냐고요?

이런 상황을 가정해볼게요. 제가 독자 여러분께 이런 이야기를 하는 거죠.

> 독자님, 제가 지금 1억 원을 드릴 건데요. 현금으로 드릴까요, 양도성 예금증서로 드릴까요? 아니면 만기가 1년 후에 돌아오는 회사채로 드릴까요? 아니면 시가 1억 원 상당의 커피 원두로 드릴까요?

여러분은 웬만하면 현금을 선택하실 거예요. 다른 선택지들은 팔아서 현금화를 하려면 어떻게 해야 하는지 공부도 해야 하고, 바로바로 쓸 수 있는 '돈'이 되기까지 기다려야 하고, 살 사람을 찾아서 팔아야 하니까요. 현금이야말로 바로바로 주고받을 수 있는 존재죠. 이 사람 지갑에서 저 사람 지갑으로 잘 흘러 다니기도 하고요. 그래서 돈을 푸는 걸 유동성 공급[4]이라고 한답니다.

이자를 낮춰주면 이자를 안 낸 만큼 여윳돈으로 쌀을 살 수 있으니 쌀집에 돈이 들어가고, 기업에 특별대출을 해주면 대출을 받은 만큼 월급이나 하청업체의 물건 대금을 줄 테니 노동자와 하청업체에 돈이 들어갑니다. 재난지원금을 사람들의 주머니에 꽂아주면 사람들이 재난지원금으로 사 먹은 밥값만큼 식당에 돈이 풀리겠죠.

어쨌든 2020년에는 코로나로 인해 전 세계에 유동성 공급이 됐습니다. 물건을 못 만들고 못 팔아도 먹고 살아야 하는 게 사람이니까요. 정부는 이럴 때 움직이라고 존재하지 않겠어요? 이런 식으로 바이러스가 통제될 때까지 버티다 보면 언젠가는 실물경기도 살아나게 될 겁니다.

그런데 문제가 생겼습니다. 돈이 너무 많이 풀려버렸어요.

돈은 정부가 풀었는데
왜 물가가 오를까?

코로나19 바이러스가 퍼지는 바람에 경제활동이 중단되며 사람들의 생계가 어려워졌습니다. 정부는 실물경기를 살리기 위해 유동성을 공급합니다. 쉽게 말해 돈을 푼 건데요, 이러면 실물경기가 살아나기도 하지만 동시에 다른 효과도 발생시킵니다. 대표적인 효과로는 물가상승이 있어요. 간단한 수요공급 법칙을 통해 물가가 오르는 이유를 알아봅시다.

모두에게 익숙한, 수요공급 법칙

정부가 시장에 돈이 흘렀으면 좋겠다고 생각해 금리를 싸게 내렸습니다. 이전과 같은 돈을 빌려도 이자를 적게 낼 수 있게 됩니다. 그러니 빌린 돈으로 투자를 하면 수익이 이자보다 높을 것 같지 않겠어요? 돈이 필요한 사람들이 우르르 몰려가 대출을 받았습니다. 물론 우량 투자자들도 대출을 받습니다. 이자 낼 돈은 원래도 많았는데 저렴해지니 더 부담 없이 빌립니다. 우량 고객이기 때문에 더 많이, 더 장기간 빌릴 수 있죠.

돈은 감당할 능력만 된다면 빌릴 수 있을 때 빌리는 게 좋습니다. 투자를 해 이득을 보는 게 부자 되는 방법이거든요. 그런데 막상 빌려놓고 보니 이런 생각이 듭니다.

"그런데… 어디에 투자하지? 지금 다 너무 난리라서 돈 넣어봤자 장사가 잘될 것 같은 곳이 별로 없네."

앞으로 장사를 잘할 것 같은 회사에 투자해야 이익을 볼 텐데, 지금은 다들 목숨 보전하기도 바빠 보입니다. 고민하던 투자자는 결국 제일 안전하고 보수적인 자산에 돈을 넣습니다. 부동산, 금, 달러가 그것이죠.

집 사서 후회하는 사람 못 봤다고 합니다. 정 손해를 볼 것 같으면 본인이 살거나 월세라도 주면 되니까요. 금도 마찬가지입니다. 금 샀다가 금값 떨어지면 세공비를 좀 주고 반지 만들어서 팔면 또 값이 뜁니다. 이분들이 사는 금의 단위는 우리가 생각하는 한 돈, 두 돈 단위가 아니에요. 달러는 더 말할 필요도 없죠. 온 세상의 무역 거래가 다 달러로 결제됩니다. 달러가 필요 없어지는 날은 웬만해선 오지 않습니다.

그렇게 전 세계 부자들이 부동산과 금과 달러를 사니까 조금 더 작은 부자들도 따라 삽니다. 그보다 조금 더 작은 부자들도 따라 삽니다. 그러다가 여윳돈이 아주 조금 있는 일반인도 따라서 투자합니다. 이러면 어떻게 될까요?

부동산과 금과 달러 값이 오릅니다. 사람이 거주할 만한 집과 채굴된 금의 양은 한정돼 있는데 너도나도 사려고 하면 부르는 게 값이 되기 마련입니다. 경제학을 전공하지 않았더라도 익숙한 원리가 여기서 등장합니다.

수요공급 곡선

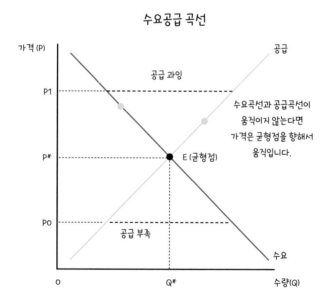

바로 '수요공급 법칙'이죠. 수요가 늘어나면 가격이 오르고, 오른 가격으로 장사를 해 돈을 벌기 위해 시장에 진입하는 사람들이 많아 공급도 늘어납니다. 그러다 물건 공급량이 수요량보다 많아지면 물건이 남아돌아, 다시 가격이 떨어집니다. 수요와 공급 사이에 밀고 당기기가 지속되다가 어느 순간 균형점에서 만나죠.

수요 증가 및 공급 감소 인플레이션

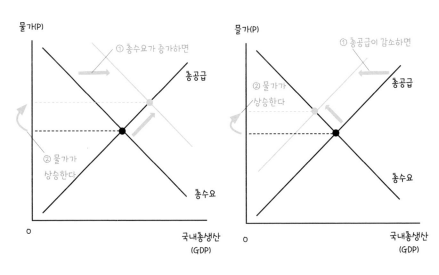

하지만 이론과 현실은 언제나 다르죠. 현실에서는 수요와 공급이 그렇게 빠르고 적절하게 균형을 찾기 어렵습니다. 소비자 입장에서 큰 수요가 한 번에 몰리는데 공급은 제때 되지 않는 경우가 훨씬 많아요. 이런 상황에서 물건의 공급량은 그대로인데 소비자의 돈만 많아지면 균형가격은 어떻게 될까요?

가격만 올라가게 됩니다. 앞에 나온 그래프(37쪽)의 화살표가 향하는 방향을 잘 살펴봐주세요. 이런 현상을 어려운 말로 '유동성 인플레이션'이라고 하고, 쉬운 말로는 돈이 풀려서 물가가 올라갔다고 한답니다. 2020년에 우리 주변에서 흔히 벌어진 일이에요.

2020년 5월 정부가 지급한 재난지원금은 신용카드로 돈을 받아 선불 방식으로도 사용할 수 있었습니다. 그런데 재난지원금을 사용하러 들른 전통시장에서 이런 일이 발생했지요.

상인 11,000원!

얼마 전에 10,000원이었잖아요? 손님

상인 아, 재난지원금 카드로 결제하면 수수료 떼. 그거 더해서 그래.

손님 뭐 다른 카드는 안 떼요?
신용카드로 결제한다고 돈 더 받지는 않잖아요!

 상인 아, 어차피 공돈인데 왜 그렇게 까다롭게 굴어?

'어차피 공돈인데.' 여기서는 이 말이 중요합니다. 위의 상황은 실제로 빈번하게 일어나는 바람에 뉴스에도 보도됐지요. 이번에는 다음과 같은 상황을 생각해보죠. 시장에서 아래와 같은 대화를 나눴다고 칩시다.

 **상인** 11,000원!

손님 얼마 전에 10,000원이었잖아요? **손님**

 상인 손님 이번에 연봉 올랐다면서. 손님한테만 11,000원이야.

그건 제 사정이고 이건 누구한테나 10,000원이어야죠. **손님**

첫 번째 상황과 같은 대화를 나누고 나면 상인을 나쁜 사람이라고 하겠지만, 두 번째 상황과 같은 대화를 나누게 된다면 상인의 정신 상태를 의심하게 될 겁니다.

재난지원금은 다른 게 아무것도 변하지 않았는데 갑자기 더 생긴 돈입니다. 나한테만 더 생긴 돈도 아니고 모두에게 더 생긴 돈이죠. 윤리와 도덕, 그리고 시장에서 이뤄진 합의로 우리는 10,000원이라는 가격표가 붙은 물건을 10,000원에 사고팔아야 한다고 생각하고 있지만 사실 '공돈'이 생겼으면 그만큼 물건 값을 올리고 싶어 하는 게 자연스러운 사람의 이기심입니다.

개별 사례로 보면 상인이 잘못했다는 생각이 듭니다. 그런데 전 세계 사람들이 나도 모르는 사이 공돈이 생기고 나도 모르는 사이 공돈을 쓰게 되면 물가는 오르기 마련입니다. 물건 사러 오는 사람들에게 20만 원씩 생겼다고 가판에 진열된 물건 개수가 자동으로 20만 원어치 더 늘어나진 않으니까요. 하지만 모두는 20만 원씩 더 생겼고, 물건은 한정되어 있으니 20만 원 내에서 돈을 좀 더 많이 내는 사람이 구매하게 되겠죠.

회사에 물건을 납품하는 상황을 생각해볼까요? 우리 공장에서 생산하는 월 '카파(생산량)'는 한정돼 있는데 그 물량을 몽땅 주문하는 거래처가 두 곳 생긴다면 납품가를 좀 더 많이 쳐주는 갑님과 우선 거래를 하게 됩니다. 그럼 우리 회사의 물건 가격은 거기서 결정되는 거죠. 더 싸게 부르는 회사와는 거래하지 않을 테니까요.

이미 생산된 물건은 정가에 팔겠지만 분명히 소비자용품을 생산하는 제조업체는 이렇게 생각할 겁니다. '재난지원금도 풀렸겠다, 앞으로 삼마트에 공급하는 그 과자의 납품가를 10원 더 올려 부르자. 10원 오른 이윤은 삼마트하고 우리가 나누면 된다.' 이런 이유로 인해 유동성이 공급되면 물가가 오릅니다. 특히 부동산과 금, 달러처럼 웬만해선 가치가 떨어지지 않는 안전자산은 더더욱 오르게 됩니다. 남는 돈이 갈 데가 따로 없거든요.

동학개미는 석유를 돈 받고 사고 싶었네

우리나라는 돈이 좀 다른 쪽으로도 흘러갔는데요. 바로 주식입니다. 회사가 장사를 못 하니까 실적이 안 나오잖아요. 모아뒀던 돈도 다 빼내서 직원 월급 주고 퇴직금 주고 문 닫는 상황이니까요. 회사가 망하면 그 회사 주식은 휴지 조각이 됩니다. 그래서 외국에서는 너도나도 주식을 팔았습니다. 싼 가격이라도 살 사람이 남아 있을 때 얼른 털고 더 큰 손해를 막아보자는 것이었죠.

2019~2020년 분기별 부동산 가격 상승[5]

	OECD	한국	미국	중국	독일	캐나다	이탈리아	터키
2015년	100	100	100	100	100	100	100	100
2019년 1분기	112.1	100.1	116.5	129.3	120.2	124.2	95.6	91.7
2019년 2분기	112.5	99.1	117.4	128.5	121.6	122.8	96	90.1
2019년 3분기	113.2	99.1	118.2	128.2	122.8	122.9	96.2	91.7
2019년 4분기	114.2	99	119.7	127.2	125.1	123.8	96	91.1
2020년 1분기	115.4	100.2	121.5	127.1	126.7	125.7	97	91.5
2020년 2분기	116.7	101.3	123.2	129	127.5	129.5	99.1	98.2
2020년 3분기	118.7	102.2	125.9	130.3	132.8	129.2	97.4	101.9

2020년 온스당 금값 추이[6]

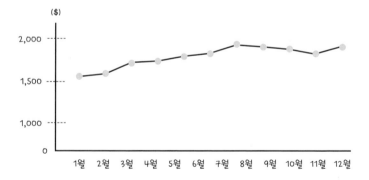

그런데 우리나라에서는 반대 상황이 벌어졌습니다. 어차피 투자할 곳이 없는 건 매한가지니까 부동산도 사고 금도 사고 달러도 살 거지만 주식도 사보자는 열정이 집단적으로 솟구친 겁니다. 이전까지 IMF 외환위기라든가 2008년 금융위기 등 큰 사건이 있을 때마다 한국 회사의 주식은 가치가 뚝뚝 떨어졌습니다. 하지만 매번 다시 올랐죠. 가격이 떨어졌을 때 놀라서 판 사람들은 손해를 봤고, 얼른 산 사람들은 나중에 이익을 봤습니다. 코로나 사태 때문에 일시적으로는 주식 가격이 떨어져도 나중에는 오를 거라는 사실을 사람들은 그동안의 역사를 통해서 배운 거였죠.

반면 우리나라 주식에 투자했던 외국인들은 놀라서 주식을 마구 팔았습니다. 우리나라 회사 주식과 금을 비교하면 주식보다는 금이 훨씬 안전한 자산입니다. 회사는 망할 수 있지만 금은 인류가 멸망해도 금이니까요.

그렇게 외국인들이 우리나라 주식을 팔자 삼성전자, 네이버, 현대자동차, SK하이닉스처럼 비싼 주식들이 순간적으로 저렴해졌습니다. 망할 확률이 굉장히 낮은 대기업들입니다(하지만 망할 확률이 낮다고 해서 주식 가격이 오르는 건 아니에요. '망할 확률이 낮다'고 생각한 사람들이 주식을 많이 사기 때문에 주식 가격이 오르는 겁니다. 결국 수요와 공급의 법칙인 거죠. 아무리 건실한 기업이라도 사람들이 잘 몰라서 주식을 거래하지 않는다면 주가는 낮게 형성됩니다. 환율에서도 마찬가지인데요, 이 부분을 더 공부하고 싶으시면 '자기실현적 예언'과 '패닉 바잉'이라는 키워드를 활용하세요. 특히 부동산에서는 패닉 바잉이 가끔 일어난답니다). 평소에 대기업 주식을 살 여윳돈이 없어서 바라보고만 있던 평범한 사람들이 그 기회를 놓치지 않고 외국인이 내던진 주식을 샀습니다.

역사는 반복됐고, 몇 달 가지 않아 주식시장은 전반적으로 다시 올라왔습니다. 그 시기에 주식을 샀던 분들은 아직도 이익을 보고 있을 거예요. 여기까지만 보면 분명히 행복한 상황인데 2020년 4월에서 6월 사이 돈이 좀 과하게 움직이기 시작했습니다. 그러다 보니 이런 상황이 벌어지게 됐죠.

주식은 도박이 아니지요. 한 회사의 가치가 어느 날에는 100원이었다가 어느 날에는 1억 원이라면 그 회사의 영업활동은 전혀 제대로 돌아가고 있지 않은 것입니다. 코로나 사태는 무척 예외적인 사태였고(역사적으로 이런 질병이 계속 반복되기는 하지만) 주식의 전반적 폭락과 폭등도 예외적인 일입니다.

하지만 사람 심리가 어디 그런가요. 돈을 든 사람들은 지금 그 가격이 굉장히 저렴한 것, 그러나 인류에게는 꼭 필요해서 영원히 망하지 않을 것, 그래서 앞으로 빠른 시간 내에 다시 가격이 오를 것을 찾아 움직이기 시작했습니다. 그게 바로 당시 마이너스 가격을 찍고 있던 원유(석유)였습니다.

코로나와 석유 가격이 무슨 상관?

원유가 왜 마이너스 가격을 찍었을까요? 여러 가지 이유가 있지만 우선적으로 세계의 실물경기가 멈췄기 때문입니다. 원유 이야기는 조금 복잡하기 때문에 챕터 4에서 다시 길게 다룰 겁니다. 지금은 다음의 내용만 이해하고 넘어가도록 해요.

현대 문명에서 석유가 개입하지 않는 물건은 거의 존재하지 않습니다. 비닐도 플라스틱도 모두 석유에서 만들어지고 석유 그 자체도 온갖 곳의 연료로 쓰이니까요. 뒤집어 말해 석유가 그렇게 많이 쓰이는 이유는 세계가 쉴 새 없이 뭔가를 만들어내고 있기 때문입니다. 그런데 코로나 사태를 맞아 공장들이 멈췄으니 석유도 더 이상 필요하지 않았죠.

땅속에 묻혀 있던 석유가 나오는 시추공은 수도꼭지처럼 마음대로 열었다가 닫을 수 있는 그런 구멍이 아닙니다. 한 번 구멍을 뚫으면 엄청난 압력으로 석유가 솟아오르기 때문에 계속 옮겨 담아서 창고에 저장하든가 정제공장으로 운반해야 해요. 아니면 아예 못 쓰게 막아버려야 하는데, 원유가 솟아오르게 두는 것보다 시추공을 안전하게 막는 비용이 더 든다고 합니다. 그러니 2020년처럼 갑자기 세계의 공장들이 멈춰버리면 그 해에 쓰려고 뚫어놓은 시추공에서 나오는 석유는 다 버리게 되는 겁니다.

원유처럼 해외에서 나는 제품에 투자할 때는 꼭 염두에 둬야 하는 조건이 하나 더 있습니다. 환율이에요. 아무리 원유 가격이 마이너스일 때 유가 상품에 투자했어도 원화를 달러로 바꿔서 투자한 다음 다시 달러를 원화로 바꿔야 하고, 수수료 등 부대 비용도 생각해야 합니다. 외국 상품에 투자할 때는 환율까지 고려를 해서 생각보다 더 많은 수익이 나야 진짜로 내 손에 돈이 들어오게 됩니다.

시간과 돈이 많은 사람들이라면 괜찮습니다(이런 분들은 사실 뭘 해도 괜찮기는 하지요). 하지만 몇 개월 후 써야 하는 돈을 들고 있었다면 지난 4~6월의 원유시장에 투자하는 것은 꽤 위험한 결정이었습니다.

손해를 보지 않는 것이 곧 이익

지금까지 길게 늘어놓은 이야기를 정리해보면 이렇습니다.

요새 안 좋아진 실물경기를 살리기 위해 각국 정부에서 금융 경제활동의 일환으로 금리를 낮추고 현금 보조금을 지급하는 등 돈을 많이 풀었죠. 그렇게 유동성이 과잉 공급되는 바람에 부동산과 금, 달러 등 안전자산을 포함한 상품들의 물가가 올랐고, 공장들이 멈춰버려서 석유 수요가 줄어들자 유가는 떨어졌고, 그곳에 투자한 사람들은 환율을 생각할 때 2020년 기준으로 아직 그럭저럭 만족스러운 수익을 보지 못하고 있다는 것이죠.

언제가 될지 모르지만 세계경제에 영향을 미칠 만한 치명적인 사건이 또 발생하겠지요? 역사는 반복되기 마련이니까요. 그때 우리는 남들보다 반 발자국 빨리 대처해야 합니다. 금리를 안다고 해서 더 비싼 적금에 들 수 있을까요? 환율을 안다고 해서 환전할 때 남들보다 좀 더 좋은 조건으로 환전할 수 있을까요? 개개인은 이미 주어진 경제적 조건을 바꾸기 어렵습니다. 일개 회사도 마찬가지입니다.

하지만 최소한 모두가 손해를 볼 수 있는 역사적 사건이 닥쳤을 때 '빨리 발을 뺄 수는' 있습니다. 사실 이득을 보는 것보다 손해를 덜 보는 게 가장 어렵고 또 중요합니다. 언제 그만둬야 할시 알아야 하니까요. 그리고 남들보다 손해를 덜 보면 사실 그만큼 이득을 보는 셈입니다. 경제는 다시 회복될 테고 새로 시작하는 입장에서 남들보다 더 갖고 시작하게 되니까요. 그 차이는 생각보다 굉장히 큽니다.

　금리, 환율, 유가에 대한 이해도는 여러분의 무기가 되어
줄 수 있습니다. 이 3가지 무기의 다른 이름은 금융과 무역입
니다. 앞으로 금리→환율→유가 순으로 이야기를 전개할 거
예요. 이러한 내용을 알려면 우선 몇 가지 경제학 용어와 경제
법칙을 알아야 합니다.

알아두면 삶에 유용한
가장 기본적인 경제용어와 법칙

아무리 쉽게 설명하려 해도 경제기사에는 기본적인 경제학 용어들이 사용됩니다. 다른 경제정보에도 마찬가지죠. 그래서 자료를 추리고 추려서 알고 있으면 무엇이든 쉽게 이해할 수 있도록 도와주는 5가지 용어를 골라보았습니다.

바로 시장, 수요공급 법칙, 통화량, 인플레이션, 주가입니다.

거래가 있는 모든 곳이 '시장'

각종 경제뉴스나 경제 관련 이야기를 할 때 보면 다들 자연스럽게 '시장에서는~' 하고 이야기를 꺼냅니다. 하지만 시장이 뭐냐고 물으면 명쾌하게 대답하는 사람은 별로 없습니다.

모두가 알고 있는데 모두가 정확히 뭔지 모르는 개념입니다. 그러면 설명이 길어지지요. 이제부터는 이렇게 요약하면 됩니다.

시장은 무엇이든 대가를 치르고 사려는 사람과 대가를 받고 팔려는 사람이 만나는 곳입니다.

더 짧게 요약할 수도 있습니다.

시장은 팔려는 사람과 사려는 사람이 만나는 곳입니다.

어떤 경제학 교과서나 경제학 관련 대중서를 보아도 비슷하게 정리해놓았습니다. 사고팔 수 있는 물건이나 서비스가 있고, 구매자와 판매자가 존재한다면 시장은 성립합니다. 동네 전통시장일 수도 있고, 대형마트일 수도 있으며, 인터넷일 수도 있고, 주식거래창이나 미용실이나 인력채용 면접일 수도 있습니다.

물론 시장이 '어느 곳'에서 성립되느냐에 따라 그 성격은 모두 다릅니다. 이 시장에서 적용되는 규칙이 저 시장에서는 말도 안 되는 헛소리일 수도 있습니다. 하지만 어떤 시장이든 공통점이 하나 있죠. 바로 가격이 형성되는 곳이라는 겁니다.

사려는 사람과 팔려는 사람이 합의를 보는 가격을 균형가격이라고 합니다. 균형가격은 판매자와 구매자 모두 이익을 얻는 지점에서 형성됩니다. 그렇지 않으면 거래가 성립하지 않지요. 만약 한쪽이 일방적으로 손해를 보는데도 거래가 성립된다면 그건 뭔가 다른 이유가 있기 때문입니다. 보통 이 '다른 이유'는 정치나 관습이나 문화, 숭고한 희생이나 구조적인 불평등, 심리적인 원인이나 무지로 인한 오해, 잘못된 의사소통 등입니다.

아니면 아직 인류가 명확하게 인지하지 못한 다른 이익 종류가 있을 수도 있죠. 여기서 '이익'은 꼭 돈을 의미하지만은 않습니다. 기분 좋은 경험이나 삶의 질 개선, 따뜻한 온도나 병이 낫는 것 같은 각종 편익도 이익이라고 하고, 경제학에서는 이 모든 이익을 통틀어 '효용'이라고 표현합니다.

양쪽의 효용을 개선하지 않는 거래는 보통 경제학에서 제시하는 거래는 아닙니다. 효용이 개선되기 때문에 거래를 하고, 상호 거래를 하기 때문에 시장이 생기는 것이니까요. 이 책에서는 돈을 사고파는 시장과 석유를 사고파는 시장이 가장 많이 나올 거예요. 맞아요. 돈 자체도 돈을 주고 거래한답니다. 한국 원화를 주고 미국 달러를 살 수도 있고요, 미래의 돈을 현재의 돈으로 사기도 해요.

구매자와 판매자, 그리고 균형가격 사이의 관계를 간단하게 요약한 것이 수요공급 법칙입니다.

수요 곡선과 공급 곡선

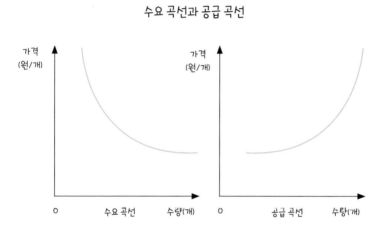

이 두 그래프가 합쳐지는 곳은 어디든 시장이라고 할 수 있습니다.

구매자는 시장에서 물건을 사고자 하는 역할을 하므로 '수요', 판매자는 시장에 물건을 공급하는 역할을 하므로 '공급'이라고 하겠습니다. 구매자는 물건 가격이 싸면 쌀수록 더 많이 사려고 하죠. 원래 가격에는 안 사려고 했던 사람도 물건이 반값이 되면 한 번 사볼까 싶어지는 게 인지상정입니다.

반대로 판매자는 물건이 싸지면 별로 안 팔고 싶겠죠. 공장 주라면 생산을 멈추고 싶을 테고, 중간 상인이라면 그 가격에 팔아봤자 손해니 물건을 안 떼오고 싶을 거예요. 가게 주인이라면 그 물건을 자기 매장에 별로 안 들여놓고 싶을 거고요.

그래서 가격(P)에 따라 수요와 공급은 서로 반대 방향의 선을 그립니다. 그리고 그 두 선이 만나는 지점에서 거래가 성사됩니다. 앞 장에 나왔던 수요공급 곡선(36쪽)에서 점 E가 바로 균형수요량, 균형공급량, 균형가격이에요(우리는 이런 걸 중학교 때 처음 배우고 시험을 보죠).

균형은 고정적이지 않고 계속 움직입니다. 수요와 공급에 따라 균형도 변하거든요. 공급이 그대로인데 수요만 늘어나면 균형점이 위로 올라가면서 가격이 비싸질 테고, 수요가 그대로인데 공급만 늘어나면 균형점이 아래로 내려가면서 가격이 저렴해지겠죠. 수요와 공급이 동시에 움직이면, 뭐가 얼마나 더 움직이느냐에 따라 균형점이 변할 테고요. 만약 균형가격이 있는데도 시장에서 그것보다 더 싸거나 더 비싼 가격으로 물건이 거래된다면 언젠가는 균형점으로 돌아오게 됩니다.

돈을 사고파는 시장에서도 수요공급 법칙은 분명해요. 보통은 모두가 미국 달러를 원한답니다(거래에서 제일 많이 쓰이기 때문이죠). 달러를 상품이라고 하고 다른 나라 돈으로 달러를 사야 할 때, 그 시장에서 달러가 얼마나 필요한지, 달러를 팔 사람은 얼마나 갖고 있는지에 따라서 환율이 결정되죠.

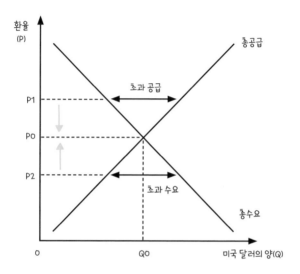

달러의 수요와 공급에 따른 환율

사람들이 만나서 가격을 치르고 뭔가를 거래하는 곳이라면 어디에나 적용되는 수요공급의 법칙입니다.

돈이 빛을 보는 순간

은행은 돈을 찍어내지 않습니다. 한국은행도 돈을 찍어내지는 않습니다. 우리나라에서 지폐와 주화는 한국조폐공사가 찍어냅니다. 한국조폐공사는 한국은행이 매년 만들어 달라는 만큼만 지폐와 주화를 만들어줍니다. 그 돈은 한국조폐공사의 지하에 보관되어 있다가 한국은행을 통해 시장에 나옵니다.

그 돈이 어떻게 시장에 풀리느냐 하면, 일반 은행에게 돈을 빌려주거나(한국은행은 개인과 거래하지 않습니다) 정부에게 빌려주면서 빚을 보게 됩니다. 또 각종 채권을 일부러 사기도 합니다. 한국은행이 카카오의 10,000원짜리 회사채를 사게 되면 카카오는 10,000원이 생기죠? 그러면 그 10,000원은 카카오가 하청업체에 대금을 지불하거나 직원들 월급 주는 데 사용될 테고 그러면 시장에 돈이 풀리게 됩니다.

카카오 입장에서는 나중에 한국은행에 11,000원으로 돌려줘야 하지만 얼마든지 만기를 연장할 수 있어서 큰 부담은 아닙니다. 이처럼 시장에 직접 현금을 공급해야 할 때는 한국은행이 직접 각종 채권을 매입합니다. 물론 한국은행 자체에서 한국은행채권을 발행하기도 합니다. 이 채권은 외국에서 사 가는 일이 잦은데요, 그렇게 외국 돈이 우리나라에 들어오게 된답니다. 그래서 한국은행은 외화도 관리합니다.

은행이 부리는 마법, 화폐 창조와 통화량

그렇다면 돈은 한국은행만 다룰까요? 아닙니다. 단순히 국내 시장에 돈을 돌게 만드는 데는 시중 은행의 역할이 더 큽니다. 시중 은행들은 '화폐 창조'라는 마법을 부리거든요.

대한민국 건국 이래 한국조폐공사가 찍어낸 돈의 양이 모두 1억 원이라고 가정해봅시다. 그렇다면 시장에서 쓰인 돈의 합계도 1억 원일까요? 다시 말해, 수십 년간 물건을 사고 받은 영수증과 회사와 회사 간 거래를 하고 받은 세금계산서에 찍힌 총 금액도 1억 원일까요?

얼핏 생각해봐도 절대로 그렇지 않을 것 같죠? 수십 년간 발행된 영수증과 세금계산서 금액의 총합은 어떤 AI를 가져와도 계산하기 어려울 것입니다. 찍어낸 돈은 모두 1억인데, 왜 영수증의 총합계 비용은 파악조차 어려울까요? 그건 은행이 화폐를 창조하기 때문입니다.

자, 이렇게 생각해봅시다. 우리가 월급 10,000원을 받아 그중 1,000원을 은행에 예금하기로 했습니다. 우리의 1,000원은 항상 통장에 찍혀 있고 언제든지 그 돈을 인출해 결제할 수 있지요. 은행에서는 우리의 돈 1,000원을 받으면 그중 7%인 70원을 한국은행에 의무적으로 예금합니다. 이걸 '지급준비금'이라고 하는데 이런 식으로 예금자 돈의 일부를 안전하게 떼어놨다가 나중에 비상사태가 오면 사용합니다. 그리고 나머지 930원은 마침 소액대출을 원하는 다른 사람이 있어 빌려주었습니다. 소액대출을 받은 그 사람은 930원 중 300원으로 구두를 샀습니다. 구두 가게 사장님은 구두 값으로 받은 300원 중 100원을 저축했습니다.

자, 실제로 더 인쇄된 돈은 없는데 모두가 쓴 돈을 합쳐보면 이렇습니다.

```
    1,000원(은행에 예금한 돈)
+   70원(한국은행에 간 돈)
+   930원(은행이 소액대출로 빌려준 돈)
+   300원(구두 값)
+   100원(구두 가게 사장님이 저축한 돈)
-----------------------------------------
=   2,400원
```

우리는 은행에 1,000원을 맡겼을 뿐인데 이 돈으로 쓰인 합계 금액을 살펴보면 모두 2,400원어치나 됩니다. 여기에 우리에게 남아 있는 돈 9,000원까지 더하면 11,400원이죠. 이걸 바로 화폐 창조라고 합니다. 유동성이 높다는 말은 화폐 창조가 활발하게 이뤄진다는 말도 됩니다. 그래서 한국은행은 유동성이 너무 높다 싶으면 지급준비금 비율을 높여서 은행이 시중에서 창조할 수 있는 돈을 의도적으로 줄이기도 합니다(금리 조절 정책을 더 자주 사용하기는 하지만요.).

또 하나 중요한 포인트가 있습니다. 이 부분은 꼭 기억해주세요. 현재 사람들이 쓴 11,400원을 경제학에서는 뭐라고 부를까요? 바로 '통화량'입니다. 돈이 이 사람 저 사람에게 돌아다닌 수량이라는 뜻입니다.

이 부분이 어렵다면 꼼꼼하게 짚어보지 않으셔도 됩니다. 우리가 여기서 화폐 창조를 배운 이유는 단 하나입니다. 정부가 금리를 낮추거나 돈을 많이 찍어내는 등 시장에 돌아다니는 화폐량을 늘렸을 때 경기가 활발해지는 이유를 이해하기 위해서죠. 지금까지 설명한 것을 간단하게 다음 4개의 문장으로 정리할 수 있습니다.

· 유동성이 늘어나면 사람들이 시장에 돈을 많이 쓰게 된다.
· 우리는 원래 찍어낸 돈의 총량보다 훨씬 많이 쓸 수 있다.
· 실물경제가 나빠지면 한국은행이 금리를 낮춰서 유동성을 공급한다.
· 결과적으로 통화량이 늘어나면서 경제가 회복된다.

화폐 가격의 척도, 인플레이션

돈이 너무 빨리 돌면, 다른 말로 유동성이 너무 많이 공급되면 물가가 오릅니다. 이걸 인플레이션이라고 합니다. 물건을 살 때 지불하는 돈의 액수가 늘어났다면 인플레이션이라고 할 수 있습니다. 화폐의 실질적인 가치가 떨어지는 것입니다. 이전에 100원 주고 사던 손톱깎이가 이제는 200원이 됐다면 물가는 2배 오르고 화폐의 값어치는 절반으로 떨어진 셈입니다.

수요와 공급에서, 수요는 늘어났는데 공급은 그대로거나 수요보다 적게 늘어난다면 한정된 물건을 사기 위해 소비자들 사이에서 경쟁이 붙기 때문에 균형가격이 올라갑니다.

경매를 생각하면 쉽게 이해할 수 있습니다. 오래된 도자기 하나를 구하려고 사람들이 값을 올려가며 부르죠. 이걸 '수요 인플레이션'이라고 합니다.

비용 인플레이션도 있습니다. 수요도 그대로고 공급도 그대로인데, 공급할 물건을 제조하는 제조비용이 전반적으로 늘어나서 가격이 뛰는 겁니다. 회사가 물건을 손해 보면서 팔지는 않으니까요. 유가가 여기서 중요합니다. 우리나라는 석유를 모두 수입해 오는데 석유로 만드는 물건이 너무 많아서 세계 유가가 오르면 우리나라의 전반적인 물가는 다 오르게 되어 있습니다.

2019년 일본이 삼성전자에서 만드는 반도체의 핵심 소재가 되는 '불화수소'의 수출을 금지한 적이 있었습니다. 그때 전 세계가 모두 반도체 인플레이션을 걱정했답니다. 전 세계

컴퓨터와 스마트폰에 삼성전자의 반도체가 들어가는데 불화수소를 구할 수 없거나 아주 비싼 돈을 주고 적은 양의 불화수소만을 구한 삼성전자가 반도체를 조금밖에 못 만들게 되면 반도체 가격이 엄청나게 올라갈 테니까요. 그런데 결론적으로 삼성전자는 국내 불화수소 제조 기업과 거래를 하게 되어 우려했던 반도체 인플레이션은 일어나지 않았습니다.

회사 가치 산정의 기준, 주가

주식 가격이 올라가면 해당 회사가 돈을 더 벌게 되는 걸까요? 아니요. 주식 가격이 오른다고 해서 해당 회사가 직접적으로 돈을 더 벌지는 않습니다. 회사가 직접적으로 돈을 버는 경우는 회사가 스스로 보유하고 있던 주식을 오른 가격에 팔았을 때뿐입니다. 회장님이 주식 값이 30% 올랐을 때 10만 주 정도 팔면 차익을 많이 남기겠죠(하지만 보통 주식이 올랐다고 자기 주식을 팔지는 않습니다. 경영권이 약화되니까요).

하지만 투자자들은 그 회사의 주식 가격을 중요하게 생각합니다. 주식 가격은 그 회사가 시장에서 얼마나 인정받고 있는지에 대한 척도이고, 회사는 결국 시장에서 인정받아야 물건을 잘 팔 수 있기 때문이죠. 회사는 언제나 투자와 대출이 필요하기 때문에 주식 가격은 꽤 중요합니다. 회사의 가치를 산정할 때도 주식 가격으로 하게 되거든요.

경제뉴스에서 나오는 '시장' 정확하게 이해하기

경제뉴스를 보다 보면 시장이라는 단어가 빠지지 않죠. 그리고 대부분 이런 식으로 등장합니다.

- 정부가 시장을 이길 수는 없다!
- 시장경쟁에서 이기려면~
- 세계시장에 도전하는 우리 기업~
- 이렇게 어려운 취직 시장에서 선택받으려면~

우리는 앞에서 시장이 뭔지 정리하고 왔지만, 경제뉴스를 읽다가 사실 '시장'이 뭐냐고 설명해보라고 하면 어, 음, 아… 하며 버벅거리게 됩니다. 그래도 대략 '물건이든 사람(!)이든 서비스든 사고파는 곳' 아니냐 정도로 이해만 해도 전체 문장을 읽는 데는 별 지장이 없습니다. 대충 뭔지 느낌 아니까요. 하지만 여기에 함정이 있습니다. 잘 보면, 시장은 언제나 전쟁터처럼 등장합니다. 이기거나 지거나, 선택받거나 선택받지 못하거나 하는 장소처럼 말이에요.

경제뉴스에서는 저런 내용 뒤에 대부분 다음과 같은 내용을 연결합니다.

- 어떻게 하면 이긴다.
- 이렇게 하면 진다(그러니까 잘해라).
- 이겨라! 이겨라!

이런 충고 내지는 지적이 이어지죠. 그런데 시장이 정확히 뭔지 모르면 이 충고가 믿을 만한 것인지, 이 지적이 얼마나 맞는지 판단하기 어려워집니다. 보통 이런저런 기사나 뉴스에서 등장하는 시장은 경제학원론 맨 처음에 나오는 시장입니다.

① 물건 A가 있고, 세상에 존재하는 모든 A는 무한한 재고가 있고, 색깔이며 크기까지 똑같습니다.
② 이 A를 파는 사람들이 무한대로 있고, 사려고 하는 사람도 무한대로 있습니다.
③ 다들 무한대로 있기 때문에 저 친구가 안 팔아도 누군가는 팔아줍니다.
④ 물론 내가 안 사도 누군가는 사게 되어 있죠.
⑤ 그러니까 재고가 1,000개 있어도 안 팔고 싶으면 안 팔아도 상관없습니다.

⑥ 살 때는, 내가 원하는 가격이 아니면 사지 않아도 그만 이고요.

⑦ 게다가 A의 품질이 어떤지, 어딜 가면 누가 얼마나 사고 얼마나 팔릴지 다들 완벽하게 알고 있습니다.

⑧ 만약 A를 사러 서울에서 대전까지 가야 한다고 해도 교통비는 내지 않아도 됩니다.

⑨ 물건을 사고파는 사람은 물건에 대해 모든 정보를 알고 있습니다. 수박의 속살, 중고차의 성능까지 모두 말이죠.

이런 시장을 '완전경쟁시장'이라고 합니다. 경제뉴스를 보다 보면 다음과 같은 내용들을 종종 보게 되실 겁니다.

- 물건을 싸고 좋게 만들면 무조건 잘 팔리게 되어 있다.
- 청년실업률이 높은 이유는 청년들의 눈이 높아서다.
- 법인세를 내리면 외국 기업들이 대한민국으로 반드시 몰려온다.
- 당차게 창업해라. 안 팔리면 회사 접으면 될 것 아니냐.
- 경쟁은 좋은 거다. 민영화하면 효율성이 커진다.
- 정부 규제는 나쁘다.
- 정부가 알아서 해줘야 하는 것 아니냐.

그런데 이런 지적은 모두 '완전경쟁시장'을 전제로 두고 하는 말입니다. 하지만 실제로는 이렇죠.

- 물건을 싼 가격으로 좋게 만들면 무조건 잘 팔리게 되어 있다.(⑦, ⑨에 해당)
→ 그 물건이 다른 물건에 비해 얼마나 싸고 얼마나 좋은지 누가 어떻게 아냐.
- 청년실업률이 높은 이유는 청년들의 눈이 높아서다.(②, ⑦에 해당)
→ 취업의 질은 둘째치고, 전체 뽑는 인원보다 사람이 더 많으면 누군가는 실업자가 되는 거 아니냐. 게다가 조건 안 좋은 기업에 지원하면 무조건 뽑히는 줄 아냐.
- 법인세를 내리면 외국 기업들이 대한민국으로 반드시 몰려온다.(②, ⑦, ⑧에 해당)
→ 일단, 굳이 법인세 때문에 국적을 옮기려는 회사 자체가 그렇게 많지 않을 뿐더러 회사를 경영하는 데 법인세보다 더 중요하게 생각하는 다른 요소도 있을 거 아니냐. 보통은 나라를 옮겨서 이사하는 비용이랑 인지도 새로 쌓는 비용이 더 든다.
- 당차게 창업해라. 안 팔리면 회사 접으면 될 것 아니냐.(②, ⑦, ⑧에 해당)

→ 사장님으로 성공할 수 있는 사람이 그렇게 많은 줄 아냐. 그리고 실패했을 때 재취업을 해야 하거나 회사 운영하면서 진 빚을 갚거나 하는 위험성은 어떻게 감당할 거냐.

• 경쟁은 좋은 거다. 민영화하면 효율성이 커진다.(①, ②, ③, ④에 해당)[7]

→ 경쟁은 효율성을 증대시키지만 그것도 물건 나름이다. 전기나 수도 같은 자원은 무한하지도 않고 팔 수 있는 사람도 얼마 없다.

• 정부 규제는 일단 나쁘다.(③, ⑥, ⑧에 해당)

→ 현실에서는 물건을 사려는 사람이 별로 없으면 회사는 그 물건을 만들지 않는다. 또한 공공재의 경우 정부가 생산해야 충분히 공급이 된다. 독점이나 과점기업은 사회에 손해를 주기 때문에, 정부가 독점기업을 없애지는 않더라도 규제를 어느 정도 해야 한다는 것은 많은 사람이 알고 있으며 경제학원론에서도 나오는 이야기다.

사실 경제학 교과서에서도 이 '완전경쟁시장'은 맨 처음에만 등장할 뿐입니다. 그러고는 우리가 사는 세상이 완전경쟁시장이 될 수 없는 조건을 하나씩 추가해 나갑니다. 완전경쟁시장은 마치 '서울대를 가려면 어떻게 해야 해?'라고 물어봤을 때 '응, 공부를 잘 하면 돼'라고 하는 거예요. 아주 완벽한 정답이죠. 공부를 잘 하면 됩니다.(하하하)

하지만 현실에서는 여기에 완벽히 달성하기 힘든 조건들이 하나씩 더해지죠. 그런데 내신도 좋아야 해. 수능도 잘 봐야 하고, 수시를 볼 건지 정시를 볼 건지도 생각해봐야 해. 과외를 받아야 성적을 올릴 수 있지 않을까? 그런데 집에서 과외비는 어디까지 해주실 수 있대? 만약 한 번에 합격을 못 하면, 재수나 삼수까지 가능해? 이런 식으로요.

물론 정답은 정답이기 때문에 틀렸다고 할 수는 없습니다. 하지만 너무 이상적인 이론에만 매달리면 현실을 잘못 이해하게 될 수 있지요. 그러니 기사를 볼 땐 정답에 더해 각종 제한조건을 같이 생각하면서 읽어야 합니다.

이게 이론상 정답이긴 하지만,
→ 이런 이유 때문에 현실적으로 정답이 되기가 힘들다.
→ 그러니까 이런 보완을 하면 정답에 얼마나 가까워질 수 있다.

위 3개 문장의 틀로 기사를 해석하려고 노력하다 보면 어느새 자신만의 경제뉴스를 읽는 안목이 생겨 있을 거예요.

지금까지 우리는 경제정보를 이해하기 위한 최소한의, 하지만 충분한 만큼의 경제학적 이론과 용어를 살펴봤습니다. 지금까지가 준비운동이었다면 이제부터는 용어 설명보다 현실에 존재하는 개념들을 자세히 설명할 예정입니다.

이 책을 다 읽은 다음 가만히 생각하다 보면, '와, 수요공급 법칙과 유동성 이 2가지만 알아도 정말 많은 부분이 설명되는구나!' 싶으실 거예요.

2주차

금리 공부

금리를 왜 알아야 할까?

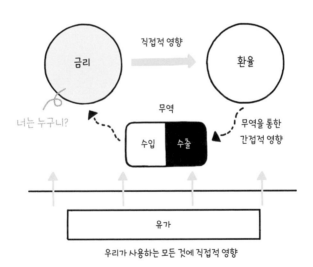

금리와 환율과 유가의 연관성

직접적 영향

금리

환율

무역

너는 누구니?

수입 수출

무역을 통한
간접적 영향

유가

우리가 사용하는 모든 것에 직접적 영향

금융경제를 이해하는 데 가장 중요한 금리를 살펴봅시다. 내용을 잘 이해하기 위해 기억해야 할 내용이 있습니다.

① 금리는 돈의 사용료로, 원금에 붙는 이자를 뜻합니다.
② 이자의 종류도 계산법도 아주 여러 가지죠.
③ 이자를 계산할 때 중요한 요소는 기회비용입니다.
④ 그런데 요새 돈의 사용료는 아주 낮아진 편이고,
⑤ 어쩌다가, 왜 저금리 시대가 찾아왔는지 이해하려면 경제성장과 인플레이션을 이해해야 해요.
⑥ 그러려면 돈에도 수요공급 법칙이 적용되며, 기축통화의 역할을 하는 돈이 따로 생긴다는 것도 알아야 하죠.

그래서 우리는 이 챕터를 통해,

ⓐ 돈의 기회비용이란 무엇인지
ⓑ 경제성장과 인플레이션이 금리와 어떻게 연결되는지
ⓒ 기축통화는 대체 무엇이고, 왜 태어났는지
ⓓ 돈에 수요공급 법칙은 어떻게 적용되는지
ⓔ 금리가 무역(환율)에 어떻게 영향을 미치는지

에 대해 다양한 사례를 통해 쉽고 재밌게 알아볼 거예요.

금리는 돈에
'돈값'을 매기는 것

'금리'란 대체 뭘까요? 금리는 다른 말로는 '이자'라고도 하고, 또 '이율'이라고도 하지요. 셋 다 '돈의 값'을 달리 부르는 말입니다. 햄버거 세트는 7,000원, 신발은 10만 원, 이런 건 물건의 값을 나타내죠. 근데 돈의 값이라니, 이게 무슨 말일까요? 1,000원은 1,000원이 값이고, 10,000원은 10,000원이 값 아닌가요?

이제부터 금리를 계산하는 법을 차례차례 알아볼게요. 금리 계산법에 등장하는 요소들 중 가장 중요한 건 기회비용입니다. 먼저 다음 그림을 보고 넘어갑시다.

금리의 의미

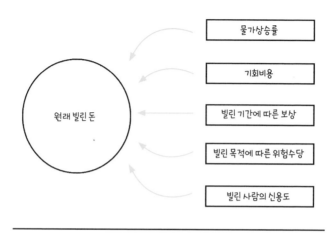

금리 = 남의 돈을 이용할 때 내는 사용료
= 남의 돈을 빌렸을 때 쓴 만큼 더해서 돌려줘야 하는 값어치

로또 당첨으로 생각해보는 기회비용

금리의 본질적인 의미는 빌려준 돈의 '기회비용'입니다. 기회비용은 일명 '선택의 대가'죠. 내가 이걸 선택함으로써 선택지에서 밀려난 다른 하나가 기회비용이에요. 내가 누군가에게 돈을 빌렸다고 칩시다. 내가 안 빌렸으면 원래의 돈 주인이 그 돈 갖고 할 수 있었던 일의 값어치를 기회비용이라고 하지요. 그 돈으로 저축을 하려고 했다면 저축이 기회비용이고, 영화

를 보려고 했다면 영화가 기회비용입니다.

이를 기억하면서 다음의 이야기를 따라가 보도록 하죠. 로또에 당첨된 운 좋은 사람에 대한 이야기입니다.

'로또 1등이 많이 배출된 곳'이라는 현수막이 붙은 가게를 우연히 지나던 사회초년생 A는 전날 밤 좋은 꿈을 꿨기에 로또를 샀습니다. 두근두근하며 토요일 밤을 기다렸는데, 세상에나! 정말 로또 1등에 당첨된 겁니다. 이렇게 많은 돈을 보게된 건 태어나서 처음이라 너무 신기했죠. 하지만 기쁨도 잠시, 돈을 어떻게 할 것인가를 놓고 조금 문제가 생겨버렸습니다.

원래 A는 당첨금을 은행에 넣어두려고 했습니다. 하지만 생각보다 이자가 많지 않았습니다. 그러면 주식투자를 해서 불려야 할지, 이자가 적더라도 예금에 묻어둘지 고민하다 부모님이라면 현명한 조언을 해주실 것 같아 이야기를 꺼냈는데 완전히 다른 말씀을 하시지 뭐예요. 며칠 전 벌어진 일을 떠올려봅니다.

A가 로또를 사는 데 들인 돈은 단돈 5,000원입니다. 커피 한 잔 값이죠. 5,000원을 내고 10억 원이나 받은 건데 남 주기가 정말 아깝네요. 기부해서 어려운 사람을 돕는 것도 멋진 일이고, 부모님 노후 준비는 원래 도울 생각이었습니다. 동생이 결혼하는 데 보태줄 수 있게 됐으니 그 역시 참 좋은 일입니다.

그런데 A는 왠지 기분이 안 좋습니다. 왜일까요? 아무런 대가 없이 굴러들어온 공돈, 좋은 일에 쓰자는데 기분까지 나

쁜 건 이상하거든요. 어려운 사람 돕기는 그렇다 치고, 가족한
테 쓰는 건데….

A는 가만히 학창시절을 떠올려봅니다.

 야, 나 니꺼 노트 필기 좀 빌려주라.

너 빌려주면 나는 그동안 뭐 보고 공부해?

 너는 원래 이 과목 잘했으니까 공부 많이 안 해도 되잖아.
내일 하루만 빌려줘. 응?

오늘 끝나고 떡볶이 사주면.

A와 친구는 '딜!'을 외치며 흔쾌히 노트와 떡볶이를 교환했
습니다. 사실 그냥 빌려줄 수도 있었지만 어차피 빌려주는 거
떡볶이로 퉁치자고 생각한 거죠. 친구도 마찬가지입니다. 공
부 잘하는 A의 노트는 빌려달라는 사람이 워낙 많거든요.

'친구가 떡볶이를 안 사줘도 빌려줬을까?' A는 생각해봅니
다. 빌려줬을 것 같긴 합니다. 그런데 별로 친하지 않은 다른
친구 B가 소고기를 사준다고 했으면 누구에게 빌려줬을지 고

민해봅니다. 우정을 소고기에 팔아넘긴다는 생각이 들지만 소고기라니, 하면서 마치 어제 일처럼 고민합니다. 그러다 혼자 민망해져서 A는 저도 모르게 큰소리를 냈죠.

"야! 나도 공부해야 하는데 빌려주는 거라고!"

A의 노트 값은 떡볶이나 소고기가 아닙니다. 노트를 아예 파는 것도 아닌 걸요. A의 노트 값은 그 노트로 '하루 동안 공부를 못하는 대가'입니다.

바로 기회비용이죠.

로또가 은행 대출금이라면

로또 당첨 금액도 기회비용의 개념으로 이해할 수 있습니다. 사실은 이런 거죠.

당첨되셨다면서요, (그 돈으로 집도 사지 말고
차도 바꾸지 말고 맛있는 것도 덜 사먹고 여행도 가지 말고)
기부 좀 해주세요.

10억 생겼다면서? (그 돈으로 집도 사지 말고
차도 바꾸지 말고 맛있는 것도 덜 사먹고 여행도 가지 말고)
엄마, 아빠의 노후자금, 동생 결혼자금 좀…. 엄마

그 돈 갖고 하고 싶은 거, 할 수 있는 거 다 포기하라는 뜻이에요.[1] 그러니까 금리는 내가 로또 당첨금을 갖고 할 수도 있었던 퇴사할 수 있는 자유, 계약할 수도 있었던 전셋집, 새 차, 내가 먹을 수도 있었던 굉장히 비싼 요리 등에 대한 대가인 거죠.

이제 이 로또 당첨금을 은행 대출금으로 바꿔볼게요. 사람들은 은행에 예·적금을 합니다. 은행은 돈을 그냥 금고에 쌓아두는 것이 아니라 돈이 아주 많이 필요한 곳에 다시 빌려주죠. 개개인이 현금을 10억 원씩 갖고 있긴 어렵지만, 100명이 1,000만 원씩만 저금해도 10억 원이 되죠. 100명보다는 훨씬 더 많은 사람들이 은행을 이용할 테니 100억 원, 1,000억 원이 필요한 곳에선 은행에게 문의를 합니다.

누가 그렇게 돈이 많이 필요하냐고요? 기업이요. 공장 부지가 필요하다거나, 비싼 정밀기계를 몇 대 사야 한다거나, 갑자기 어려워져서 직원들 월급을 대출 받아 줘야 한다거나 등 기업에게는 돈이 필요한 일이 엄청 많죠. 그런데 은행에서 공짜로 돈을 빌려줄까요? 당연히 아니죠.

고객 이 돈으로 마라탕도 먹을 수 있었고, 지하철 대신 택시를 탈 수도 있었는데 은행 씨에게 맡기는 거예요. 어떻게 보상해줄래요?

이자를 드려야죠, 고객님.

 그러셔야죠. 은행 씨는 나 같은 사람들의 돈 모아서
더 비싼 이자 받고 기업에 빌려줄 테니까 말이에요.

예금금리하고 대출금리는 또 다른 법이죠, 허허허.
은행도 행원 월급은 줘야 하지 않겠습니까.

기업 사장님과 은행의 대화를 볼까요?

 나 같은 사장들은 회사를 굴리려면 항상 돈이 필요하다니까요.

사장님, 아까 다른 분도 다녀가셨어요. 그 분 회사가 수익은 더 좋은데…
안정성이 좀 떨어지는 것 같아 사장님께 돈을 빌려드리기로 했어요.

 감사합니다. 그런데, 안정성이 떨어진다는 게…

그 분 회사는 시작한 지 이제 3년이라 아직 불안정 하거든요.
반면 사장님 회사는 크게 성장하진 않아도 벌써 20년이나 유지하셨고….
물론 그 분이 내년에도 회사 수익을 크게 내면 저희는 가끔 적자 내는
사장님 회사보다 돈 돌려받기가 훨씬 나을 수도 있죠.
그래도 20년 업력 믿고 사장님께 빌려드리는 거예요. 은행

돈을 빌리려는 사람은 돈을 빌려주는 사람에게 이렇게 원금에 더해 돈에 대한 값을 지불하게 되는 거랍니다. 이때 돈에 대한 값을 얼마만큼 지불할지 결정하는 것이 바로 금리고요.

사정이 여의치 않으면 내 돈을 그냥 줄 수도 있는 가족이나 친구와 달리 시장에서는 돈을 '상품'으로 봅니다. 상품을 대여해줬는데 빌려간 사람이 돌려주지 않으면 장사하는 입장에서는 큰 손해를 보게 됩니다. 그래서 은행은 빌려가는 사람이 돈을 떼먹을 확률, 빌리는 기간, 빌리는 목적, 물가상승률과 기회비용까지 모두 고려해서 돈값을, 즉 금리를 받게 됩니다.

아주 저렴해진 요새 금리

요새 은행들의 예금이율은 연 1%를 왔다갔다합니다. A가 로또 당첨금 10억 원을 넣어두면 대략 1년에 이자로 1,000만 원을 받습니다. 이런, 세금 생각을 안 했네요. 일해서 번 돈이 아니라 복권에 당첨돼서 얻은 불로소득이니 세금 33%를 떼고 나면 받는 금액은 6억 7,000만 원이에요.[2] 예금을 해두면 1년에 670만 원을 받겠네요. 음… 매년 약 700만 원이 생기는 건 기쁘지만 평생 이자만으로 놀고먹을 수 있지 않을까 기대했던 A는 시무룩해집니다.

'아니, 내 소중한 돈값이 이렇게 싸단 말이야?'

안타깝지만 그렇습니다. 2005년에 한국은행에서 발간한 《숫자로 보는 광복 60년》에 보면 이런 통계가 나옵니다.

금리 변동 추이

(단위: %)

	1970	1980	1990	2000	2005 상반기
예금 금리(연)	22.8	18.6	10.0	7.01	3.46

2017년 은행연합회가 계산한 1년 만기 정기예금금리는 1.48%, 2020년엔 실질적으로 0%라며 보도가 쏟아져 나왔습니다. 만약 1970년에 로또에 당첨됐더라면 약 10년 정도는 매년 이자만으로 거의 1억 5,000만 원이 나오는 '억대 연봉자'가 됐을 텐데 말입니다. 물론 물가상승률은 생각하지 않은 과장된 상상이지요. 그때는 월급도 물가도 로또 당첨금액도 지금보다 훨씬 적었습니다.

아무튼 A는 괜히 억울합니다. '왜 나는 1970년대 이전에 안 태어나고 지금 태어나가지고….' 벼락 맞을 확률의 로또 당첨까지 됐는데 직장은 여전히 다녀야 할 것 같네요. 놀면서 세계 일주를 하려던 꿈은 깨졌습니다. A는 어디다 말도 못하고 끙끙 앓고 있네요(로또에 당첨되지 않은 우리들은 친구가 이런 일로 우울하다며 상담을 요청하면 몹시 화가 나겠지요).

'왜?! 왜 이자율이 계속 떨어져 온 건데?! 요즘은 왜 이렇게 돈값이 싼 건데?!'

왜일까요. 바로 이어서 말씀드릴게요.

내 예적금 이자가
왜 이렇게 저렴한 거죠?

금리란 돈의 값이라고 했죠? 1970년대부터 지금까지 꾸준히 이 돈값은 떨어져왔습니다. 다시 말해 돈의 가치가 계속해서 저렴해진 거예요. 예전에 기본요금 1,000원을 주고 탈 수 있었던 택시를 이제는 3,000원 넘게 주고 타야 하죠. 같은 서비스를 이용하는 데 3배 정도 더 많은 금액을 지불하게 된 셈입니다.

월급도 마찬가지입니다. 2007년 대기업 GS칼텍스의 신입사원 연봉은 3,500만 원이었는데 2019년에는 4,500만 원으로 올랐네요(잡코리아 기업정보 기준). 사람 한 명을 뽑는 값이 12년 만에 1,000만 원, 약 1.3배 올라버렸어요(이런, 물건이나 서비스 가격이 오르는 동안 노동의 가격은 상대적으로 적게 올랐네요). 이걸 다른 말로,

'물가가 올랐다'고도 합니다. 인플레이션이죠.[3]

돈값과 물건값은 서로 양팔저울에 있는 것과 비슷합니다.

햄버거와 콜라 세트가 1,000원일 때는 2개 다 먹을 수 있었습니다.

햄버거와 콜라 세트가 2,000원으로 올랐을 때 1,000원을 내면 햄버거밖에 못 먹게 되죠.

물건 값이 올라가면 돈을 더 많이 내야 하니까 돈값은 떨어지는 거고요. 물건 값이 떨어지면 같은 돈으로 물건을 더 많이 살 수 있으니까 돈의 가치는 올라가는 거랍니다. 그간 물건값, 즉 물가가 많이 올랐습니다. 그럼 물가는 왜 이렇게 오른 걸까요?

지금 돈값이 왜 이렇게 낮은지를 이해하려면 다음의 2가지 개념을 알아야 합니다.

① 경제성장의 개념[4]
② 화폐의 수요공급 법칙

A가 머리를 쥐어뜯습니다. 그냥 로또 당첨금으로 놀고먹고 싶을 뿐인데 무슨 경제성장까지 이해해야 하냐고 투덜거리네요. 하지만 책값을 냈으니 마저 듣도록 해요. 이 책을 끝까지 읽으면 돈을 낸 대가로 지식을 얻어가지만, 여기서 덮어버리면 책값을 버리는 셈이 된답니다.[5] 게다가 만약 당첨금을 예금한다면 매달 나오게 될 이자 800만 원으로 재테크를 해야 할 때 꼭 이해하고 넘어가야 할 내용이에요.

돈이 돌면, 경제가 성장합니다

물가는 왜 오를까요? 한국 경제가 꾸준히 성장해왔기 때문입니다. 수십 년 전, 한국에는 재래식 화장실밖에 없었습니다. 그런데 어느 날부터인가 집 안에 수세식 변기를 설치하게 됐죠. 이뿐만이 아닙니다. 아궁이 대신 가스레인지가 등장했고, 고무신 대신 인조가죽으로 된 운동화도 나왔습니다.

물건이 귀하던 시절이라 뭘 만들어도 상품이 잘 팔립니다.

수세식 변기, 화장실에 깔 타일, 수도꼭지, 고무호스, 거울, 칫솔, 비누, 성냥, 운동화… 무슨 상품을 내놔도 새롭고 이전보다 생활을 편리하게 해줍니다. 회사는 돈을 벌고, 돈을 벌었으니 직원들 연봉도 조금 올려줍니다. 사장님은 앞으로 직원 월급을 더 많이 줘야 하니까 잘 팔리는 물건 가격을 좀 올려서 이익을 더 많이 남기려고 합니다.

모두들 월급을 이전보다 조금씩 더 많이 받으니 물건 값이 올라도 별 고민 없이 구매합니다. 그렇게 물건이 잘 팔리니 월급이 또 오릅니다. 그럼 사장님은 그 월급을 주려고 물건 값을

경제성장의 선순환

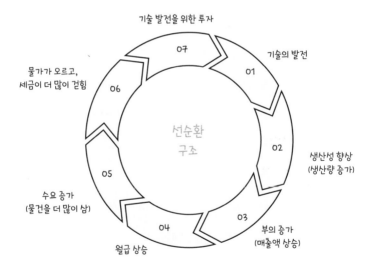

또 올려 팔아요. 전국의 회사에서 이와 비슷한 일이 계속 벌어집니다.

가격이든 월급이든 계속 돈의 액수가 늘어나고 있지요? 지속적으로 인플레이션이 벌어지는 현상입니다. 이런 순환 과정을 거칠 때마다 경제규모(GDP)가 커집니다. 그러니까 상품도 더 많이 만들고 값도 올랐으니 총 매출액(상품 개수 × 상품 가격)이 훨씬 늘어났겠죠? 이게 바로 경제성장입니다.

물가가 오르지 않는 경제성장은 없습니다. 적절한 인플레이션이 꼭 필요한 이유지요. 물론 어느 정도가 적절한지는 매년 다릅니다. 그걸 계산하는 사람들이 정부의 재무 관료들과 경제학자들이고요.

경기침체의 신호, 디플레이션

그런데 물가가 너무 오르면 힘들죠. 모든 물건이 잘 팔리는 건 아니니까요. 보통 잘 팔리는 물건만 잘 팔리고 안 팔리는 물건은 안 팔리잖아요? 잘 안 팔리는 회사에 다니는 사람이 잘 팔리는 물건을 사려고 하면 내 월급은 안 오르는데 물가만 오른다고 느끼게 돼요. 이제까지 '사는 게 팍팍하다'는 의미는 대충 그런 뜻이었어요. 그런데 국가에서 '물가성장률이 0%다, 실질적으로 마이너스다'라고 발표를 하는 건 조금 과장을 섞어서 이야기하면 물건이 잘 팔리는 회사가 거의 없다는 뜻입니다. 전반적인 경기침체의 신호죠. 이렇게 물가가 계속 역성장을 하는 게 디플레이션입니다.

제2차 세계대전이 끝나고 국가 간 무역을 역사상 가장 활발하게 시작한 이후 세계경제의 기본 상태는 대체적으로 인플레이션이었습니다. 디플레이션은 물건이 안 팔리니까(수요가 부진하니까) 수요공급 법칙에 따라 공급이 남아돌아 물건 값이 떨어지는 것입니다. 돈의 가치가 올라가는 거지요. 예전엔 100원 주고 샀던 파전을 이제는 50원만 줘도 살 수 있습니다. 그래서 100원을 내면 파전과 막걸리를 모두 먹을 수 있게 되는 거죠.

왜 세계경제가 그간 인플레이션 상태였냐고요? 최근 100년간 기술의 발전으로 좋은 물건이 계속 발명됐다는 걸 첫 번째로 꼽을 수 있고요. 두 번째는 세계 시민 모두가 할머니, 할아버지가 쓰시던 물건을 물려받아 망가질 때까지 사용하고 절대로 새 물건은 사지 않는, 경건하고 검소한 삶을 살아가는 윤리적인(?) 일은 일어나지 않았기 때문입니다.

그래도 디플레이션의 사례를 들자면 고령화가 심각해진 일본을 꼽을 수 있습니다. 너무 나이가 들어 신체능력이 떨어지면 과도한 소비는 하지 않게 됩니다. 그런데 노인들이 한 국가에서 돌고 있는 돈을 많이 보유하고 그 노인들의 인구 비중이 높으면 그냥 소비를 하지 않는 국가가 되는 것이죠. 이번 코로나 사태 때도 디플레이션 이야기가 나왔습니다. 코로나 사태는 아시는 바와 같이 사람들이 집 밖으로 나올 수가 없기 때문에 당장 돈이 있어도 쓸 방법이 제한되어 있습니다. 온라인 쇼핑도 한계가 있는 법이니까요(정부가 유동성을 공급해 발생하는 인플레이션과 상쇄되면 다행인 셈입니다).

마스크 품귀 현상으로 보는 수요공급 법칙

다시 수요공급 법칙을 이야기할 시간이 됐네요. 요새 대형 마트에 가면 화장지가 넘쳐납니다. 고만고만한 상품들 중 뭐라도 튀어야 팔리기 때문에 똑같은 화장지라도 미용 티슈, 아기 피부에 적합한 티슈, 향기 나는 티슈, 꽃모양 프린트 티슈 등 이런 식으로 경쟁을 합니다. 예전엔 휴지가 딱 1종류였어도 비싸게 팔렸는데 요새는 질 좋은 상품들이 각각의 개성을 뽐내도 평균 가격이 예전보다 훨씬 저렴한 거예요. 왜냐하면 화장지를 사려는 사람들보다 팔아야 되는 화장지 개수가 더 많아졌거든요. 수요와 공급에 따라 몇 개 팔릴 건지, 얼마나 비싸게 팔릴 건지 결정이 된답니다.

1년 전쯤 수요공급 법칙을 보여주는 현상이 발생했죠. 2020년 1/4분기에 일어났던 마스크 품귀 현상입니다. 코로나는 비말로 전염된다고 밝혀졌기 때문에 공기 중의 침이나 체액이 전파되는 것을 막아주는 마스크가 필수지요. 한국의 인구수는 2020년 기준 5,000만 명이 조금 넘습니다. 바깥 활동을 하는 전 인구가 매일 하나씩 사용하고 다음날 사용할 것을 하나 사서 집에 돌아간다고 계산하면 하루에 대략 1억 개가 필요합니다.

그런데 2020년 3월까지만 해도 우리나라의 일일 마스크 생산능력은 1,000만 개였다고 합니다. 마스크를 사려고 하는 사람은 많은데 파는 사람은 부족한 상황이 된 거죠.

사실, 한 나라에서 국민이 필요로 하는 모든 물건을 독자적으로 만들어낼 수는 없습니다. 원래대로라면 이런 경우 마스크가 남아도는 나라에서 수입해서 물량을 맞췄겠지요. 수입품은 관세 등 이런저런 이유로 가격이 더 비쌀 수도 있고, 우리가 마스크를 수입해온 나라가 우리나라보다 물가가 낮으면 더 쌀 수도 있습니다. 하지만 어떤 경우든 개당 300원 하던 마스크가 4,500원으로 뛰는 현상은 벌어지지 않습니다. 그런 가격을 부르면 아무도 안 살 테니까요. 아마 다른 데서 그보다는 저렴한 가격을 제시할 거예요.

코로나 사태로 마스크 품귀 현상이 문제가 된 건 전 세계에서 동시에 마스크가 필요해졌기 때문입니다. 남는 마스크를 가진 **나라가 없었지요**(2020년 3월이 지나면서 우리나라가 그나마 좀 여유가 생겨서 다른 나라에 팔거나 나눠주었죠. 2020년 10월에는 완전히 수출 자유화가 되었습니다). 그래서 마스크는 귀해졌고, 하나에 300원 하던 걸 4,500원을 불러도 팔리게 됐다는 겁니다. 물건은 적고 사려는 사람은 많으니까요. 이게 바로 수요공급 법칙입니다.

혹시 45,000원을 불러도 팔렸을까요? 사정이 정말 절박하고 돈 좀 있는 사람들이라면 그 가격에도 사기는 샀을 겁니다. 그런 사람들이 그리 많지는 않을 테니 4,500원에 팔 때보단 덜 팔렸겠지만요. 이제 우리는 기본적인 수요공급 법칙을 이해했습니다. 바로 금리를 알아보기 위해서였어요. 돈에도 수요공급 법칙이 적용된다는 사실, 아시나요?

화폐 발행에는 정부의 힘이 작용한다

화폐의 수요공급 법칙을 수월하게 이해하기 위해 역사적인 배경을 조금 응용해보도록 할게요.

우리나라에서 돈을 얼마만큼 발행할지는 한국은행이 결정합니다. 신사임당 5만 원권이나 세종대왕 1만 원권은 모두 한국은행이 발행한 돈입니다. 화폐발행권을 가진 한 국가의 중앙은행은 굉장히 중요합니다. 일제강점기 시절, 즉 식민지 조선시대에 사용했던 화폐의 이름은 조선은행권이었습니다. 대한제국 시절에는 백동화와 상평통보를 썼기 때문에 일본은

대한제국을 식민지로 만들자마자 조선은행권을 새로 발행하게 했습니다.[6]

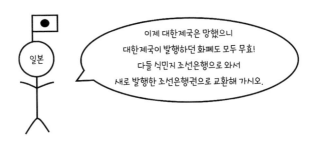

이제 대한제국은 망했으니
대한제국이 발행하던 화폐도 모두 무효!
다들 식민지 조선은행으로 와서
새로 발행한 조선은행권으로 교환해 가시오.

일본

백동화는 말 그대로 백동이라는 하얀 금속에다 구리, 철 등을 섞어 만든 주화입니다. 상평통보도 금속으로 만든 동전이죠. 당시만 해도 금속 화폐는 위조가 쉬운 편이었습니다. 대한제국 말기에는 사회가 아주 혼란스러웠기 때문에 위조 백동화가 어마어마하게 돌아다녔습니다.

그래서 일본은 화폐개혁 명목으로 망한 대한제국의 동전을 모두 일본 정부의 조선은행에서 발행한 새 지폐로 교환해줍니다. 물론 새로 만든 지폐에는 일본의 명승지나 일본의 연호가 들어가 있었지요. 하지만 이런 문제는 사소한 것이었습니다. 당시 식민지 정부는 조선 사람들이 갖고 있던 조선 동진, 백동화의 가격을 원래의 절반 값밖에 쳐주지 않았습니다. 예전에 백동화 한 닢으로 운동화 한 켤레를 살 수 있었다면 백동화 한 닢과 새로 교환한 조선은행권 한 장으로도 운동화 한 켤레를 살 수 있어야 합니다. 하지만 백동화 두 닢에 조선은행권 한 장만 내주는 식이었습니다.

그러자 사람들은 화폐를 바꾸지 않고 그대로 사용했습니다. 동네 시장에서는 여전히 백동화와 상평통보가 통하니까 쓰던 대로 썼던 거지요. 그런데 갑자기 어느 날부터 백동화로는 은행에 예금도 안 되고, 세금도 낼 수 없고, 일본 기업과는 거래도 할 수 없게 된 겁니다. 억울하지만 반값으로라도 바꿀 수밖에요. 심지어 교환 가능 기간이 끝난 이후에는 받아주지도 않았습니다. 사람들의 재산이 반 토막이 나거나 아예 공중 분해 되어버립니다.[7]

물건과는 다른 화폐의 수요공급 법칙

이 이야기는 화폐 발행에 있어 정부가 얼마나 강력한 힘을 갖고 있는지 설명하기 위해 꺼낸 에피소드입니다. 지금껏 아무리 잘 써왔던 돈이라도 정부가 그만 쓰라고 하면 더 이상 아무런 효력이 없게 됩니다. 이 책의 맨 처음에 나왔던 조개 껍데기도, 정부가 발행하는 화폐도 실제 물건과 바꿀 수 있는 효력이 있는 건 사람들이 '이게 돈이다'라고 믿어주기 때문입니다. 그 '신용'에 의해 돈일 수 있는 거지요. 정부가 돈이 아니라고 하면 사람들은 조개껍데기나 동전이나 지폐를 더 이상 돈이라고 믿지 않습니다. 그때부터는 그냥 칼슘 덩어리나 금속 덩어리, 종잇장이 됩니다.

화폐의 수요공급 곡선은 이렇습니다.

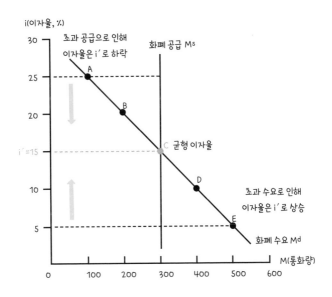

화폐의 수요공급 곡선
(유동선 선호이론에서 화폐시장의 균형)

화폐 공급은 시장에서 물건이 공급되는 것처럼 유연하게 움직이지 않습니다. 1년에 한 번, 그리고 정부의 특별한 결정이 있을 때 정해진 양을 한 번에 공급합니다. 그래서 공급 곡선이 수직입니다. 물론 매년 얼마나 공급했는지를 시계열로 그려두면 사선으로 누운 그래프나 심전도 곡선처럼 울퉁불퉁한 선이 나올 수도 있지만, 기본적으로는 튼튼한 수직 모양입니다.

x축은 통화량이고 y축은 이자율, 즉 금리입니다. 공급 곡선은 미리 결정되어 있지만, 화폐가 얼마나 필요한지는 금리가 결정한다는 의미입니다. 금리에 따라 사람들은 화폐를 조금 필요로 하기도 하고 많이 필요로 하기도 합니다. 그런데 주어진 수요 곡선 자체가 바뀌어버리는 일도 있습니다. 소득이 늘어나면 곡선 자체가 달라지거든요. 월급이 늘어나면 월급 줄 돈을 더 찍어야 하기 때문에 금리와 상관없이 수요가 증가해, 수요 곡선이 위로 올라가버립니다.

앞의 그래프를 좀 더 쉽게 이해하기 위해 다음 역사 이야기를 해볼게요.

경제가 성장하는 만큼 돈도 더 필요해

일제강점기 시절을 지나 대한민국 정부가 세워졌습니다. 조선은행은 한국은행으로 새로 태어났습니다. 이제 한국은행은 조선은행권을 한국은행권으로 교환해주려고 합니다. 예전에 식민지 조선은행이 조선인들을 대상으로 저질렀던 사기는 저지르지 않습니다. 정직하게 바꿔줄 것입니다.

대한민국 국적을 가진 모든 사람들이 기존에 갖고 있던 조선은행권을 모두 한국은행권으로 바꿨다고 가정해봅시다.

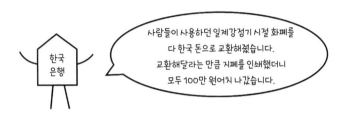

한국
은행

사람들이 사용하던 일제강점기 시절 화폐를 다 한국 돈으로 교환해줬습니다. 교환해달라는 만큼 지폐를 인쇄했더니 모두 100만 원어치 나갔습니다.

사람들이 갖고 있던 모든 지폐를 센 것이나 마찬가지입니다. 그렇다면 지금 이 순간 한국에 있는 돈의 총 액수는 100만 원이고, 한국의 경제규모도 100만 원이겠지요? 여기에 더해 한국은행이 예비적으로 100만 원을 더 갖고 있다고 칩시다. 그러면 한국에 있는 돈은 총 200만 원입니다.

돈이 도는 1단계

앞에서 우리는 경제성장에 대해 배웠지만 이 이야기를 위해 다시 한 번 짚어보도록 할게요. 한국에 있는 돈 200만 원을 다른 은행, 기업, 사람들이 이렇게 나눠 가졌습니다.

· 한국은행 100만 원

- 사랑은행 30만 원
- 성냥 회사 20만 원
- 국민들 50만 원

그중 성냥 회사는 20만 원 중에서 10만 원은 원재료를 사고, 5만 원은 공장 설비에 투자하고, 마지막 5만 원으로는 5명을 고용하는 데 썼습니다. 그렇게 20만 원을 다 쓰고 성냥을 팔아 25만 원을 벌었습니다. 5만 원의 이익을 남긴 것이죠. 하지만 수중에 있는 총 25만 원으로는 좀 부족합니다. 이번에는 원재료만 40만 원어치를 사고 싶거든요.

막 식민지에서 벗어난 한국은 무척 가난했기 때문에 성냥 회사에서 생산한 아주 낮은 품질의 성냥도 불티나게 팔립니다. 툭하면 부러지고 불도 잘 붙지 않았지만 부싯돌보다는 훨씬 낫습니다. 이렇게 잘 팔리는데 이전처럼 원재료를 10만 원어치만 사는 건 부족하지요. 게다가 원료를 이렇게 많이 사면 일할 사람도 추가로 고용해야 합니다. 일도 많이 해야 하니 월급도 더 줘야 하겠죠?

그러면 모자란 돈은 어떻게 구해와야 할까요? 사랑은행이 갖고 있는 30만 원을 빌려오는 수밖에 없습니다. 사랑은행은 금리 20%를 붙여 성냥 회사에게 30만 원을 빌려줍니다. 이자가 20%라니 너무 악덕이라고 하겠지만, 사랑은행이 아니고서는 돈을 빌릴 데도 없으니까 어쩔 수 없습니다. 게다가 성냥이 정말 잘 팔리기 때문에 다 팔기만 하면 이 정도의 이자는 쉽게 낼 수 있습니다. 성냥 가격을 2배로 올려도 사려는 사람이 줄을 서서 기다릴 지경입니다.

성냥을 만드는 족족 다 팔렸기 때문에 성냥 회사는 저번에 빌렸던 돈을 원금까지 다 갚고도 또 돈을 빌리러 갑니다. 사랑은행은 당장 빌려줄 돈이 모자라 한국은행에서 돈을 빌립니다. 그러고는 앞으로 돈이 더 필요해질 것 같으니 내년에는 더 찍어달라고 요청합니다. 이렇게 행복한 나날이 수천 번 반복되면 시장에 돈이 많이 풀리겠지요?

현실에서는 은행도 많고 회사도 많습니다. 그 많은 은행과 회사들이 이런 식으로 장사를 잘하면 한국은행이 얼마나 돈을 많이 발행해야겠어요. 가난한 나라가 처음 경제성장을 할 때는 뭐든 잘 팔리기 때문에, 그리고 잘 팔리면 사람들이 자꾸 고용돼서 월급을 받고 그 월급으로 또 물건을 사는 선순환이 일어나기 때문에 돈이 잘 돕니다. 그러니까 물건이 팔렸다는 건 누군가 샀다는 얘기고, 물건을 사려면 돈이 있어야 하니 월급을 받았다는 얘기죠. 일단 회사가 월급을 줘야 노동자가 고객님이 되어 물건을 사러 오게 되는 것입니다. 직원들 월급을 주고 당장 원재료 살 돈이 부족해진 회사는 은행으로 빌리러 오지요. 시중 은행은 한국은행에서 돈을 빌리고요.

챕터 1에서 혁신적 변기를 만드는 사업가가 은행에서 빌린 돈으로 시작했던 것 기억나시나요? 은행에서 돈을 빌리는 주체는 대부분 회사들입니다(주택담보대출은 여기서 예외로 하겠습니다). 개인이 회사만큼 돈을 크게 빌릴 일은 잘 없지 않겠어요? 연봉 3,000만 원을 받는 직원 3명만 있어도 1억 원 가까운 돈이거든요. 회사는 월급을 매달 현금으로 지급해야 하지요. 직원이 3~4명만 돼도 현금이 필요한 일이 크게 늘어납니다. 거기다 공장을 하나 짓거나, 기계 하나만 수입해오려고 해도 바로 대출을 받으러 가야 하지요.

그렇게 빌리기만 하면 어떻게 하냐고요? 은행이 회사한테 돈을 36개월 무이자 할부로 막 빌려줄까요? 물론 아니죠. 이자, 즉 돈값을 먹여서 원금보다 더 받죠. 괜찮아요. 다 물건 잘 팔리라고 하는 거예요. 물건만 잘 팔리면 다 괜찮습니다. 네, 물건만 잘 팔리면요.

1970~1980년대 고성장기에는 돈이 참 귀했고, 돈값도 비쌌습니다. 이 회사 저 회사가 와글와글 생기고요, 그 회사들이 여기저기 투자하면서 쑥쑥 성장했습니다. 직원 월급 주고 사옥 짓고 공장 세우고 기계 들여온다고 너도나도 은행에 가서 대출 좀 해달라고 했습니다. 물론 매달 원금과 이자를 갚을 능력이 됐으니까 그랬겠죠. 어쨌든 돈 빌려달라는 사람이 많으니 수요가 높은 거고, 은행은 시장에 공급할 돈이 좀 모자

랐어요. 한국은행이 적절하게 돈을 찍을 때도 있었지만 예측을 너무 보수적으로 해서 모자라게 발행한 때도 있었을 거예요. 그러니 돈이 귀해서 이자가 비싸졌지요. 한국 경제는 너무 빨리 커진 반면, 화폐의 수요공급 곡선에서 보듯 화폐 공급은 한 번 하고 끝나버리니까요.

돈이 도는 2단계

이렇게 될 거면 한국은행에게 매번 돈을 넉넉하게 찍어내라고 하면 되지 않느냐 싶겠지만 또 그게 아닙니다. 한국은행이 그렇게 마구 돈을 찍어냈다간 그 유명한 2008년의 '짐바브웨 하이퍼인플레이션 사태'[8]가 발생하는 거죠. 경제가 클 만큼 커서 더는 돈이 그만큼 빠르게 돌지 않거나 물가가 지나치게 올라버리면 찍어낸 속도로 다시 회수할 방법이 없거든요.

한국은행은 진짜, 진짜, 진짜로 모자랄 때만 신중하게 화폐를 추가로 발행합니다. 그럼 은행은 무슨 돈으로 회사에 대출을 해줄까요? 여기서 1단계에선 없었던 요소가 등장합니다. 바로 개개인의 저축입니다.[9] 국민들이 처음에 나눠 가졌던 50만 원 중 30만 원쯤은 저축으로 사랑은행에 들어가 있었던 거죠. 그리고 성냥 회사에서 받은 월급의 일부도 알뜰하게 저축했습니다.

사랑은행은 성냥 회사가 요청한 돈을 모두 한국은행에서

빌리거나 찍어달라고 하는 게 아니라, 사람들이 은행에 맡긴 예금저축으로 일부를 빌려주고 일부만 한국은행에게 요청합니다. 저축을 놔두고 한국은행이 돈을 막 찍어내면 저축을 다 깨도 감당하지 못할 만큼 물가가 올라버립니다. 회사에게 빌려줄 개인의 저축예금이 많이 필요했던 은행들은 예금에 이자를 많이 붙입니다. 당연히 은행이 회사에 돈을 빌려줄 때는 예금이자보다 더 높은 이자를 붙이지요.

 은행
여러분~ 저축 좀 해주세요. 기업들에게 대출해줘야 하는데 돈이 없어요.

돈을 장독대 밑에 파묻어 두기도 뭣하고, 이자 많이 준다니까 뭐… 고객

 은행
이자 정말 높게 잘 쳐드려요. 돈이 귀해요.

좋은 투자상품 있으면 추천 좀 해줘봐요. 은퇴 후에 이자로 먹고 살게. 고객

　이렇게 된 거랍니다. 그런데 말입니다, 어느 정도 경제가 성장하면 성장 속도는 무척 더뎌지게 됩니다.

1970년대

국민 A 이번에 적금 타면 라디오도 사고, 화장실도 수리해서 온수기 달고, 세탁기라고 옷도 넣기만 하면 빨아주는 기계가 나왔다던데 그것도 좀 사볼까? 너무 많이 쓰나? 그건 그렇고 외국엔 텔레비전을 켜면 총천연색으로 나온다던데 우린 언제 그거 살 수 있지? 나와도 너무 비싸겠지? 옆집 사람은 벼르고 별러서 차를 구입했다던데 그건 다음 적금 탔을 때 사고…. 사실 제일 급한 건 정수기예요. 우리 집이 언덕 꼭대기라 매번 약수터 가서 물 채워오기가 너무 힘들거든. 아, 사치가 아니라 당연히 수돗물 끓여 마시긴 하는데 자꾸 녹물이 나와서 해본 소리예요. 녹물이 나와서.

2020년대

국민 A 가전이요? 사는 데 부족한 건 없어요. 김치냉장고도 있고, 컴퓨터도 산 지 얼마 안 됐고, 에어컨이랑 세탁기는 입주 옵션이었고 비데는 렌탈이고… 음, 수비드 머신이나 건조기가 갖고 싶긴 하네요. 스마트폰은 약정이 안 끝났고…. 건조기는 있으면 편한 거지 꼭 필요한 건 아니라서요. 성과급 나오면 생각은 해보려고요. 근데 요새 경기가 하도 안 좋아서 성과급 나올지 모르겠네.

사람들이 웬만한 건 다 갖고 있어서 살 물건이 줄어들거든요. 대중적인 핸드폰 기기가 피처폰에서 스마트폰으로 넘어가던 2009~2011년처럼 기술 혁신이 일어나 전 세계 사람들이 모두 핸드폰을 갈아 치우는 수준의 소비가 일어나지 않는 한 돈은 저축된 상태로 남아 있게 됩니다.

마땅히 투자할 곳도 찾기 어렵고 회사가 빨리 성장하지 않으니까 연봉도 크게 오르지 않죠. 가끔 TV에 나오는 빠르게 성장하는 회사는 대다수가 최첨단 기술을 가진 혁신 기업이거나 그간 축적한 자본(회사의 저축)을 기술에 충분히 투자할 수 있는 대기업입니다. 이제는 굉장히 새롭고 아주 파격적인 제품이 아니면 삶의 질을 끌어올리기 힘들거든요. 진짜 새로운 것만 팔리는 거죠. 회사도 굳이 돈을 빌리려 하지 않고 은행도 굳이 돈이 많이 필요하지 않습니다. 그러니까 돈의 가치, 금리는 저렴해집니다.

회사가 돈을 빌릴 때

은 행 금리가 이렇게 낮은데 기업 여러분, 빌려 가셔서 투자 좀 해주세요.

사장님 투자는 아니지만 경영이 어려워서 그런데, 경영자금 대출 괜찮을까요?

은 행 대출 변제 능력이 되시는지 심사해드리겠습니다. 규모별, 업종별로 다 달라요. 회사가 부도나면 저희는 돈을 잃는지라.

사장님 30년 전에 저 젊을 땐 이렇게 까다롭지 않았던 것 같아요.

은 행 대신 그때는 금리가 높았잖아요. 그럼 심사 대충 할 테니 대출금리 2배로 갚으실래요?

사장님 …그냥 심사 성실하게 받겠습니다.

개인이 돈을 빌릴 때

고객   저기, 저축하러 왔는데요. 금리 높은 상품 좀 추천해주세요.

은행   고객님, 예적금은 특판 상품을 이용하셔야 그나마 금리가 좀 높아요. 특판 상품도 2%대 후반은 찾기 힘드실 텐데….

고객   요새 금리 왜 이렇게 낮아요?

은행   하하하… 그러게요. 일단 한국은행에서 정한 기준금리도 너무 낮고요. 개인 고객님이 저금하시는 수백~수천만 원의 돈으로 경제를 돌리기에는 경제 규모가 너무 커버렸어요. 투자할 만한 기업은 많지 않은데 시중에 돈도 넘치고요.

고객   (속마음) 수천만 원이 별것 아닌 돈이 되다니 한국 경제 많이 컸네. 맨 처음 엔 총 200만 원 갖고 시작했는데 말이야.

     간단하게 말해 지금 예적금 금리가 낮아진 가장 큰 이유는 한국 경제가 충분히 커버렸기 때문인 거예요. 사람들이 큰 부족함 없이 살고 있어 회사가 어떤 물건이든 팔기만 하면 모두 팔리던 시절도, 그 물건을 빨리 만들어 공급하기 위해 사람들을 마구 고용하던 시절도, 그렇게 고용된 사람들이 월급을 받아 각종 물건들을 마구 사던 시절도 끝나서 더는 돈이 많이 필요하지 않게 된 거지요.

     게다가 한창 경제가 성장하던 시절 사람들이 저축한 돈과 한국은행에서 발행한 돈이 이미 많거든요. 개인의 예금이나 적금과는 비교도 안 될 정도로 말이에요. 공급에 비해 돈의 수요가 줄어들었다고나 할까요.

우리는 지금까지 경제성장 속에서 늘어나는 사람들의 화폐 수요와 한국은행의 화폐 공급, 그리고 그 사이에 낀 은행이 금리를 통해 시장 거래를 하는 모습을 살펴봤어요. 화폐의 수요공급 곡선이 왜 금리와 통화량(돈이 도는 속도)을 통해 그려지는지 대강 아시겠죠?[10]

그런데요, 은행이 한국은행과 다른 은행들로 나뉘어 있는 이유는 은행의 금융 업무가 설명보다 훨씬 복잡하기 때문인가요?

그렇습니다. 사실은 현실에서 작동하는 금리도 훨씬 복잡하답니다. 이 장의 처음에 금리에 대해 설명했던 것 기억하세요? 금리는 돈의 값이고, 돈의 값은 기회비용과 돈을 빌리는 목적과 돈을 빌리는 기간, 개개인의 신용도와 같이 돈 잃을 확률을 계산해서 정해진다고요.

그런데 그건 누가, 도대체 무슨 기준과 무슨 공식으로 판단하는 건지 궁금하지 않으세요? 계속 이어집니다.

기준이 되는 금리,
그거 대체 누가, 왜 정하는 건데?

금리의 종류

이제 구체적으로 현실 이야기를 좀 해볼게요. 우리 주변에서 찾아볼 수 있는 금리에는 참 많은 종류가 있습니다.

· 실질금리
· 명목금리
· 기준(정책)금리
· 시장금리: 표면금리, 실효금리, 실질금리, 대출금리, 단기
금리(콜금리·CD금리·CP금리), 장기금리(보통 채권), 고
정금리, 변동금리….

실질금리와 명목금리는 돈을 빌릴 때와 쓸 때의 시점 차이 때문에 생겨납니다. 금리에는 물가상승률이 포함되는데요, 돈을 빌리는 시점의 금리에 적용되는 물가상승률은 과거 데이터를 통해 예측한 가상 수치입니다.

1년간 생활비로 쓰려고 1월 1일에 돈을 빌렸는데, 그 해 1월 2일부터 12월 31일까지 물가가 얼마나 오를지 정확히 아는 사람이 어디 있겠어요. 하지만 내가 실제로 빌린 돈을 소비하는 기간은 1월 2일부터 12월 31일까지입니다. 그러므로 1월 1일에 은행에서 '금리는 4.3%입니다' 하고 계약서를 써주는 금리는 명목금리, 12월 31일에 뒤돌아보니 1년간 오른 물가상승률 1.3%를 뺀, 그러니까 내가 실질적으로 부담한 금리 3%는 실질금리입니다.

내가 은행에 예금한 돈도 마찬가지라고 볼 수 있습니다. 1.3% 이자로 1년짜리 예금을 넣었는데 만기가 되는 동안 물가도 1.3% 올랐다면 나는 1년 전과 똑같은 가치의 돈을 갖게 될 뿐입니다. 요새 심심찮게 보도되는 '실질적인 제로금리'가 바로 이 얘기입니다. 실질금리가 0%에 가까우면 예금이나 적금을 한다고 내게 돌아오는 이득은 전혀 없는 셈이거든요.

내가 실제로 은행에 가서 돈을 맡기거나 빌릴 때 만나게 되는 금리는 시장금리입니다. 그리고 그 시장금리의 종류가 다양한 것이죠. 그런데 시장금리는 모두 기준(정책)금리의 영향을 받습니다. 특히 큰돈이 오가는 국가 간 거래, 회사 간 거래일 때 더욱 그렇습니다. 그러므로 뉴스에서 '금리가 어쩌고…' 하면서 나오는 이야기는 대부분 기준금리 이야기라고 생각하면 됩니다. 한국은행에서 이 기준금리를 매년 발표하지요. 그런데 문득 이런 생각이 듭니다.

돈이 돌아서 경제가 성장하고, 돈값이 저렴해진 건 알겠어요. 그런데 돈값이 정확히 얼마나 싸진 건지 한국은행은 어떻게 알아요? 1.4%라든가, 3.8%라든가. 세상이 얼마나 크고 다양하게 변하는데, 어떻게 딱 떨어질 수가 있단 말이에요? 한국은행 다니는 사람들은 세상을 다 알아요?

맞습니다. 금리를 공부하면서 다들 한 번쯤 이렇게 투덜거리게 되죠. 그 금리, 그래서 누가 정하는 건데? 매년 1%라고 말하는 사람들은 100층 건물 꼭대기에 앉아서 전국의 수요와 공급을 다 머릿속에 넣고 계산을 하나? 그럼, 전국에 유통되고 있는 상품이 몇 개인지도 다 알고, 지폐 하나가 어디서 왔다가 어디로 가는지도 다 안단 말이야? 한국은행에서는 정말 다 알고 있을까요?

기본적으로 시장경제는 성장을 합니다. 성장을 하면 물가가 오르고, 물건들이 많이 만들어지고, 월급이 오릅니다. 물가가 오르고 월급이 오른다는 뜻은 돈을 더 많이 쓰면서 더 많이 받는다는 뜻입니다.

다시 말해 10년 전의 1,000원과 10년 후의 1,000원은 가치가 다릅니다. 같은 돈으로 살 수 있는 물건의 양이 확 적어지죠. 그래서 1,000원을 빌려서 10년 후에 고스란히 1,000원만 돌려주면 이런 상황이 벌어집니다.

 오랜만이야! 여기 10년 전에 얻어먹은 새콤달콤 1개.

나 10년 전에 너한테 새콤달콤 10개 줬는데?

 10년 전에 1,000원어치 준 거잖아. 지금은 그 돈으론 1개밖에 못 사.

그래도 10개 얻어먹었으니까 10개 돌려줘야지!

난 1,000원어치 얻어먹고 1,000원어치 돌려주는 건데?

 뭐라고?

문제는 각 물건마다 값이 오르는 정도가 다르다는 겁니다. 벤츠 자동차는 10년간 20배 올랐을 수도 있고, 다이슨 청소기는 10년간 3배만 올랐을 수도 있죠. 그럼 매년 돈값이 얼마나 올라야 하는 걸까요? 그걸 누가 어떻게 정하죠?

사실 사회에선 자연스럽게 알아서 되는 게 별로 없습니다. 다 누군가 어디선가 '적당히' 정해버립니다. 국내 기준금리는 각종 경제지표를 고려해 한국은행 금융통화위원회에서 기준을 정합니다. "국내 경제 상황을 보아하니 현재 돈값은 0.75%가 적당하겠노라. 시중 은행들은 반드시 참고하도록 하여라."[11]

이게 바로 기준금리예요. 해가 동쪽에서 뜨고 치킨은 누구에게나 맛있다는 사실은 인간이 개입할 수 없는 절대적 진리지만… 물가상승률 등 경제지표 같은 건 사실 그만큼 자연스럽게 정해지지 않는답니다. 예를 들면 물가상승률은 어떻게 정해지는 걸까요? 세상의 모든 물건 값을 분석해서 평균을 내는 걸까요? 당연히 그건 불가능합니다. 각 산업별로 가장

잘 팔리고 많이 팔리는 대표적인 물건을 골라서 계산을 하지
요.[12]

경제지표란 전문가들이 그때그때 필요한 조합을 선택해서
계산하는 것인데, 몇 십 년 동안 이걸 계속 하다 보니 제일 좋
은 조합이 비슷비슷하더라는 거죠. 그 비슷한 조합들이 마치
김밥천국 김치찌개 조리법처럼 '이렇게 끓이면 실패는 안 한
다!'라는 매뉴얼로 고정되다시피 만들어진 거예요.

기준금리도 마찬가지예요. 나라를 위해 어느 정도의 돈값
이 제일 좋을지 계산을 한 다음, 정해서 발표하는 거죠. 정말
누군가가 모든 걸 고려해서 만능 지표를 만들 수 있다면 좋겠
지만 AI도 아직 그 정도는 안 됩니다. 그래도 기준은 언제나
필요합니다.

그런데 기준금리가 1%면 모든 금리가 1%가 된다는 뜻일까
요? 아닙니다. 기준금리는 마치 이런 겁니다.

교수 기말 과제는 리포트로 대체하겠어요. 과제는 한글 파일로
제출하세요. 참고로 작년 선배들은 10페이지 전후로 작성했습니다.

학생 1 폰트 모양이랑 사이즈는요?

교수 자율제출입니다.

표지는 만들어도 되나요? 학생 2

교수 형식에 대한 것은 조교에게 물어보세요.

이렇게 되면 아주 다양한 형식의 리포트가 나오겠죠? 9페이지나 11페이지 정도로 써서 제출하는 학생도 있을 것이고, 기본 폰트를 쓰는 학생도 있겠죠. 수정을 한다고 해도 돋움체나 바탕체에서 크게 변하진 않을 테고 폰트 사이즈를 조금 키우는 학생도 있겠지만 평균 10페이지라는데 30페이지를 써오거나 5페이지를 써오거나, 본문을 36포인트 빨간색 볼드 밑줄 궁서체로 쓰는 학생은 많지 않을 겁니다. 그런 학생들은 둘 중 하나겠죠. 너무 잘 써서 대박치는 극소수와 C 아니면 D를 받을 대다수….

기준금리는 '10페이지 전후', '한글 파일' 같은 역할인 겁니다. 한번 딱 정해지면, 자율적으로 뭘 하더라도 크게 벗어나면 안 되는 암묵적인 룰과 마찬가지죠.

미국 영향을 크게 받는 기준금리

그런데 국내에만 기준금리가 있느냐? 아닙니다. 전 세계의 돈값은 미국이 결정합니다. 서로 다른 화폐 단위를 사용하는 여러 나라가 서로 거래를 할 때는 대부분 미국 달러를 쓰거든요. 달러는 전 세계 돈의 기준입니다.

한국과 터키가 거래할 때는 5만 원과 350리라가 오가지 않습니다. 5만 원을 대략 45달러와 교환하고, 350리라도 대략 45달러와 교환한 뒤 각자의 달러를 사용합니다. 한국 돈은 한국에서밖에 못 쓰고 터키 돈을 쓰려면 터키 사람들과만 거래해야 하죠. 하지만 달러를 사용하면 터키 사람들에게 고양이 밥그릇을 판매한 돈으로 이집트에 가서 낙타모 장갑을 살 수 있습니다.

이 이야기는 이후에 더 자세하게 할 겁니다. 일단 지금은 달러가 세계에 존재하는 거의 모든 돈들의 기준이라는 것만 기억하면 됩니다. 미국에서 기준금리를 올리거나 내리면 전 세계의 중앙은행이 자기네 국내 사정과 적당히 조정해 자기들 기준금리도 올리거나 내린다는 사실만 알고 가도록 해요.

좀 복잡하지요? 마치 회사 조직도와 같습니다. 사장은 미국 연방준비제도고, 각 부서의 부서장들은 다른 자유시장경제 국가의 중앙은행들인 거죠.

　요샌 기준금리 내린다고 대출이자도 내려가고 그러지는 않지요?[13] 개개인이 받는 대출을 가계대출이라고 합니다. 우리나라 사람들은 가계대출을 많이 받는 편입니다. 주택담보대출을 포함한 가계대출 잔액은 2019년 5월 기준으로 920조 7,000억 원입니다. 규모로는 세계 7위고, 대출액이 늘어나는 속도로는 가장 빠르답니다. 이렇다는 건 대부분의 한국 사람들이 살면서 가계대출을 한 번 이상 받게 된다는 얘기죠.

　사정이 이런지라 다들 가계대출 금리에 민감합니다. 그런데 뉴스에서 매번 '제로금리 시대'라며 금리가 무척 낮아졌다는데, 주택담보대출이나 신용대출금리는 별로 내려가질 않습니다. 분명히 올라갈 땐 재깍 올라갔던 것 같거든요. 기분 탓일까요? 2019년 10월 18일자 동아일보 기사를 하나 보겠습니다.

　　예금금리는 신속 인하, 대출금리는 미적… 은행들 '얌체 이자장사'[14]

　요약하자면 예금금리를 2018년 12월 대비 0.2%p나 낮추면서 가계대출 금리는 0.12%p밖에 안 떨어트렸다는 거예요.

거의 절반 수준이지요. 기사에 따르면 은행들이 미적거리면서 기준금리가 내려가도 대출이자를 늦게 낮추고, 적게 낮춰서 시차에 따른 마진을 챙겨 상반기 이자 수익만 무려 20조 원이 났다고 합니다. 그 이전 한국은행 통계를 들여다봐도 예금이자가 뚝뚝 떨어지는 동안 대출이자는 찔끔 떨어졌다고 하네요.

물론 은행도 할 말이 있습니다.

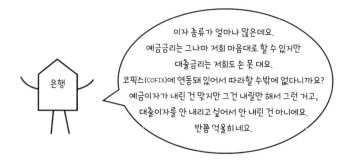

이자 종류가 얼마나 많은데요.
예금금리는 그나마 저희 마음대로 할 수 있지만
대출금리는 저희도 손 못 대요.
코픽스(COFIX)에 연동돼 있어서 따라할 수밖에 없다니까요?
예금이자가 내린 건 맞지만 그건 내릴만 해서 그런 거고,
대출이자를 안 내리고 싶어서 안 내린 건 아니에요.
반쯤 억울히네요.

코픽스는 'Cost of Fund Index'의 약자입니다. 직역하자면 자금조달비용지수죠. 은행은 금융기관인 만큼 일단 먼저 돈을 갖고 있어야 돈을 빌려주고, 다시 받고, 이자도 주고 합니다. 즉, 자금을 조달하는 것이 은행의 가장 큰 업무입니다.

앞에서 우리는 간단하게 이해하기 위해 은행이 돈을 버는 방법을 '저축' 하나만 다루고 넘어왔었죠. 하지만 은행이 돈을

버는 방법은 개개인의 저축성 예적금이나 기업에 대출해주고 받는 이자 수익을 포함해 여러 가지가 더 있답니다. 대표적인 8가지 상품을 소개하면 다음과 같습니다.

코픽스에 반영되는 은행의 자금조달 상품

정기예금, 정기적금, 상호부금, 주택부금, CD, RP, 표지어음매출, 금융채

익숙한 이름도 있고, 뭔지 모를 이름도 있을 것입니다. 일단은 은행이 저 8가지 상품을 팔아서 돈을 번다고 생각해봅시다. 한국에는 코픽스 산출에 관여하는 국내 주요 8개 시중은행이 있습니다. 국민은행, 기업은행, 신한은행, 씨티은행, KEB하나은행, 우리은행, SC제일은행, 농협은행이에요. 이 은행에서 다루는 앞의 8가지 상품의 금액과 금리를 공식에 넣고 산출한 결과 값이 바로 코픽스입니다. 여기서는 8가지 상품의 구성이나 성격, 공식의 내용은 별로 중요하지 않아요.

① 대출금리가 은행의 금융상품 가격과 금리에 따라 오르락내리락한다는 것
② 은행의 금융상품들은 해외와 국내의 실물시장 및 금융 (주식)시장 상황을 반영한다는 것

③ 실제 시장경기는 각종 정치·경제적 상황에 따라 움직인
다는 것
④ 그럼에도 대출금리 역시 중앙은행 기준금리의 영향을
받으며, 중앙은행 기준금리가 하락하면 대출금리도 (어느
정도) 하락한다는 것

이 4가지만 이해하고 넘어가면 됩니다. 은행이 알아서 결
정할 수 있는 예적금 금리보다 복잡한 셈이죠. 받은 돈에 가격
을 쳐주는 것보단 있는 돈을 빌려주는 데 민감한 건 어쩔 수
없습니다.

그러니까, 요새 글로벌 경기가 하도 안 좋아서 대출금리를 막 내릴 수가 없다
니까요. 시장 좀 살려보겠다고 금리를 내리는 건데 금리를 내려도 시장이 묵묵
부답인 걸 어떻게 합니까. 그냥 지금처럼 이자 내세요.

그럼 코픽스 금리에 붙는 가산금리라도 좀 낮춰주세요.
신용점수별로 더 받는 이자 있잖아요.

글쎄요…. 신용점수 관리 잘 하셔야지… 어험….

즉, 대출이자는 주식지표나 채권금리 등에 연동되어 있는

데 그런 건 세계정세에 따라 움직이고, 세계정세가 대출금리를 그 정도 높였다는 것입니다. 다시 말해 예금이자는 은행이 고객에게 은행 돈을 주는 거니까 은행 마음대로 정할 수 있지만, 대출이자는 아니라는 거죠.

아주 단순하게 설명하자면 은행은 기업에 돈을 빌려주고 받는 수수료로 먹고삽니다. 그런 만큼 은행이 '밥줄'인 대출이자를 잘못 결정했다가 손해를 보면 큰일 나겠죠. 그래서 전 세계 기업들의 성적표라고 할 수 있는 주가에 연결해둔 것입니다. 기업 성적에 따라 이자를 받겠다는 것이지요. 지금 이 부분을 읽고 답답해하는 여러분들의 질문이 제 귀를 때리네요.

월급 타서 꼬박꼬박 붓는 적금은 연 1.7% 이자를 준다고 하는데 주택담보대출 이자는 그 2배인 이유를 이제 아셨나요? 말이 3.5%이지 주택담보대출을 100만 원, 200만 원 받는 것도 아니고 몇 천만 원, 몇 억 원에 이율 1% 차이가 얼마나 큰가요. 그래도 조금 납득하셨죠?

그런데, 기준금리는 왜 내리는 거예요? 경기를 살리려고요? 아까 금리를 내리면 시장이 살아난다고 했잖아요. 그런데 또 기준금리를 내렸는데도 시장이 죽어 있다고 하는 건 또 뭐예요? 너무 어려워요. 그게 무슨 뜻이에요?

복습해볼까요? 금리를 내린다는 것은 돈값이 싸진다는 것을 의미합니다.

보통 사업은 대출을 받아서 합니다. 워낙 큰돈이 들어가니까요. 금리가 내려가면 대출 받은 사람은 이자를 적게 내고, 이자를 적게 내니까 대출 받아서 집도 사고 주식도 사고 설비도 사고 뭐가 됐든 사고파는 행위가 조금 더 활발해져서 경기에 활력이 돌게 됩니다. 게다가 요샌 집집마다 가계대출도 많습니다. 이자가 내려가면 내려간 만큼 여유 자금이 생겨서 조금 더 쓰기도 하지요. 경기가 풀리면 기업 실적이 좋아지니 기업의 성적표인 주가도 올라가는 것입니다.

그런데요, 요새 그게 잘 안 먹힙니다. 기사를 하나 더 볼게요. 2020년 3월 내일신문 기사입니다.

미 연준 금리인하에도 '증시 급락'[15]

2020년 3월이면 코로나 바이러스가 전 세계에 마구 퍼지고 있을 때입니다. 처음 코로나 바이러스가 나타났을 때만 해도 중국과 우리나라를 포함한 동북아시아에서 폭발적인 확산세를 보여 미국과 유럽은 남의 집 불구경하듯 보고 있을 때였습니다. 그런데 3월이 넘어갈 즈음 이탈리아를 비롯해 영국과 미국까지 바이러스가 퍼져서 동북아시아보다 더 심각한 상황이 됐지요.

이 바이러스 감염증의 가장 큰 문제는 높은 전염성입니다. 사람들이 서로 만나기만 하면 감염이 돼버리니 각종 생산 활동, 소비활동이 멈출 수밖에 없습니다. 경제가 그대로 멈춰버렸습니다. 전 세계 무역 거래의 기준으로 임명된 돈, 즉 기축통화인 달러 제조국 미국이 깜짝 놀라 연방준비제도이사회는 (이하 연준) 긴급회의를 엽니다.

연준에서는 달러의 금리를 포함한 미국의 통화정책을 결정합니다. 이때 연준은 시장의 불씨를 살리겠다고 기준금리를 0.5%p나 인하하죠. 굉장히 크게 낮춘 거예요. 금리를 낮추면 경기가 활성화된다고, 반대로 금리를 올리면 경기가 진정된다고 우리는 교과서에서 배워 알고 있습니다. 그래서 연준이 금리를 내린 거예요. 어? 그런데도 주가가 대폭락을 합니다.

교과서보다 힘이 센 사람 마음

이상합니다. 왜일까요? 교과서에는 분명 금리를 낮추면 경기가 활성화된다고 했는데 말이에요. 이제껏 그런 식으로 경제가 돌아갔거든요. 그런데 이번에는 돈값을 내렸는데도 사람들이 뭘 사거나, 사고팔지 않고 팔기만 합니다. 팔아서 현금을 손에 쥐고 있으려 하는 거예요. 경제는 결국 사람들의 기대와 행동에 따라 움직이기 때문이랍니다.

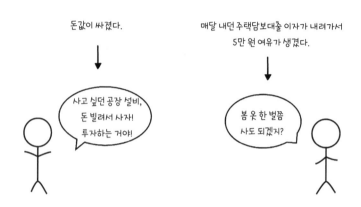

교과서에 나오는 이론이지만 잘 살펴보면 결국 사람 심리와 관련된 이야기입니다. 싸다고 '생각'하니까 돈을 더 쓰고 여유 자금이 생기면 왠지 더 '쓰고 싶습니다' 현실에서 경제란 사람들의 심리와 연관이 있다는 뜻이에요. 그러니 미국도 코로나 때문에 사람들이 겁을 먹어 경기가 죽을 것 같으니까 '이자를 내려서 사람들의 마음에 행복을 갖다 주자!'라는 전통적인 결정을 한 거죠.

그런데 문제는 이게 너무 반복돼왔다는 겁니다. 안 좋은 소식을 전할 때마다 위로의 의미로 짜장면을 사주면 처음에는 위로를 받겠죠. 하지만 이게 반복되면 짜장면을 사줄 때마다 '안 좋은 일이 생겼구나' 하고 짐작하게 됩니다. 2020년이 바로 그런 상황이었습니다.

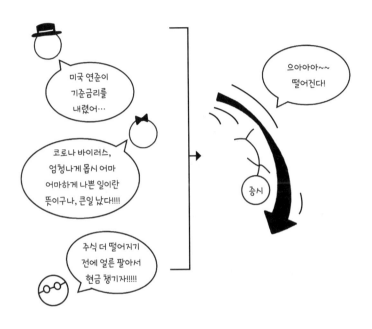

군중심리를 이기는 정책은 적어도 자유민주주의 시장경제 사회에서는 존재하기 힘들답니다. '자기실현적 예언' 때문이 죠. 그렇게 주가가 떨어지고 실물경기도 멈춰버리고 코픽스 가 기준금리만큼 낮아지기는 어려운 상황이 되어버린 거죠. 그래도 기준금리를 비롯해 다른 금리들이 하도 낮아지다 보

니 2020년 6월 기준, 주택담보대출금리도 10년 내 가장 낮아지기는 했습니다. 기준금리나 예적금 금리만큼 낮지는 않지만 말이에요.

미국이 전 세계 기준금리를 정하는 이유는?

그런데 우리는 지금 왜 계속 미국 이야기를 하고 있는 걸까요? 우리는 한국에 사는 걸요. 적금도 한국에 있는 ○○은행에 하고요, 대출도 △△은행에서 받았어요. 미국의 뱅크 오브 아메리카나 JP모건이 아니라요. 사실 경제뉴스를 보다 보면 이런 의문이 들기 마련입니다. 각종 뉴스에선 매일매일 지치지도 않고 미국 소식을 전해주거든요.

· 미국 증시가 급락했는데 왜 우리나라에서 난리지?
· 미국이 기준금리를 내렸다는데 왜 우리나라가 따라 내리지?
· 미국 실업률이 높아졌다는데 왜 우리나라에서 크게 보도하지?
· 경제 고수들은 미국 뉴스를 챙겨 보는데 그 이유가 우리나라 뉴스를 보는 것보다 미국 소식을 한 발 더 빨리 알 수 있어서래.

미국이 왜 그렇게 중요하냐 하면, 미국 사람들이 경기가 안 좋다고 생각해서 소비를 줄이면 우리나라 물건도 안 사게 될 테니까요. 우리나라는 미국에 수출을 굉장히 많이 하고 있답니다. 중국이나 일본과도 마찬가지예요. 서로가 서로에게 문을 걸어 잠그는 상황이 경제에는 최악입니다. 좋은 의미로도, 나쁜 의미로도 세계는 하나인 거죠.

앞에서도 잠시 언급했지만, 한국은행에게 "너희가 경제를 다 알아?"라고 물어보기 전에 미국에게 "너희가 세계경제를 다 알아?"라고 물어봐야 합니다. 전 세계 무역 거래의 기준인 기축통화가 미국 달러고, 미국이 달러를 발행하기 때문에 다른 나라들도 기준에 맞춰서 각자 화폐의 돈값을 조절해야만 하거든요.

그러니 미국이 금리를 낮추면 전 세계가 따라서 금리를 낮추고, 그러면 세계적으로 경기가 활발하게 돌아갑니다. 우선 돈을 빌릴 때 부담이 적어지니 사람들이 각종 목적으로 대출을 받으니까요. 돈을 대출 받으면 뭘 할까요? 쓰겠지요. 돈을 쓰니 경기가 살아날 것이고요.

그런데 이번에는 미국이 금리를 낮췄는데도 주식시장은 변한 게 없더라는 거예요. 시장이 '헹! 이번엔 미국 너네도 안 먹혀!'라고 코웃음을 쳤다는 거죠. 교과서대로 하면 금리가 내려갔으니 사람들이 대출을 마구 받아서 주식도 사고 부동산도 사고 여기저기 투자도 하고, 그렇게 돈이 도니까 시장에 통화량(유동성)이 많아지고, 그럼 경기가 살아나고 인플레이션이 와야 하는데 말이에요.

현실에서는 이자도 여러 종류가 있고, 대출이자는 안 내려가고, 부동산은 정부가 규제하고 있고, 유동성은 높아졌는데 딱히 투자할 곳이 보이지 않으니까 그다지 경기는 부양된다고 보기 어렵습니다. 이걸 유동성 함정이라고 해요.

또 하나. 미국이 금리를 내렸다는 게 우리나라와 무슨 상관이냐는 질문이었죠. 답은 이렇습니다. 몇 번 얘기했듯 달러가 간접적으로나마 세상 다른 모든 돈의 이자를 결정하고 있기 때문이에요. 남의 나라 돈이 우리나라 돈의 값을 결정하다니… 아무리 무역 거래 시 편리하기 때문이라지만 약간 기분이 나쁘기도 합니다. 그리고 대체 왜 무역을 할 때 미국 달러를 기준으로 삼아야 하는지, 기준이 꼭 있어야 하는지도 납득이 안 갈 거예요.

그렇다면 여기서부터는 무역을 알아야 합니다. 자, 다음으로 넘어가볼까요?

무역과 금리,
거래와 돈값의 상관관계

무역과 금리는 어떻게 연결될까요? 우선 무역이 무엇인지 더 정확히 알아보도록 합시다. 앞서 챕터 1에서 오렌지 구입단 이야기를 했었지만 보다 자세한 설명이 필요합니다.

시원한 하이볼 제공 프로젝트

여기 퇴근 후에 한 잔 마시면 세상의 모든 근심걱정이 다 사라지는 하이볼 레시피가 있습니다. 정부는 직장을 다니는 국민들이 퇴근 후 누구나 하이볼 한 잔씩은 마실 수 있는 나라를 만들려고 합니다. 직장인 삶의 질을 보장하고 싶기 때문이죠. 하이볼 레시피는 다음과 같습니다.

무역을 해야 마실 수 있는 하이볼 제조 레시피

재료: 투명한 유리컵, 머들러, 취향에 맞는 위스키, 레몬
한 조각, 꿀 작은 1스푼, 탄산수(토닉워터), 얼음
1) 위스키 적당량과 꿀 작은 한 스푼을 먼저 섞어 걸쭉하
게 만든다.
2) 얼음을 가득 넣는다.
3) 탄산수(토닉워터)를 입맛에 맞춰 적당히 따른다.
4) 레몬즙을 조금 짠다.
5) 머들러로 살짝 휘젓는다.
6) 마신다.

이제 다음과 같은 재료를 가진 나라를 상상해봅시다.

  우린 자원은 얼음과 석유밖에 없어.

얼음과 위스키는 없지만, 공업이 발전해서 토닉워터를 만들 수 있지!

  얼음, 토닉워터는 없지만 위스키는 있지.

러시아 사람도 영국 사람도 한국 사람도 맛있는 하이볼을
마시고 싶습니다. 하지만 하이볼의 주요 재료는 앞에 적힌 대

로 얼음, 위스키, 토닉워터(그리고 약간의 꿀과 레몬)죠. 서로 거래를 하지 않으면 각자 얼음만 핥거나 토닉워터만 홀짝거릴 수밖에 없겠죠. 영국 사람은 그나마 사정이 낫지만 그래도 뭔가 아쉽습니다. '내가 쟤들한테 위스키를 팔면 그 대가로 다른 좋은 걸 좀 얻을 수 있을 것 같은데…?'라고 생각할 거예요. 그러자 토닉워터로는 아무것도 할 수 없었던 한국 사람이 나섭니다.

"서로 언어도 다르고 화폐 단위도 다르고 세금도 다르게 매기는 나라들끼리 거래하는 것을 무역이라고 합니다. 그렇게 3명이 모여 각자의 자원을 물물교환해서 3명의 사람은 무역을 통해 맛있는 하이볼을 즐기며 이전보다 높은 삶의 질을 누립니다…"라고 평범한 경제학 입문서는 설명합니다. 이 책에서는 3명이서 만나기로 했는데 만날 장소와 만날 장소까지 갈 교통수단까지 고려하는 현실적인 조건에 대해 이야기해보겠습니다. 중간 지점은 미국입니다.

공통된 돈, 기축통화의 필요성

미국에서 미국 사람이 말합니다.

미국 사람은 하이볼 안 마시는데. 우린 콜라만 마셔. 장소 빌려주는 값은 콜라 한 병으로 합시다.

그런데 러시아, 영국, 한국 사람 아무도 콜라가 없는 겁니다. 큰일 났네요. 심지어 셋을 미국까지 각자 태워다 줄 일본 비행기 조종사, 프랑스 유람선 선장, 중국 철도 기장도 그럽니다.

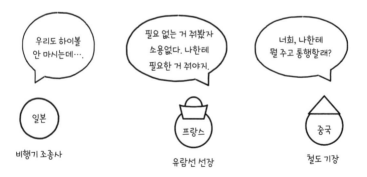

우리도 하이볼 안 마시는데….

필요 없는 거 쥐봤자 소용없다. 나한테 필요한 거 쥐야지.

너희, 나한테 뭘 주고 통행할래?

일본
비행기 조종사

프랑스
유람선 선장

중국
철도 기장

골치 아프죠. 그래서 사람들은 생각합니다. '어디에서나 통하는 증표가 있었으면 좋겠다. 이 증표로는 세계 어디에서나 뭐든 교환할 수 있는 거지!'

물론 무역을 하기 전부터 사람들이 그런 생각을 했기 때문에 이미 프랑스 프랑이나, 일본 엔이나 중국 위안 같은 국내용 화폐가 만들어진 것입니다. 한 나라 안에서도 서로 믿을 수 있는 증표가 필요했을 테니까요.

오렌지 구입단 시절에는 조개껍데기를 돈으로 사용했지만 문명이 발달하다 보면 각자 필요한 돈의 단위도 다르고, 돈의 디자인도 다르고, 돈의 역사도 달라집니다. 조가비껍데기나 모시조개 껍데기나 같은 조개껍데기라고 우겨볼 수 있었던 원시사회와 달리 고대 문명이 등장하면서부터는 돈에도 국적이 생겼습니다.

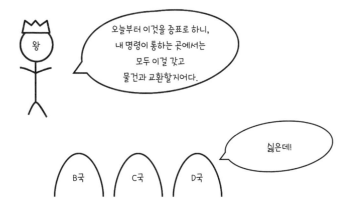

문제는 이게 어디까지나 '국내용'이라는 거죠. 프랑스 국왕이 중국 천자에게 명령하면 프랑스와 중국 사이에 전쟁이 나기 마련입니다. 그렇다면 세계적으로 통하는 증표는 뭘로 정해야 할까요? 인간은 위대합니다. 필요성이 생기면 어떻게든 만들어내죠.

예전에는 그게 금이었습니다. 19~20세기 정도가 되자 대부분 종이나 다른 흔한 금속으로 만든 화폐를 사용했죠. 단, 각국 화폐당 금 교환 비율을 정해서 금 1그램을 기준으로 두고 한국은 1그램당 1,000원, 일본은 1그램당 100엔 이런 식으로 비율을 맞췄습니다. 중간에 금을 끼고 한국에서 3,000원짜리면 일본에서는 300엔으로 해서 지폐가 왔다갔다했죠.

대신 은행들은 3,000원을 갖고 가면 언제든 금 3그램으로 바꿔줄 수 있어야 했습니다. 금이랑 교환 가능하다는 전제하에서 화폐를 돈으로 쳐준 것입니다. 원래는 금을 주고받아야 하는데 금이 무겁고 갖고 다니기 힘드니까 화폐라는 금 교환권을 만들어서 주고받기로 한 거죠. 그러니 금이 모자라서 교환이 안 되면 교환권이 사기인 셈입니다. 즉, 갖고 있는 금만큼만 돈(=교환권)을 만들 수 있었던 거예요.

그러나 교환권으로서의 화폐 제도는 이제는 더 이상 쓰지 않는 제도니까 '통일된 돈(=기준)이 필요하다'는 개념만 이해하고 넘어가도록 해요. 그렇다면 이제 금처럼 유한한 매장량에 발목 잡히지 않아도 되는 업데이트된 기준이 필요해집니다. 금 다음으로 선택된 기준은 바로 미국 달러였습니다.

금이 화폐의 기준일 때 가장 큰 문제가 뭘까요? 첫째는 금 광산이 있는 나라가 돈을 많이 갖고 있다는 것, 둘째는 금 캐는 속도가 느리거나 더 이상 금이 채굴되지 않으면 돈을 못 만든다는 겁니다. 이 문제를 해결하려고 노력했던 시기가 1944~1971년 즈음입니다. 의외로 오래되지 않은 과거죠.

이때 '가장 힘이 센 나라'가 어디였냐면, 미국이었어요. 전 세계 제조업체의 절반을 보유한 나라, 그래서 물건을 가장 많이 만드는 나라가 어디였냐면, 그것도 미국이었죠. 그렇기 때문에 가장 많이 쓰이는 화폐가 뭐였을까요? 바로 미국 달러였습니다.

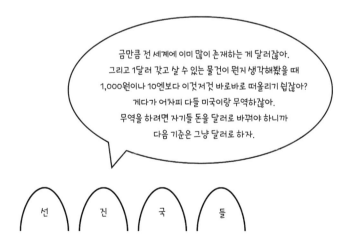

이렇게 미국 달러는 전 세계 무역의 기준이 됐던 것입니다.

기축통화를 따라가야 하는 이유

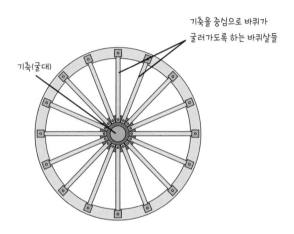

기축을 중심으로 바퀴가
굴러가도록 하는 바퀴살들

기축(굴대)

기축통화, 단어의 뜻을 그대로 풀어 쓰면 굴대(중심축)가 되는 돈이란 뜻입니다. 굴대란 바퀴의 중간에 들어가 있는 기둥입니다. 굴대가 없으면 바퀴를 돌릴 수가 없죠. 그러니까 기축통화는 모든 다른 돈들이 굴러가게 만드는 중심 역할을 하는 돈이라는 뜻이에요.

그럼 무슨 돈이든 무역을 할 땐
달러로 바꿔서 써야 하니까 달러만 진짜 돈이겠네?

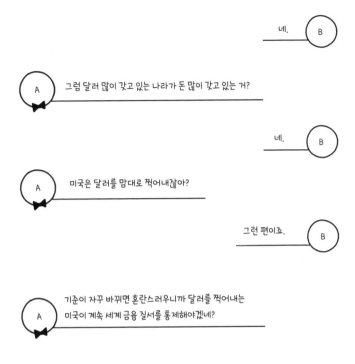

B: 네.

A: 그럼 달러 많이 갖고 있는 나라가 돈 많이 갖고 있는 거?

B: 네.

A: 미국은 달러를 맘대로 찍어내잖아?

B: 그런 편이죠.

A: 기준이 자꾸 바뀌면 혼란스러우니까 달러를 찍어내는 미국이 계속 세계 금융 질서를 통제해야겠네?

B: 일단은 네.
다들 그렇다고 생각하게 만드는 게 기축통화국의 위엄입니다.

그래서 각국 돈들이 달러의 값, 즉 기준이 되는 축인 화폐의 값이 오르락내리락 할 때마다 같이 요동치는 거예요. 기준이 바뀌는데 어쩌겠어요. 기준에 맞춰 능력껏 조정해야죠.

물론 이건 국제법으로 정해진 게 아닙니다. 따르지 않으면 미국과 전쟁을 해야 하는 그런 것도 당연히 아니고요. 그러니 우리는 그냥 금리를 내버려둬도 되고, 심지어 올려도 상관은 없습니다. 그런데 그렇게 하면 2가지 모순적인 문제점이 생깁니다.

① 미국 금리가 내려가서 미국 경기가 활성화됐는데 우리나라 경기는 그대로다.

→ 미국에 매력적인 기업이 많이 생겨서 투자자와 투자금이 미국으로 빠져 나간다.

→ 우리나라 경기가 안 좋아진다. 금리를 내려야 하나 고민하게 된다.

② 미국 금리가 내려가서 미국의 각종 금융상품보다 우리나라의 금융상품이 더 매력적이 됐다.

→ 외국인 투자자들이 우리나라 금융상품을 사려고 투자금을 들고 마구 들어온다.

→ 우리나라 경기가 좋아진다. 금리를 내릴지 말지 고민하지 않아도 된다.

둘 중 뭐가 될지는 일단 그 일이 벌어지기 전엔 아무도 장담을 못 합니다. 좋아질지, 나빠질지 모르면서 일단 주사위를 던지는 걸 도박이라고 하죠. 그런데 국가정책은 도박을 하기에는 너무 많은 사람의 인생이 걸려 있잖아요.

회사에서 매달 정해진 액수의 월급을 주는 대신에 제비뽑기를 해서 검은색이 나오면 계약 연봉의 10배, 하얀색이 나오면 0원을 준다고 하면 어떨까요. 신입사원 시절엔 1~2번 해볼 만도 하겠지만 먹여 살릴 가족이 있으신 분은 그런 거 강요당하면 노동부에 신고하고 퇴사하실 거예요. 다행히 그런 도박을 하지 않고 미국 금리를 따라 비슷하게 조정하면 현상 유지는 됩니다. 물론 역전되는 현상이 벌어지기도 합니다. 하지만 어쨌든 대외적인 균형이 맞춰진다는 이야기죠.

우리만 그런 게 아니라 대부분의 교역 상대국이 비슷하게 미국을 따라갑니다. 그래야 세계경제가 큰 변화 없이 돌아가겠죠? 변화가 나빠서가 아니라 혹시라도 나쁜 방향으로 일어나면 큰일이 나기 때문에 웬만하면 다들 '예측 가능한 범위 안'에서 세계경제를 돌리고 싶어 합니다. 전문가들은 경제가 좋아진다고 해도 단기간에 지나치게 끓어오르지 않고 꾸준히 조금씩 좋아지길 바랍니다. 모든 게 완벽하게 좋아지는 일은 이 세상에서는 절대로 존재하지 않지요.

경기가 활성화되면 마냥 좋은 걸까요? 꼭 그렇지만은 않습니다. 경제가 지나치게 빨리 커지고 빨리 활발해지면 부작용도 마찬가지로 빠르게 자라나서 대처하기가 몹시 까다로워집니다. 그러니 현상 유지를 하면서 과거의 부작용들을 천천히 치료하고 싶어 하는데, 이때 '현상 유지'의 기준이 미국인 것이지요.

 또 하나, 미국 금리에 우리 금리를 맞추는 이유가 있습니다. 미국이 기준금리를 낮출 때는 무슨 이유 때문일까요? 경제가 활발하게 돌아갔으면 싶으니까 낮추는 겁니다. 경제가 활발하게 돌아갔으면 좋겠다는 말은 현재의 경제가 우울하게 침체되어 있다는 뜻입니다. 미국 경제가 침체돼 있다는 건 미국에 물건을 수출하는 나라의 사정도 같이 안 좋다는 뜻이죠. 미국 노동자들의 주머니에 돈이 없는데 어느 나라의 물건을 사주겠어요. 그러니까 미국이 금리를 내리면 미국 경제가 안 좋다는 의미고, 미국 경제가 안 좋으면 우리나라 경제도 안 좋을 테니 우리도 경제 활성화를 바라며 금리를 낮출 수밖에 없는 사정이 있습니다.

 이렇게 설명을 하면 이런 말을 하실 수도 있죠. "저는 이자 많이 받으니까 금리가 높은 게 좋은데, 전체적으로는 이자가 낮은 게 좋은 건가 보죠?"

 금리가 낮아지면 경제가 활성화된다니 뭔가 좋게 느껴지는 부분이 있습니다. 그런데 정답은 '그때그때 다르다'는 것입니다. 금리 자체가 아니라 '현재의 경제 상황'이 먼저랍니다. 현재 경제가 과열돼 있다 싶으면 금리를 높여서 대출을 덜 받게 하고요. 유동성이 너무 많이 풀리면 부동산 같은 자산 가격이 너무 많이 올라버리는 부작용도 있으니까요.

경제가 너무 숨이 죽으면 금리를 낮춰서 시장에 돈을 풀어 둔답니다. 그러니까 국가적으로 금리가 낮은 게 좋다, 높은 게 좋다는 말은 좀 뜬금없게 들릴 수 있습니다. 정답은 때마다 상황에 알맞은 금리 수준이 있다는 거니까요.

적정한 금리 수준은 경제뉴스가 자주 업데이트해줍니다. 가끔은 경제뉴스도 틀릴 때가 있기 때문에 개개인이 판단할 수 있으면 더욱 좋습니다. 더욱이 국가 전반적으로 알맞다는 금리 수준이 개개인에겐 또 다르게 적용될 수도 있습니다. 이자 받으면서 먹고살고 싶은 사람에겐 금리가 높은 게 좋고, 사업하는 사람들처럼 돈 빌리는 입장에선 금리가 낮은 게 좋겠죠. 그러니까 경제뉴스를 참고하되 내 사정을 파악하고 내 사정에 맞는 금리 수준을 떠올릴 수 있게 되면 금리 공부는 끝이라고 할 수 있습니다.

로또에 당첨된 이후 지금까지 경제공부를 하고 있는 당첨자 A가 말합니다(77쪽 참조).

"복권에 당첨되고서도 이렇게 머리 아픈 생각을 해야 하는지 몰랐어요. 마지막으로 물어볼 게 있는데요, 동생이 조그만 회사 운영하거든요. 미국에 물건 수출하는…. 그런데 미국 대통령이 미국만 수입하고 다른 나라는 미국 물건 안 산다고 이런저런 규제를 너무 많이 물려서 죽을 맛이래요. 미국이 손해 보는 게 사실인가요?"

사실입니다. 기축통화국의 운명이에요. 경제는 계속 성장하고 거래는 늘어나고 물가도 월급도 계속 오릅니다. 지불할 돈의 양도 많아져야겠죠? 그러니까 미국은 돈의 양, 즉 통화량이 부족하지 않도록 달러를 계속 찍어내야 합니다. 하지만 그렇다고 전 세계에 헬리콥터로 달러를 실어다 살포할 순 없죠. 그럼에도 달러는 전 세계에 골고루 뿌려져 있어야 계속 기준 역할을 할 수 있어요. 처음부터 달러가 많이 쓰여서 달러를 기준으로 삼은 거니까요.

기축통화국 미국이 손해를 본다고?

여기서 해결 방법은 하나입니다. 미국의 소비자들이 다른 나라 물건을 많이 수입해서 외국에 달러를 지불하는 거죠. 그래야 달러가 다른 나라로 흘러가고, 모든 나라가 달러를 갖고 있어야 달러의 힘이 유지됩니다. 기준이 되야 하는데 너무 귀해서 구경하기도 어려우면 그걸 어떻게 기준으로 삼겠어요.

그러니 미국은 어느 정도 무역적자를 보는 게 당연한 구조인 거예요. 물론 적자가 너무 크면 문제고, 미국 대통령은 적자가 너무 크다고 생각하고 있는 것입니다. 그렇다고 미국이 외국을 상대로 흑자를 보겠다고, 달러를 더 이상 세계에 지불하지 않고 다른 나라들이 미국에 다양한 돈을 내게 하겠다면?

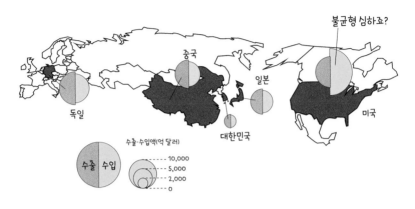

전 세계 주요 국가의 수출입 비율[16]

불균형 심하죠?

중국

일본

독일

대한민국

미국

수출·수입액(억 달러)

수출 수입

10,000
5,000
2,000
0

기축통화국으로서 미국의 지위는 흔들리고 말 겁니다.

기축통화만 '진짜 돈'이라고 말할 수도 있습니다. 지역상품 권은 그 지역에서는 돈처럼 사용할 수 있지만 아무도 진짜 돈 이라고 생각하진 않습니다. 기축통화 입장에서 기축통화가 아닌 화폐들은 마치 국가 지역상품권처럼 보이기도 합니다. 그러니 '진짜 돈'을 찍어내는 국가가 결국 세계경제의 기준입 니다. 강대국이 되면 다들 자국의 통화를 기축통화로 삼기 바 라지요. 한 나라에서도 중앙은행의 힘이 그렇게 센데, 전 세계 의 돈 단위를 결정한다니 얼마나 힘이 세지겠어요.

G2라고 해서 미국 버금가는 강대국으로 떠오른 중국이 기 축통화국의 지위를 노린 지 꽤 오래됐습니다. 무엇보다 경제 가 중요한 요즘 세상에서 세계 교역의 기준이 되는 것만큼 확

실한 슈퍼파워는 없으니까요. 뉴스에서 자주 언급되는 미중 무역 전쟁도 이런 패권 경쟁의 일환이랍니다.

우리나라 금리가 안정되려면

미국과 중국 사이에서 우리나라의 입장은 어떨까요? 둘이 아예 안 싸우든가, 한 쪽이 확실히 세든가 해야 숨을 쉬고 산답니다. 이번 챕터의 내용을 간단히 정리해보죠. 무역을 해야 국민들의 삶의 질이 높아지고 무역을 하려면 기축통화가 필요하고, 기축통화가 설정되면 기축통화의 금리에 우리나라 금리가 영향을 받는다는 것이었습니다.

그런데 비슷하게 힘센 돈이 2개면 도대체 어디에 연동을 시켜야 하는 걸까요? 도저히 갈피를 못 잡게 됩니다. 그래서 미국과 중국이 평화롭게 지내며 서로가 서로에게 맞춰주든가, 아니면 한쪽이 다른 한쪽을 완전히 제압해서 우리나라가 어느 쪽을 따르면 되는지 확실해져야 우리나라 돈의 금리가 안정될 수 있습니다.

그런데 현재 기축통화인 미국 달러와 한국 원화를 교환할 때, 대체 1달러 기준으로 얼마를 바꾸면 될까요? 그리고 그건 누가, 어떻게 정하는 것일까요? 이제 우리는 환율에 대해 공부하게 될 거에요.

3주차

환율 공부

환율을 왜 알아야 할까?

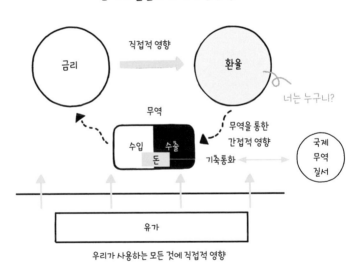

금리와 환율과 유가의 연관성

금리가 환율에 어떤 영향을 미치는지 알아봅시다. 이 내용을 잘 이해하기 위해 기억할 내용이 있습니다.

① 앞서 보았듯이 금리, 즉 돈의 가치는 나라마다 다릅니다.
② 하지만 금리를 결정할 땐 각 나라들이 서로 영향을 주고받죠.
③ 가장 큰 영향력을 가진 나라는 기축통화국입니다.
④ 각 나라들은 무역을 통해 서로 연결돼 있는데요.
⑤ 돈의 가치가 각각 다르기 때문에, 무역을 하려면 무언가를 기준으로 돈을 통일해야 합니다.
⑥ 그 '무언가'는 또 기축통화고요.

그래서 우리는 이 챕터를 통해,

ⓐ 무역과 기축통화의 역할은 무엇인지
ⓑ 국제무역 질서 속에서 환율은 어떻게 결정되는지
ⓒ 금리가 환율에 어떤 영향을 미치는지
ⓓ 다시 환율이 무역을 어떻게 굴러가게 하는지

에 대해 다양한 사례를 통해 쉽고 재밌게 알아볼 거예요.

환율은 무역할 때 필요한
외국 돈의 '소비자 권장가격'

사람들이 복잡한 화폐 제도를 발전시키면서까지 무역을 해야 했던 이유는 뭘까요? 또 서로 다른 문화권 사이에서 굳이 제도를 통일하지 않고 물물교환 방식의 무역[1]을 지속했던 이유는 뭘까요?

국제상거래는 '불완전'하다

명확한 개념 정의를 위해 잠시 무역학을 끌어들이겠습니다. 무역학을 배울 때는 보통 국제경제학, 국제경영학, 무역실무로 나눠 배웁니다. 그러니까 일반적인 경제학 이론이 국가와 국가 사이에 어떻게 적용되는지, 국가와 국가 사이를 넘나

들며 기업은 어떻게 물건을 만들고 팔며 인력을 고용하고 회사를 경영하는지, 국제상거래를 실제적으로 어떻게 수행하는지 배운다는 말입니다. 여기서 우리는 2가지 포인트를 잡을 수 있어요.

국제적인 상거래라는 개념을 일단 잡아두시고요, 그리고 국제적인 상거래에서는 우리가 기본적으로 알고 있는 수요공급 이론이나 시장의 상태 같은 것들이 조금 달라진다는 것도 기억해두세요. '조금 달라진다'는 것을 경제학에서는 '불완전하다'고도 표현합니다. 수요공급 이론이 바로 적용되는 국내 시장보다 경제이론적으로 불완전하다는 뜻으로 이해해도 될 거예요.

무역은 무한한 인간 욕망의 현실적 해결책

서로 다른 물건을 원만하게 교환하기 위해 화폐가 필요한 것처럼 이 불완전한 시장에서 내가 필요한 물건과 저 친구가 팔려는 물건을 원만하게 거래하기 위한 도구 중 하나가 바로 환율입니다.

국제무역은 불완전한 상태여도 안 하는 것보다 하는 게 훨씬 이득입니다. 사람들의 욕망은 정말 끝이 없기 때문이죠. 더 나은 삶을 살고 싶은 욕구, 더 나은 것을 갖고 즐기고 누리고

물물교환 시대 vs. 기축통화 시대

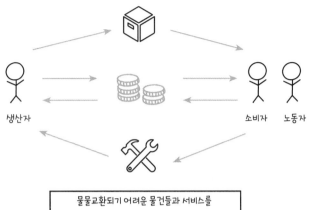

생산자 　　 소비자 노동자

물물교환되기 어려운 물건들과 서비스를
'돈'이라는 통일된 매개체를 통해 서로 주고받음

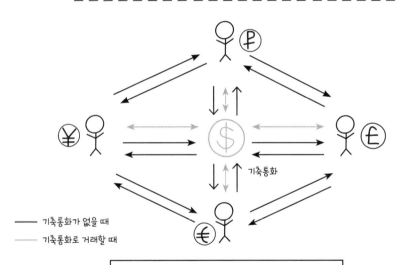

기축통화

―― 기축통화가 없을 때
······ 기축통화로 거래할 때

각각 서로의 '돈'을 주고받으려면 경우의 수가 복잡해짐.
이때 '기축통화'라는 통일된 매개체를 통해 편하게 거래함.
16번이던 거래 비용이 4번으로 줄어듦.

싶은 욕구, 더 나은 것들이 매번 새로웠으면 하는 욕구까지 정말 어마어마한 욕구들이 있지요.

여름에는 에어컨을 틀 수 있고 겨울에는 난방이 뜨끈한 곳에서 사는 현대인도 지금보다 나은 미래를 꿈꾸는데, 먹고사는 게 가장 큰 문제였던 옛날 사람들은 얼마나 더 잘 먹고, 잘 살고 싶었겠어요. 똑똑하게 태어난 평민은 글을 배울 수 있는 정치적 권리를 갖고 싶었고, 추운 지역에 사는 사람들은 겨울에도 따뜻한 난방장치를 개발하고 싶었고, 맛있는 걸 특히 좋아하던 유럽 귀족은 인도에서 나는 향긋한 후추를 날마다 고기에 뿌려 먹고 싶었을 거예요.

그러나 더 잘 살고 싶은 사람들의 욕구에 비해 지구의 자원은 너무나 한정적이었습니다. 각 나라가 위치한 지역별로 기후가 다르다 보니 자원, 생산물도 너무 다른 데다가 문화 차이도 심했죠. 한 사람이 원하는 모든 것을 다 만들 수도 없고 무엇보다 자원은 한정되어 있었습니다. 이렇게 자원이 한정적일 때 원하는 것을 훨씬 더 많이 가질 수 있는 방법을 사람들을 생각해냈습니다. 바로 무역입니다.

무역에도 한계가 있다

외국에서 비싼 열대과일이나 술, 목재 같은 원재료나 인테

GDP 대비 세계 무역액 규모[2]

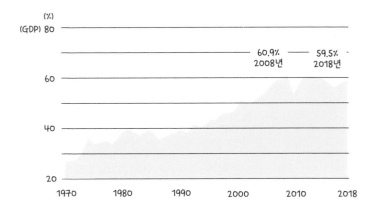

교역량 증가 추이[3]

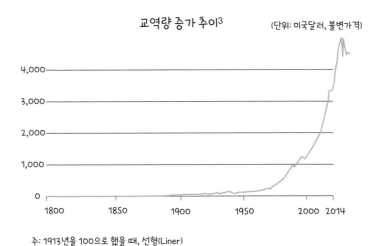

주: 1913년을 100으로 했을 때, 선형(Liner)

리어 제품만 사올 수 있는 건 아닙니다. 최첨단 '난방기술'도 사올 수 있고 그 난방기술을 갖고 있는 기술자도 고용해올 수 있습니다. 같은 기술을 갖고 있으면서 더 낮은 월급을 받아도 개의치 않는 지구 반대편 기술자를 고용해 비용 절감을 할 수도 있죠. 반대로 물건과 기술과 노동력을 외국에 파는 것도 가능합니다.

그리고 바로 여기에서 '무역의 불완전함'이 생깁니다. 외국에서 이주해온 노동자가 같은 생산성을 지닌 우리나라 노동자보다 더 낮은 임금에 일할 수 있다고 하면, 노동시장에서 노동수요와 노동공급이 이뤘던 균형임금은 깨지게 됩니다. 보통 이주 노동자라고 하면 힘들고 어려운 일만 상상하지만 꼭 그렇지는 않습니다. 오래 공부한 연구인력이나 최첨단 기술자들, 의료인력들도 이주 노동을 많이 하는 직군입니다. 당장 내 일자리를 두고 경쟁자가 늘어나기를 바라는 사람은 없을 겁니다.

또 같은 파인애플이라도 열대기후에서 키운 파인애플이 더 달고 저렴하면 우리나라에서 재배한 파인애플은 안 팔리게 되죠. 비록 다른 이익이 있더라도 정부가 그것 때문에 우리나라 파인애플 농부들에게 시장 논리에 따라 모두 빈털터리가 되라고 요청할 수 없습니다. 우리나라 사람들을 보호하기 위해 세운 게 우리나라고, 우리나라 정부잖아요.

바로 이런 이유로 각국은 서로에게 관세라는 걸 붙입니다. 수입하는 물건에 세금을 붙이는 거죠. 수입품이 너무 싸서 국산품보다 잘 팔릴 것 같으면 세금을 높게 매겨서 최종 가격을 국산품보다 비싸게 만들어버리는 것입니다.

또 관세가 아닌 다른 방법으로 무역을 방해하기도 합니다. 첨단기술은 우리나라만 알고 있는 게 좋죠. 일자리는, 특히 좋은 일자리는 항상 모자라기 때문에 외국인보다는 자국 사람에게 주고 싶어 합니다. 그래서 외국에서 취업하려면 해당 분야에 맞는 비자도 취득해야 하고 신원보증도 해야 하고 월급 차별이 있는 곳도 있습니다. 이런 식으로 세금이 아닌 다른 방법의 방해물을 '비관세 장벽'이라고 합니다.

분명히 앞에서는 시장이 수요와 공급이라는 2가지 축으로 작동한다고 했습니다. 하지만 현실에서 국가 간 무역을 할 때는 A나라에 살고 있는 내가, B나라의 물건이나 노동력을 필요로 한다고 해서 바로 B나라의 물건과 노동력을 만나게 되는 것이 아닙니다.

정치적인 문제로 아예 못 만날 수도 있고 무역을 하더라도 세금 때문에 가격 자체가 왜곡돼버리기도 합니다. 이런 의미에서 세계시상은 통일된 하나의 시장으로 보기에는 불완전한 시장인 것입니다.

정부의 존재 이유는?

정부가 없으면 이런 방해도 없을 것 같다고 생각하는 사람들이 종종 있습니다. 바로 극단적인 시장주의자들입니다. 하지만 정부가 이러는 이유는 근본적으로 자국민을 보호하기 위해서죠. 남의 자식보다 내 새끼 입에 떡 한 조각이라도 더 들어갔으면… 하는 게 누군가를 향한 애정이고 사랑의 모습인 거잖아요.

지구 어느 곳에서나 상거래가 자유로우려면 처음부터 '우리끼리' 안 모이면 됩니다. 특별히 더 사랑하는 사람 없이 각자 공평하게 혼자 사는 거죠. 그런데 한 학급에서도 친한 무리 여럿이 생기기 마련인데 과연 이렇게 넓은 세계에서 마을도, 동창회도, 국가도 안 생길 수 있을까요? 불가능합니다. 그러니까 각국 정부나 각 이익 집단의 이기심과 제도적 방해물은 '어느 정도' 당연하게 받아들여야 합니다. 세계 여러 나라는 기본적으로는 경쟁 관계인 셈이죠.

통화 가격은 외환시장에서 결정된다

지금까지 이야기한 이 모든 거래에는 돈이 오갑니다. 여기서 오가는 돈은 각국의 은행을 거쳐 '금융'이라는 이름으로 움직이지요. 이 부분의 금융을 외환시장(외국 돈을 거래하는 시장)이라고 합니다. 그리고 각 나라들의 통화는 이 외환시장에서 수요와 공급 법칙에 의해 가격이 결정되고요.

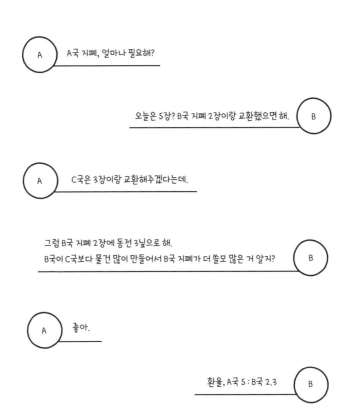

A: A국 지폐, 얼마나 필요해?

B: 오늘은 5장? B국 지폐 2장이랑 교환했으면 해.

A: C국은 3장이랑 교환해주겠다는데.

B: 그럼 B국 지폐 2장에 동전 3닢으로 해.
B국이 C국보다 물건 많이 만들어서 B국 지폐가 더 쓸모 많은 거 알지?

A: 좋아.

B: 환율, A국 5 : B국 2.3

이런 통화 간 교환 비율이 환율이지만, 실제 생활에서 우리는 주로 교환 비율에 따른 '가격'을 환율이라고 부릅니다. '달

러 환율이 얼마야?'라고 물었을 때 '1,100원이야' 하는 식이
죠. 그러니까 환율은 외환시장에서 살 수 있는 외국 돈의 소비
자 권장가격이라고 할 수 있습니다.

환율에 영향을 미치는
'힘센 나라'의 돈, 기축통화

이 책을 읽고 공부하는 우리의 목표는 어떤 시사적 사건이 일어났을 때 그 사건의 밑바닥에서 꿈틀거리는 금융경제의 존재를 알아차릴 수 있게 되는 것이랍니다. 그러니까 단어를 그냥 단어 그 자체로만 생각하지 말고 좀 더 깊숙이 들여다보도록 해요.

환율은 왜 중요할까?

우리가 환율을 배우는 이유는 다음과 같습니다.

① 국제무역 질서와 기축통화의 역할을 이해하기 위해서

② 외환시장을 이해하기 위해서

③ 환율이 시장과 시장 참여자인 우리에게 어떤 영향을 미치는지 이해하기 위해서

환율이 왜 필요할까요? 서로 다른 나라끼리 무역 거래를 하기 위해서입니다. 그럼 서로 다른 나라와 왜 무역 거래를 해야 할까요? 그게 모두의 삶의 질을 높여주기 때문입니다. 다른 말로 하면 그렇게 해야 모든 국가가 조금씩 더 잘살게 되기 때문이죠.

우리는 세상에는 잘사는 나라와 못사는 나라가 존재한다는 사실을 알고 있습니다. 각 나라들은 언어도 문화도 정치체제도 다릅니다. 서로 다르면 의사소통할 때 감정이 상하기 쉽습니다. 서로 이해관계도 얽히겠죠. 그래서 인류 역사가 시작된 이래 전쟁은 한 번도 멈춘 적이 없다고 합니다. 조금 과장을 섞어서, 무역은 그렇게나 나쁜 관계에서 잘 먹고 살자고 마지못해 하는 장사이기도 합니다.

그러니 평범한 장사와는 조금 다르겠죠? 그래서 국제무역과 외환시장은 정치적인 문제와도 뗄 수 없고, 환율에 문제가 생겼을 때 우리 사회에 일어나는 일은 시사적인 사건에 가깝기도 합니다. 그만큼 복잡하다는 뜻이에요.

금리와 환율의 다른 점은?

환율은 각국 금리의 영향을 아주 많이 받습니다. 환율과 금리 개념을 처음 접하면 너무 어렵게 느껴지기 때문에 각기 따로 이해한 다음, 이것들이 서로 어떻게 영향을 받는지 다시 합치는 게 좋습니다. 일단 금리와 환율이 어떻게 다른지 직관적으로 느낄 수 있는 예시를 하나 설명해볼게요.

금리는 한 국가 안에서 정해지기 때문에, 일방적인 발표가 가능합니다.

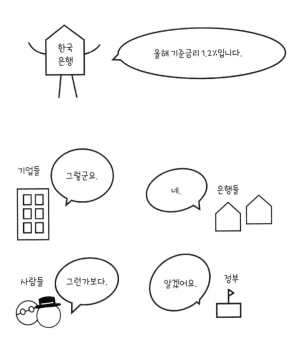

하지만 나라와 나라 사이 이해관계가 얽힌 환율은 사정이 다릅니다. 만약 어떤 나라가 마음대로 이렇게 발표한다면 다들 난리가 날 거예요.

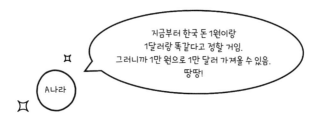

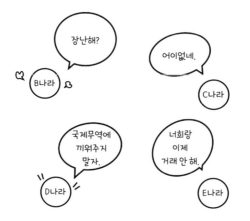

물론 예외 사항도 있습니다. 그렇게 발표한 나라들이 비교적 가난한 나라들일 때입니다. 어떻게 정하거나 말거나 국제

사회에 미치는 영향력이 미미해서 신경도 안 쓰는 것이죠.

오히려 그런 나라들은 자국에 도움이 되는 최적의 교환 비율을 찾아내 얼른 덩치를 키우는 편이 낫습니다. 자국 화폐를 쓰는 사람이 너무 적으면 경제가 오히려 불안정하기 쉽고, 그 대신 글로벌경제에 쉽게 편입되어서 국제무역으로 이득을 얻을 수 있습니다. 고객님이 많아야 물건 팔 맛도, 받을 물건 값도 늘어나는 법입니다.

각 나라가 마음대로 정할 수 없는 환율은 대체 어떻게 결정될까요? 누군가는 무엇이 얼마고 이것은 저것과 얼마에 교환한다고 정하니까 숫자가 찍히는 게 아닐까요? 이는 환율에 대해 사람들이 가장 많이 궁금해하는 부분이기도 합니다.

환율이 얼마인지 결정해주는 사람은 따로 없습니다. 하지만 환율에 어마어마한 힘을 미치는 '존재'는 있습니다. 바로 기축통화입니다. 앞에서 잠깐 언급된 기축통화를 이해하면 무역 거래에서 왜 환율이 필요한지 알게 됩니다. 그리고 환율이 필요한 이유를 파악하면 환율이 어떻게 결정되는지 알게 되지요. 그럼, 이제부터 무역이 진행되는 현장을 자세히 들여다보겠습니다.

환율 비교표 예시

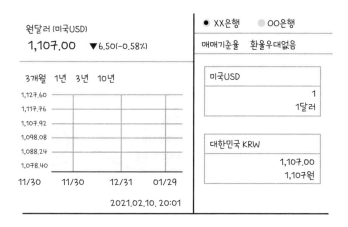

원달러 (미국USD)
1,107.00 ▼6.50(-0.58%)

3개월 1년 3년 10년

1,127.60			
1,117.76			
1,107.92			
1,098.08			
1,088.24			
1,078.40			

11/30   11/30   12/31   01/29

2021.02.10. 20:01

● XX은행   ○ OO은행

매매기준율   환율우대없음

미국USD
1
1달러

대한민국 KRW
1,107.00
1,107원

통화명	매매기준율	전일대비	등락률
미국 USD	1,107.00	▼6.50	-0.58%
일본 JPY 100	1,057.10	▼6.72	-0.63%
유럽연합 EUR	1,342.35	▼5.32	-0.39%
중국 CNY	172.30	▼0.96	-0.58%
영국 GBP	1,532.53	▼0.09	-0.01%
호주 AUD	856.10	▼3.74	-0.43%
캐나다 CAD	871.86	▼2.57	-0.29%
뉴질랜드 NZD	871.86	▼5.92	-0.74%

매일 이렇게 숫자가 바뀝니다.

앵커 이번에는 전 세계로 건강기능식품을 판매하는 개인사업자 A씨를 모셔서 이런저런 말씀을 듣겠습니다.

A 안녕하세요. 56개국에 종합비타민을 수출하고 있는 A입니다.

기자 정말 많은 나라와 거래하시네요. 회사 경리부서가 엄청나게 고생하겠어요.

A 저희 직원들 모두 다 같이 고생하는데, 특히 경리부를 챙기시는 이유가 있으신가요?

기자 수출 및 수입 대금을 56종류의 화폐로 결제하려면 굉장히 복잡하고 힘들 것 같아서요.

A 네?

기자 영국에 300상자 수출하면 파운드로 받고 파운드로 거슬러주고, 중국에 200상자 수출하면 위안화 받고 위안화 거슬러주고, 남수단에 550상자 수출하고 남수단파운드로 돈 받고 남수단파운드로 거슬러주고, 탄자니아에 100상자 수출하고 실링으로 받고 실링 거슬러주고, 또 원료는 7개 나라에서 수입해 오시니까 그쪽 화폐도 다 갖고 계셔야 하고….

A 아이고 선생님, 그렇게 하면 저희 장사 못 해요. 돈 계산하다 하루 끝나요. 저희가 은행도 아닌데요.

기자 그러면 어떻게 하시나요?

A 다 달러로 해요. 미국 달러. 달러를 주고받고 각자 자기 나라에서 달러를

자국 화폐로 자유롭게 교환하는 거죠.

기자 왜 하필 달러예요?

A 그러게요. 저는 한국 사람이니까 한국 돈이면 편하긴 하겠네요.

기자 일본 엔화나 인도 루피면 어떨까, 그런 생각 안 해보셨어요?

A 음, 장사하느라 다른 생각을 할 시간이 없었어요.

A 사장님의 말대로 은행도, 금융가도 아닌 사람들이 매번 돈을 바꾸느라 시간을 보낼 수는 없는 노릇입니다. 그런 일을 하려고 금융가가 생겨난 것이니까요. 장사하는 사람들의 입장은 1,000년 전에도 비슷했습니다. 그때도 나라는 수백 개나 있었고, 그때도 사람들은 국제무역을 하고 살았으며 사업가들은 돈 바꾸는 일에 시간을 쏟고 싶어 하지 않았고 금융제도는 나름대로 발전해 있었습니다.

다시 말해, 그때도 지금의 미국 달러와 같은 기축통화가 있었다는 뜻입니다. 그러면 은행이나 정부를 제외한 평범한 사람들은 기축통화와 내 나라 돈의 교환 비율만 생각하고 살면 되거든요. 그래야 각자 자신의 업무에 최대한 집중할 수 있죠.

다른 나라 입장에서도 마찬가지입니다. 주로 무역을 하는 나라들끼리 기축통화를 하나 정해놓고, 각자 기축통화와 자국 화폐의 교환 비율만 생각하는 게 훨씬 효율적입니다. 게다가 기축통화로 대금을 받으면 같은 무역권 안에서는 마치 자국 화폐처럼 사용할 수 있으니까 편합니다.

예전에는 서로 무역 거래를 하는 상대국이 인접한 국가들이어서 기축통화가 문화권별로 여러 개였답니다. 요새는 전 세계가 상거래를 주고받으니 단 하나의 기축통화가 있는 것이죠. 기억력이 좋은 독자라면 여기서 이런 의문을 갖게 될 거예요. "분명히 금리 챕터에서 미국 달러 이전의 기축통화는 금이라고 하지 않았나요? 어떻게 기축통화가 여러 개일 수가 있죠?"

동서양 기축통화의 역사

정말 금괴와 돈(달러)을 바꿔주던 시대도 있었습니다. 의외로 오랜 옛날이 아니라 1944~1971년 사이에 작동했던 '브레턴우즈 체제' 시절이었습니다. 그럼 1,000년 전이나 2,000년 전에는 금으로 안 바꿔줬냐고요?

그때는 금과 은이 돈 그 자체였습니다. 금으로 만든 금화와 은으로 만든 은화가 유통되긴 했지만, 금과 은은 비싸고 비교적 무르니까 그걸로만 돈을 만들지는 않았습니다. 금에 주석 얼마, 구리 얼마 하는 식으로 합금을 만들어서 발행했어요. 물론 그 동전에는 각국의 왕이나 국가의 상징이 찍혀 있었습니다.

동서양 기축통화의 역사를 간단히 짚어보면 무역을 하는 게 얼마나 편한지 잘 알 수 있습니다. 마을마다 대장간이 있고 물자가 귀하던 시절에 사람들은 물건이 너무 급하면 돈을 녹여서 금속별로 분리해 종종 목걸이도 만들고 컵도 만들었습니다. 금속의 녹는점이 다르다는 사실을 이용한 것이었죠.

그래서 위조화폐를 만들기도 쉬웠습니다. 금화를 녹여서 다 분리한 다음, 금보다 싸고 색은 비슷한 황동 같은 금속을 넣어서 다시 동전을 찍어냈죠. 물론 그렇게 하면 무게가 달라집니다. 각종 역사 콘텐츠에서 돈의 무게를 재는 저울 그림이 나오는 이유는 당시 이런 위조화폐가 흔했기 때문입니다.

위조화폐를 만들고 금은 빼돌려서 비싼 장신구를 만들어 파는 금융사기 같은 일이 벌어졌죠. 그래서 금화에 찍는 왕의 초상화나 국가의 깃발 문양 같은 디자인이 무척 중요했답니다. 정교하게 찍어 넣을수록 녹였다가 다시 굳히면서 똑같이 그리기가 힘들어지니까요.

매우복잡 사기꾼

엇, 문양이 너무 복잡해서 위조할 수가 없잖아?

이 이야기는 비교적 금화와 은화를 활발하게 사용했던 유럽에 더 많이 해당되는 이야기입니다. 유럽에서는 교역이 잦은 두 나라끼리 은화 속 은 비율을 똑같이 맞춰서 자유롭게 교환하기도 했습니다. 기축통화 역할을 할 금화나 은화를 정하기도 했고요.

고대 로마제국의 금화, 에스파냐의 은화, 베네치아의 두카토나 피렌체의 피오리노, 제노바의 제노비즈, 신성 로마제국의 탈러, 영국의 파운드 등 시대마다 해당 문화권의 기축통화가 있었습니다. 1800년대 영국이 중국에서 찻잎을 수입하며 어마어마한 손해를 봤을 때도, 보복으로 중국에 아편을 그렇게 팔아댔을 때도 대금은 은으로 치렀습니다.

그 기축통화를 인정하지 않는 국가와의 교역은 어떻게 했을까요? 서로 다른 문화권끼리는 교역량이 그리 많지 않았기에 물물교환이나 진짜 금괴, 보석 같은 귀중품으로 했습니다.

여기까지가 유럽 이야기라면 동양은 어땠을까요? 동양은 조금 달랐습니다. 중국이 워낙 압도적인 존재감을 자랑했거든요. 어느 시대, 어느 나라의 화폐가 기축통화로 사용됐느냐고 물어볼 것도 없이 그 시절 중국 왕조의 화폐가 동양의 기축통화였습니다. 통틀어서 중화문명권이라고 기억하면 편리합니다. 단, 당나라나 송나라처럼 교역을 중요시 여기는 왕조가 들어섰을 때 이야기입니다.

명·청 시대에는 외국과 교역하는 대신 조공무역을 했습니다. 조공무역은 한마디로 특산품을 가져다주고 필요한 물건들을 받아오는 형태입니다. 무역할 때 화폐가 필요하지 않지요. 중국은 같은 문화권 안에서는 서로 장사하지 않으니(같은 문화권과는 조공무역을 하고, 국가 간 상거래는 금지) 일부 개인들이 만나서 교역을 할 때는 화폐가 아니라 금, 은, 비단 같은 물건으로 서로 값을 치렀습니다.

더군다나 일찍부터 중앙집권 형태의 행정이 발달한 동양은 이른 시대부터 동전과 철전을 꽤 많이 사용했습니다. 동이나 철은 그 자체의 가치가 금과 은에 비해 저렴하지만 힘센 중앙정부가 신용을 보증하니까 유통될 수 있었던 것이지요. 이 이야기에서 일본은 조금 예외입니다. 조공무역을 하지 않았거든요.

정리하면, 시대를 가리지 않고 화폐를 사용할 때 기축통화는 필수적이었습니다. 서로 교역이 활발하게 이뤄지는 문화권 안에서는 그곳에서 가장 지배적인 국가의 돈이 기축통화 역할을 맡았고요. 화폐를 사용하는 게 물물교환보다 훨씬 효율적으로 시장을 키울 수 있고, 화폐를 사용하려면 기축통화를 정해두어야 제대로 된 무역을 할 수 있습니다. 그리고 기축통화가 등장하면 비로소 환율이 중요해지죠. 정해진 기준(기축통화)과 우리나라 돈을 몇 대 몇 비율로 교환할 것인지 결정해야 하니까요.

돈을 사고파는
시장이 있다고?

지금까지 배운 내용을 한마디로 정리해보면 이렇습니다.

① 유한한 자원으로 인간의 무한한 욕망을 효과적으로 채우기 위해 서로 나눠 갖는 방법을 개발→ 무역

② 무역은 서로 다른 집단 간의 거래로 불완전한 시장이다.

③ 불완전한 시장에서 효율적으로 거래하기 위해 발명된 시스템→ 기축통화

④ 기축통화를 중심으로 은행을 통해 외환시장에서 오가는 돈들의 가격→ 환율

이제까지 우리가 알아봤던 시장은 실제 물건이 오가는 시

장이었습니다. 실물경기에서 돈, 즉 금융은 실물경기를 원활하게 돌아가도록 도와줍니다. 그런데 금융경기를 따로 떼어서 놓고 보면 그 안에도 상품이 있습니다. 각국 돈들이 바로 상품이에요. 맞아요. 이제부터 공부할 시장인, 외환시장 이야기입니다.

꽃 도매시장에서 꽃들의 가격이 결정되듯이 외환시장에서는 환율이 결정된답니다. 아무리 수요공급 법칙이 같다지만 시장의 특성에 따라 상품의 가격이 결정되는 방식은 다릅니다. 이를테면 꽃 도매시장은 꽃이 시들면 안 되기 때문에 서늘한 새벽에 모여 빠른 경매로 도매상끼리 가격을 합의하죠. 그렇다면 외환시장의 특징은 무엇일까요?

외환시장의 첫 번째 특징

첫째, 각국 돈들이 반드시 은행을 거쳐야 합니다. 마치 '사람이 숨을 쉬려면 호흡을 해야 한다'처럼 너무 당연해서 고개를 갸웃하게 만드는 문장입니다. 하지만 아주 중요한 조건이에요.

우리는 모두 개인이나 회사의 주거래은행에 계좌를 갖고 있습니다. 대금을 결제할 땐 은행에 가거나 인터넷으로 접속해서 계좌이체를 합니다. 수많은 개개인과 수많은 회사들이 하루에도 수십, 수백만 건이나 이체를 하지요. 은행은 다른 은행들과 계속 커뮤니케이션하면서 각자 이체되는 돈의 움직임을 공유합니다.

결과적으로 금융거래를 하는 사람들은 보이지 않는 곳에 모여서 각자의 거래 정보를 나누고 있는 셈이에요. 이 다양하고 수많은 거래 정보들이 수요 곡선과 공급 곡선을 그리며 자동적으로 각국 통화의 가격을 결정합니다.

요즘 세상에 은행을 거치지 않는 돈 거래도 있냐고요? 있습니다. 개인적으로 따로 만나 현금과 물건을 직접 교환하는 경우를 생각해볼 수 있죠. 환불이 어려운 중고거래 플랫폼에서는 보통 거래하는 당사자들끼리 직접 만나서 물건의 품질을 점검하고 현금과 교환하지요?

또 외국 여행을 갔을 때 은행이나 공식 환전소를 찾지 못해 호스텔에서 내가 갖고 있는 달러와 현지 화폐를 바꾸는 경험을 해보신 분들도 계실 거예요. 이런 거래는 환율에 영향을 미치지 않습니다.

은행을 거치지 않는 화폐 매매는 불법입니다. 굳이 불법으로 지정하는 이유는 간단합니다. 각국 정부와 시장에 참여하는 정직한 기업들이 공식 플랫폼인 은행에 정당한 대가를 지불하고 있는데(세금이라든가 수수료라든가) 저런 암거래는 개인의 이득만 취할 뿐 공식 인프라에는 어떠한 대가도 치르지 않기 때문입니다. 게다가 암거래가 활발해질수록 공식적인 정보는 부정확해지거든요.

부정확한 정보는 생산자와 소비자 모두에게 쓸데없는 비용을 치르게 만든답니다. 은행을 믿고 예산을 짜서 바꿀 돈을 가져갔더니 현지 시장에서는 암거래 때문에 환율이 왜곡돼서 계획했던 물건을 다 사지 못하고 올 수도 있지요.

외환시장의 두 번째 특징

둘째, 외환시장은 24시간 열려 있는 글로벌 시장입니다. 외환시장은 절대로 휴식이 없죠. 물론 요새는 다른 시장도 그런 편입니다. 인터넷으로 쇼핑하기 때문에 가게가 문을 열고 닫는 시간과 상관없이 해외 쇼핑몰에 주문을 넣고, 주문한 사람이 자고 있을 때 배송이 시작되기도 하니까요. 하지만 외환시장의 24시간은 조금 다르게 이해해야 합니다.

예를 들어 의류산업에서 시장이라고 하면 각각의 인터넷 쇼핑몰을 말할 수도 있고 동대문 의류 도매상가를 말할 수도 있고 국제적인 SPA 브랜드의 공장생산과 유통을 말할 수도 있을 겁니다. 하지만 외환시장은 그렇게 다양한 형태로 존재하지 않습니다. 외환은 각국 은행과 증권거래소들이 네트워크로 연결돼 단일시장을 이룹니다. 그리고 각국의 시차에 따라 도미노처럼 현재 깨어 있는 국가들의 상황이 차례로 시장에 반영됩니다. 환율이 실시간으로 변하는 이유, 그리고 우리나라에서 확인한 공식 환율이 미국에서 확인한 공식 환율과 동일한 이유랍니다.

그런데 외환시장에서 결정되지 않는 환율도 있습니다. 바로 '고정환율제'를 택한 나라의 환율입니다.

환율이 변하지 않는 고정환율제

환율 제도의 종류는 원칙적으로 고정환율제와 변동환율제, 이 2가지입니다. 고정환율제는 말 그대로 정부가 환율을 미리 정해놓고 딱 그 가격으로만 거래를 하는 것입니다. 변동환율제는 외환시장에서 수요와 공급의 법칙에 따라 자국 돈의 가격이 자유롭게 변하도록 내버려두는 것이지요.

외환시장에서 돈의 상대적 가치는 그 나라의 국력이나 정치적 상태, 경제적 요건에 따라 시시각각 변합니다. 2016년 터키에서 쿠데타가 일어났을 때 터키 리라화의 가치가 하루 만에 급락했던 적이 있어요. 이처럼 멀쩡하게 잘 지내던 나라라도 갑자기 커다란 사건이 벌어지면 단기적으로 국력이 몹시 떨어집니다. 그 시점에서 일이 수습될 때까지 이 나라 돈의 가치는 국력과 함께 무척 낮아지지요. 저러다가 혹시 나라가 망해버리기라도 하면 그 나라 돈은 휴지 조각이 될 테니까 말이에요.

하지만 환율이 변하지 않는다면 어떨까요? 마치 절대적인 과학 법칙처럼 말이에요. 물 분자인 H_2O는 수소 원소 2개와 산소 원소 1개로 이뤄져 있습니다. 2:1의 비율은 절대 변하지 않죠. 다른 나라와 한국 돈의 환율도 그런 방식으로 고정시켜 놓는다면 나라가 흥하든 망하든 무역 거래를 할 때 얼마나 안정적이겠어요. 미국과는 1:1100, 위안화와는 1:170⋯. 동해물과 백두산이 마르고 닳도록 말이죠.

그렇다면 왜 다들 '더 안전해 보이는' 고정환율제를 선택하지 않는 걸까요? 이어지는 내용에서 1997년 IMF 외환위기 사례를 살펴보며 알게 되겠지만, 환율의 변화가 자연스레 국가 경제의 균형을 맞춰주기도 하거든요. 국력과 경제 사정은 계속 변하기 때문에 사실은 환율도 변하는 편이 상황 대처에 더 낫습니다. 예외적으로 외국과 교류가 많은 도시국가나 무역항은 자체적으로 생산하는 산업의 규모는 작은 반면 상품이 들렀다가 가는 중계 거래가 많아 환율 안정성이 중요합니다. 또는 개발도상국 중 특정한 국가에 경제의존도가 높은 경우에도 고정환율제를 채택합니다. 물론 고정환율제도가 국제 외환시장에서 작동하려면 다른 나라들이 이 고정된 환율을 인정해줘야 합니다.

변동환율제는 외환시장에서 수요와 공급 원리에 따라 돈의 상대적인 가치가 시시각각 변동하도록 내버려두는 환율 제도라고 했죠? 화폐의 수요공급 곡선은 일반적인 시장의 수요공급 곡선과는 다르게, 공급 곡선이 수직입니다(챕터 2 참조). 하지만 외환시장에서 (외국)화폐의 수요공급 곡선은 일반적인 수요공급 곡선과 같습니다. '더 찍어내는 돈'이 공급이 아니라 은행창고에 상품처럼 쌓여 있는 돈들의 재고와 일반 투자자들, 일반 회사들이 갖고 있는 '상품으로서의 돈'이 공급 곡선을 그리기 때문입니다.

변동환율 제도는 실제 물건을 수출하거나 수입하는 상황에 맞춰 자연스레 돈의 가치를 조정해줍니다. 한국이 수입보다 수출을 많이 해서 무역흑자를 보면 환율이 떨어집니다. 달러를 많이 받아 외환 공급이 충분해지니 좀 더 적은 한국 돈으로 좀 더 많은 달러를 살 수 있게 되는 거죠.

그러면 우리 국력은 높아졌다고 할 수 있지만 수출 경쟁력은 떨어집니다. 반대 입장에서 생각해보면 우리한테 외국 돈(물건)이 저렴해진 만큼 외국에겐 한국 돈(물건)이 비싸졌을 테니까요. 품질은 변하지 않았는데 가격만 오른 상품은 매력이 없습니다. 다른 요인도 있지만 이게 환율이 무역에 영향을 주는 제일 핵심적인 경로입니다. 이것 때문에 트럼프는 환율에 집착하기도 했고, 국력보다 수출이 중요하다고 생각한 일본의 아베 정부는 엔화 가치를 낮게 유지하려고 하기도 했죠.

무역적자를 봤을 때는 이와 반대로 움직입니다. 이런 과정을 거치며 시장은 자연스럽게 균형을 찾아갑니다. 아무도 정해주지 않았는데 일정 범위 안에서 안정적으로 움직이는 것입니다. 1달러가 1,100~1,200원 사이에서 왔다갔다 하는 건 누가 일부러 정한 게 아니라 시장에서 그 가격대가 균형이 이뤄지는 범위이기 때문입니다. 그러나 균형 범위 없이 변동 폭이 너무 큰 상황이 되면 변동환율제의 단점이 도드라집니다. 환차익을 노리는 투기 세력의 공격에 취약해지거든요. 1990년대에는 국가 단위의 화폐에 대한 투기 세력의 공격이 빈번했습니다.

이론대로 움직이는 현실은 존재하지 않는 법

아까 환율 제도에는 고정환율제와 변동환율제 2가지가 있다고 했지요? 현실에서는 조금 응용을 해야 합니다. 모든 국가는 완벽한 고정환율제나 완벽한 변동환율제를 실행하지 못합니다. 어떤 이론이든 '이론대로 순수한' 현실은 존재하지 않는 법이니까요.

아무리 고정환율제를 택하고 있다고 해도 정부가 임의로 정한 고정환율 바깥에서 시장거래가 많이 이뤄지는 상황이 되면 정부가 그에 맞춰 환율을 조정하게 됩니다. 또 아무리 변동환율제를 택하고 있다고 해도 앞에서 설명한 균형가격 범위에서 지나치게 벗어나게 되면 정부가 개입해 환율을 균형가격 안으로 돌려놓으려고 노력합니다.

이때 정부가 직접적으로 개입하는 방법을 '시장조작'이라고 부릅니다. 통화정책을 통해 국내 금리를 조정해 환율을 간접적으로 움직인다는 의미죠. 이처럼 변동환율제를 기반으로 적절한 수준에서 정부의 개입이 들어가는 환율 제도를 바로 '관리변동환율제'라고 합니다. 오늘날 대부분의 선진국이 이 제도를 채택하고 있습니다.

그렇다면 고정환율제의 응용은 어떨까요? 대체 환율을 고정한다면 어디다 해야 할까요? 지구상에 존재하는 모든 나라와 화폐 교환 비율을 일일이 설정해야 할까요? 현실에서 그렇게 하기엔 어려운 점이 너무 많습니다. 그래서 고정환율제를 채택하는 거의 모든 국가는 기축통화인 미국 달러에만 환율을 묶어둡니다. 이걸 바로 '달러연동제' 혹은 '달러페그제'(영어로 'peg'는 무엇을 걸거나 고정할 때 쓰는 못이나 집게 등을 뜻합니다)라고 합니다.

이렇게만 설명하면 잘 이해가 안 되겠지요? 변동환율제가 뭐가 좋은 건지, 고정환율제는 왜 복잡한 건지, 그냥 곱게 화폐 교환만 해주면 되지 균형가격을 맞춰야 되는 이유는 또 뭔지, 대체 뭐가 위험하다는 건지 헷갈리실 거예요. 이럴 때 실제 사례를 통해 이해하면 좀 더 수월하게 지식의 문을 열 수 있습니다. 이를테면 1997년 아시아를 강타했던 외환위기를 들 수 있겠네요. 당시 사건은 환율 제도의 영향력을 이해하는 데 좋은 사례가 된답니다.

이제부터 1997년 아시아 외환위기를 통해 금리가 환율에 영향을 미치고, 환율이 환율 제도를 통해 국가 경제에 영향을 미치고, 한 나라의 경제가 무역을 통해 전 세계에 경제위기를 일으키는 과정을 따라가 보도록 해요.

아시아 외환위기의 시작은
미국의 금리 인상이었다

환율이 무엇인지 알게 됐으니, 이제 금리가 환율을 어떻게 결정하는지 알아볼 차례예요. 국가들이 각자 금리를 결정하면 각국 금리가 외환시장에서 환율을 변동시킨답니다. 우리는 이제부터 금리와 환율의 상관관계, 그리고 환율 제도의 실질적인 작동 방식을 알아볼 거예요.

환율을 표시하는 방법

국제 금융뉴스를 보다 보면 어려운 용어가 자주 나옵니다. 환율이 하락했고, 원화가 평가절상됐고, 달러가 약세라는 등, 모두 돈의 가치가 오르내리는 것에 대한 이야기예요. 여기 사용되는 용어가 돈 얘기 중 가장 헷갈리는 부분입니다.

단순하게 비싸지거나 저렴해지는 개념은 하나도 어려울 게 없습니다. 환율 관련 용어가 이해하기 힘든 이유는 오른다, 내린다는 말을 할 때 그 '기준'이 뭔지 말해주지 않기 때문이에요. '뭐가' 올랐는지 언급하질 않으니 환율이 하락했다는 게 도대체 달러 가치가 하락한 건지, 원화 가치가 하락한 건지 알아낼 방법이 없잖아요. 사실은 용어별로 암묵적인 기준이 숨어 있어요. 바로 표시법에 대한 기준이지요.

환율 표시는 크게 2가지로 나뉩니다. 바로 자국통화표시법과 외국통화표시법입니다. 자국통화표시법은 외국 돈에 대하여 우리나라 돈을 표시한다는 의미입니다. 외국 돈을 고래밥이라고 칩시다. 우리는 고래밥을 사려고 할 때 이렇게 물어보겠죠. "고래밥 한 봉지에 얼마야?" "요 밑에선 770원쯤 할 걸" 다시 말해 외국 돈인 1달러를 한국 돈으로 표시하면 값어치가 얼마 정도 하냐는 겁니다. '1달러＝1,100원'인 식이죠.

반대로 외국통화표시법은 우리나라 돈 1,000원을 외국 돈으로 사려면 얼마냐는 겁니다. 이번에는 한국 돈이 고래밥이 되겠죠. 외국통화표시법을 자세히 설명하지 않는 이유는, 보통 자국통화표시법을 사용하기 때문입니다. 다들 자신의 입장에서는 자기 나라 돈이 진짜 돈이고, 외국 돈은 상품이니까 말이에요.

사실 '원화 평가절상'이나 '달러 약세' 같은 말은 오히려 쉽습니다. 원화가 (무언가에 대하여) 평가가 올라갔다는 말이고, 달러가 (무언가에 대하여) 약해졌다는 이야기니까 그대로 이해하면 돼요.

문제는 환율입니다. 환율이 하락했다고 하면 대체 어느 돈을 기준으로 해서 뭐가 어떻게 됐다는 건지 헷갈리기 시작합니다. 앞으로 이럴 때는 무조건 자국통화표시법이라고 생각하고 넘어갑시다. 고래밥 한 봉지와 돈을 바꾸는 비율이 하락했다는 거죠. 1:1200에서 1:1100으로 숫자가 떨어졌습니다. 즉, 고래밥이 100원 싸졌다는 거예요. 고래밥＝달러이므로 달러가 저렴해진 거네요. 달러 입장에서는 어떨까요? 원화가 비싸졌지요. 원화의 값어치가 높아진 겁니다. 이걸 원화의 평가가 절상됐다고 하고, 원화 강세라고도 합니다.

원-달러 환율 하락(달러 기준)＝원화 평가절상(원화 기준)＝원화 강세(원화 기준)인 겁니다.

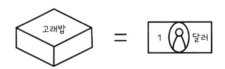

금리가 올라가면 하락하는 환율의 비밀

금리와 환율은 서로 반비례 관계입니다. 금리가 올라가면 환율은 떨어지고, 금리가 내려가면 환율은 올라갑니다. 공무원시험에 나오는 경제학 문제를 풀기 위해 이렇게 외우고 지나가시는 분들이 많습니다. 여기서 헷갈리기 쉬운 부분은, 도대체 어느 나라의 금리가 내려가면 누구 입장에서 환율이 올라가느냐는 것입니다.

방금 앞에서, 환율이 떨어졌다고 하면 무조건 외국 돈이고 고래밥이라 했지요? 환율이 떨어지면 고래밥의 가격이 떨어지는 겁니다. 금리도 마찬가지입니다. 자국통화표시법으로 하면 외국 돈은 1봉지 고래밥일 뿐이고 한국 돈이 진짜 돈입니다. 금리는 돈값이니까, 진짜 돈인 한국 돈의 값입니다.

즉, 금리가 올라가면 환율이 떨어진다는 말은 한국 돈의 금리가 올라가면 한국 돈값이 비싸진다는 겁니다. 돈의 값이 올라가니까 돈의 값이 비싸진다는 당연한 동어반복이지요? 금리와 환율의 기준만 정확히 짚을 줄 알면 사실은 이렇게 당연한 말이랍니다.

금리와 환율의 연결고리를 더 자세히 풀어볼게요. 한국 금리가 높으면 여러 나라에서 이자를 받아 먹기 위해 한국에 돈을 넣어두고 싶어 합니다. 한국에 돈을 넣어두려면 당연히 한국 돈으로 넣어둬야 합니다. 그러면 각국 사람들이 자국 통화를 국제적으로 통용되는 기축통화인 달러로 바꿨다가, 달러를 다시 한국 돈으로 바꾸겠지요. 그럼 수요공급 법칙에 의해 달러는 공급이 늘어나고 원화는 수요가 늘어납니다. 공급이 늘어나면 저렴해지고 수요가 늘어나면 비싸지지요.

바로 이런 상황에서 달러에 대해 원화가 평가절상됐다고 얘기합니다(①). 그리고 원화가 평가절상되면 환율이 하락했다고 합니다(②). 웬만한 경제뉴스는 이 부분에서 해결이 됩니다. ① 아니면 ②를 얘기하거든요.

여기서 잠깐, 약세와 강세의 개념을 조금 더 짚고 넘어가 보도록 합시다. 평가절상이나 평가절하, 환율은 원화와 달러가 1:1로 붙은 것입니다. 고래밥 한 봉지에 700원 하느냐, 800원 하느냐 하는 말이지요. 하지만 약세나 강세라는 건 전반적인 분위기를 뜻하는 것입니다. "요새 과자 값이 비싸"와 같은 말입니다. 과자 값이 비싸지면 고래밥 값도 비싸지겠지만 고래밥 값이 비싸졌다고 모든 과자 값이 오르는 건 아니지요.

달러 약세라는 건 달러가 꼭 원화뿐 아니라 과거에 비해서, 또 다른 나라의 통화에 비해서도 전반적으로 가치가 떨어져 있다는 뜻입니다. 원화 약세도 마찬가지입니다. 그래서 복합적으로, 이런 문장이 나올 수 있습니다.

2020년 미국 대선 후의 수출 기업: "안 그래도 코로나19로 돈이 잔뜩 풀린 데다, 바이든이 당선되면서 사람들이 이제 미국 경제가 안정될 거라고 생각했지. 그래서 달러 같은 안전자산을 다 팔아서 신흥국 주식 같은 데 투자하는 바람에 달러가 약세야. 거기에 거의 연동되다시피 한 위안화는 평가절상됐고, 한국은 코로나19도 잘 극복하고 있어서 경제전망이 좋다고 평가되니까 원화 평가절상까지 돼버렸어!

자, 이 문장을 한 번 해석해볼까요?

달러 공급은 넘치는데 수요가 없어서 여기저기서 달러 인기가 떨어지네. 상대적으로 한국과 중국은 경기침체가 덜해서 두 나라에 투자하고 싶어 하는 사람들이 많아. 그래서 한국 돈과 중국 돈이 많이 필요하다고 하니 원화·위안화 귀한 몸이 됐어. 달러는 전반적으로 값이 저렴해졌는데, 요새 비싸진 원화랑 1:1로 붙으니 더더욱 싸다고!

그런데, 이런 내용이 왜 그렇게 뉴스에 많이 등장할까요?

아시아에 불어닥친 금융위기

환율이 강세니 약세니, 정말 뉴스에 많이 나오는 내용이에요. 세계경제 관련 뉴스가 등장하면 항상 '~~해서 우리나라와 달러의 환율이 어떻게 됐다'로 끝이 납니다. 세계의 실물경제인 무역은 금융경제를 타고 다니고, 금융경제는 환율을 통해 각국을 연결하니까요(금융경제의 핵심은 금리죠). 그래서 우리는 세계 주요국(특히 기축통화국)과 한국 사이의 환율 변동이 우리 경기에 어떤 경제적인 영향력을 미치는지 알아야 합니다.

수출 실적과 수출에 따른 이익은 환율 변동에 따라 오르내리고, 각국은 다른 나라보다 수출을 더 많이 하고 싶어 합니다. 어떤 나라의 환율이 수출에 유리해지면 다른 어떤 나라의 환율은 수출에 불리해져요. 그러다 보니 환율 때문에 기업의 경영이나 국가 경제가 위기에 처하는 경우가 생깁니다.

이런 경우를 한 번 상상해보세요. 누군가 의자 위에 올라가서 전등을 교체하고 있는데 어떤 사람이 다가와 의자를 발로 탁 밀어버립니다. 당연히 떨어지면서 다칠 수도 있고, 심한 경우 전등이 깨져서 둘 다 심각한 상처를 입을 수도 있습니다. 이럴 걸 알면서도 각 국가는 자신이 위험해지면 상대방의 의자까지 차서 넘어뜨리곤 합니다.

1990년대 후반 미국이 아시아 전체의 의자를 차버린 적이 있답니다. 바로 1997년에 터졌던 아시아 외환(금융)위기입니다. 바로 이 연쇄 외환위기의 끝자락에서 한국은 IMF 구제금융을 받았죠. 국가 부도 시절을 기억하는 분들은 많지만 이때 아시아 국가들 전체가 외환위기에 시달렸다는 사실을 기억하는 분은 많지 않습니다.

1991년, 미국을 중심으로 한 34개 다국적군이 이라크를 상대로 벌였던 전쟁, 걸프전이 끝났습니다.[4] 전쟁이 일어나면 시장은 일단 패닉에 빠집니다. 미국 증시가 급락했고, 중동에서 전쟁이 일어난 만큼 유가와 금값은 급등했죠. 세계경제가 크게 흔들렸습니다.

전쟁이 끝나고 나면 경제가 회복하기 시작하지요. 1994년쯤 되자 미국의 경제도 완연히 살아나기 시작했습니다. 그런데 미국 정부는 경제가 너무 빨리 활발해지는 것 같다고 느꼈습니다. 그래서 금리를 높여서 기업들의 무분별한 대출을 막고 저축률을 끌어올려야겠다고 생각했죠. 금리를 아주 화끈

하게 올리는데, 1년도 안 되는 기간 동안 3%에서 6%까지 2배로 올려버렸죠.

그러자 고도성장을 하고 있던 중남미와 동남아시아에 투자금으로 들어가 있던 달러가 그야말로 '미친 듯이' 미국으로 돌아옵니다. 미국 채권만 사둬도 이자가 어마어마했거든요. 세상은 불공평합니다. 각 나라의 조건과 경제적 성장 정도가 모두 다르기 때문에 각 나라별 돈값도 다릅니다. 더 매력적인 돈이 분명히 존재하지요.

그래서 이렇게 세계적으로 중요한 나라가 금리를 올리거나 내리면 덜 중요한 나라에서 외환이 썰물처럼 빠져나가면서 환율은 폭등하거나 폭락합니다. 어느 쪽이든 의도하지 않은 큰 변화를 겪게 되면 그 나라의 경제는 굉장히 어려워집니다.

외국 자본이 빠져나간다는 게 현실에서는 어떻게 작용할까요? 외국인 투자자들은 이익을 실현하거나, 즉 갖고 있던 주식을 팔아서 정산하거나 기간을 정해두고 빌려줬던 대출금을 만기 연장 거부 후 회수합니다. 그러면 대출을 받았던 회사들이 파산하고 이 회사들에게 돈을 빌려줬던 은행들도 파산합니다. 또 이때 빠져나가는 돈은 '달러를 한국 돈으로 환전했던 돈'이 다시 달러로 바뀌어 나간다는 거라서 수요는 줄어들고 공급이 늘어난 한국 돈 가격이 어마어마하게 저렴해집니다. 1달러와 바꿀 수 있는 한국 돈의 가격이 700~800원에서 1,200원이 됩니다. 1:700의 비율이 1:1200으로 높아진 거예요.

환율이 폭등한다고 하죠. 환율이 폭등하면 무슨 문제가 생길까요? 외국에서 빌려온 돈의 이자를 갚기가 너무나 힘들어지지요. 달러로 바꿔서 갚아야 되는 이자인데 환율이 2배로 폭등하면 한국 입장에서는 2배로 이자를 더 내야 하는 상황인 거예요. 매달 내야 하는 이자가 3달러라면 예전에는 3,000원만 내면 됐는데 이제는 6,000원을 내야 하는 셈입니다. 빚이 불어나는 효과가 생기고, 이걸 버티지 못하면 국가가 부도를 맞습니다.

엎친 데 덮친 격, 강달러 정책

이런 상황에서 미국이 '강달러 정책'을 펴기 시작합니다. 달러의 가치를 높이는 정책이니 상대국 입장에서는 환율이 높아지죠. 달러 가치가 높아지면 미국은 다른 나라와 반대로 실질적인 빚이 줄어드는 효과가 납니다.

예를 들어 미국이 프랑스에게 5프랑을 빌렸다고 칩시다. 이전에는 5프랑을 갚아주려면 5달러로 바꿔줘야 했지만, 달러를 비싸게 만들면 2.5달러만 줘도 5프랑이 갚아집니다. 미국은 전쟁하느라 진 빚이 너무 많아 달러를 비싸게 팔고 싶었던 거죠. 그러니까 달러는 달러대로 비싸지고 한국 돈은 한국 돈대로 저렴해집니다. 금리를 올려서 2배 떨어질 환율이 정책 효과까지 더해져 4배 떨어져버립니다.

미국이 다른 나라에게 이렇게 영향을 주겠거니 생각했을까요? 이는 사람마다 생각이 다릅니다. 실제로 국가적 경제위기의 '전염'에 대해서 체계적인 연구가 이루어진 것은 1990년대 이후예요. 중요한 것은 일단 미국은 자국의 이익을 위해서 정책을 만들었다는 것입니다. 그리고 이로 인해 외국의 경제가 흔들리는 문제가 발생했습니다. 돈이 마구 빠져나간 다른 나라들은 사정이 급해집니다.

미국 저 때문에 전 세계 신흥국이 모조리 무너질 줄은 몰랐죠.

금리를 1년 사이에 2배나 올리셔놓고
정말 구석구석 흩어져 있던 달러가 미국으로 돌아올지 모르셨다고요? A

미국 제가 세계를 이끄는 기축통화국이니까
이자까지 많이 주면 돈이 막 돌아오기는 하겠죠.

그런데 왜 그러셨어요? A

저도 저희 경제 과열되면 식혀놔야죠.
솔직히 달러 좀 빠져나갔다고 위기가 오는 게 말이 됩니까?
그렇게 평소 나라 경영을 잘 했어야죠.

미국

동남아랑 동북아가 뭘 잘못했길래…

A

미국

경제 거품, 과잉 채무, 기업부실, 국가 정책 결정권자들의 금융에 대한 무지? 5

미국이 의자를 걷어차긴 했지만, 아시아 각국이 올라서 있던 의자 다리가 처음부터 부실한 것도 사실이기는 했습니다. 그러나 아시아의 부실한 의자 다리가 모조리 아시아 탓만은 아니었습니다. 아시아의 항의는 이렇습니다. "이제 막 구구단 외우는데 갑자기 미적분을 풀라는 쪽이 잘못 아냐?"

1990년대는 아시아가 제국열강의 식민지배에서 벗어난 지 40여 년쯤 되는 시점이었습니다. 미국이나 유럽과 동등하게 놓고 비교를 할 수 없는 상황이었지요. 미국과 유럽이 식민지배를 통해 얻은 부나 기술로 각종 제도를 정비할 체력이 있었다고 하면 아시아는, 비유하자면 서양이 옮긴 전염병(식민지배)에 시달리다가 기적적으로 회복하고 있었다고 봐야 합니다. 물론, 일본 빼고요.

아시아에서는 태국이 가장 먼저 무너졌습니다. 이제 1997년으로 돌아가서 태국과 얘기를 좀 해볼게요.

태국의 외환위기

 태국 우리도 그렇고 아시아 전체가 싸고 단순한 제품(경공업품)을 만들어서 잔뜩 수출하는 걸로 먹고살고 있었거든요.

네네. 선진국은 최첨단 기계나 중화학 제품을 생산해야 하니까 경공업은 아시아 쪽에 아웃소싱을 했죠. **B**

 태국 그런데 경공업품 수출을 다 유럽 아니면 미국에다가 하잖아요.

그렇죠. 대금도 달러로 받고 다른 나라랑 거래할 때도 달러로 하고요. **B**

 태국 환율이란 게 그렇잖아요. 달러에 비해 우리 바트화가 얼마나 가치가 있냐고 물어보면 할 말 없어요. 달러가 훨씬, 굉장히, 비교도 안 되게 값나가고 비싸죠.

슬프지만… 그렇죠. **B**

태국 그걸 곧이곧대로 교환 비율을 매기면 저희가 수출을 하는 게 이득이 없죠. 그렇게 되면 5,000바트 하는 엄청 비싼 냉장고도 1달러밖에 안 하는 거예요. 아주 극단적으로 1달러를 얻으려고 우리나라 돈을 트럭으로 배달해야 하는 상황도 생길 수 있죠.

 그래서 준 고정환율제도인 달러연동제를 운영하는 거죠?

태국 네. 그렇습니다. 미국도 세계경제가 잘 나가야 자기들도 잘살게 돼 있으니까 효율적인 시장거래를 위해 환율을 일정 폭 안에서는 고정해놔도 봐준 거죠. 무슨 일이 있어도 1달러는 300~400바트로 한다, 이렇게요.

 그걸 페그제라고 하죠. 그런데 페그제, 왜 폐지하셨어요?

 태국 한계였어요. 부작용이 말도 못했죠.

　　사실 고정환율제의 가장 큰 문제는 시장에서 평가된 내 돈의 값어치와 내가 원하는 내 돈의 값어치 사이의 차이가 너무 커질 때 사태를 바로잡기 아주 어렵다는 데 있습니다. 환율 변동은 순식간에 일어나는데 정부가 인위적으로 개입하려면 일단 회의부터 열어야 하잖아요.

기업은 한 번에 수천만 원, 수억 원어치의 물건을 사고팔죠. 그럴 땐 환율 100원 차이에 이익이 크게 좌우됩니다. 1달러가 1,100원일 땐 10달러에 11,000원이지만 10만 달러에는 1억 1,000만 원이거든요. 그런데 1달러가 1,200원이 되면 10만 달러엔 1억 2,000만 원이 되는 거죠. 1,000원 정도는 더낼 수 있어도 1,000만 원 이상씩 매달 수십 건이 결제될 때 이렇게 차이가 나면 예산 결정도 힘들고 미리 준비해놔야 하는 결제 대금의 총 액수도 그 규모가 아주 달라질 수 있어요.

그러니 환율이 고정돼 있거나 크게 흔들리지 않는 나라의 통화가 있다면 굉장히 편리합니다. 무슨 일이 발생하더라도 환율이 변하지 않으니 무역을 할 땐 거의 안전자산 수준으로 보입니다. 그래서 사람들은 미리 화폐를 사놓기도 합니다.

달러를 사고파는 것이나 달러 가치의 하락이나 상승에 베팅하는 선물옵션 같은 것이 그 예시죠. 달러만큼 안전한 자산은 아니지만 다른 나라들의 통화도 선물옵션 시장에 거래되는 일종의 상품입니다.

태국 바트화도 마찬가지였죠. 세계경제가 한창 잘 나가던 1970년~1990년대 초반, 태국을 비롯한 중남미와 아시아 친구들은 높은 성장률과 다른 나라에 비해 높은 금리, 고정환율제 덕분에 헤지펀드의 매력적인 투자처였습니다. 화폐를 사서 투자하기도 하고 태국의 채권과 증권을 사고 성장률 높은 회사와 부동산 등에도 돈을 빌려줬습니다.

외국 돈이 마구 들어오는 데 신이 난 정부, 은행, 회사들은 주는 만큼, 아니 주는 것보다 더 빌렸습니다. 태국 정부가 자국통화인 바트화로 만든 상품에 나랏돈으로 마구 투자를 하고, 은행은 외국에서 돈을 빌려 자국 회사에 빌려주고, 회사는 외국 자본이 주식을 산다고 하면 무조건 환영했죠. 그런데 손 쓸 틈 없이 환율이 폭등하자 이 부분에서 문제가 터졌습니다. 화폐가치가 추락하니 도저히 돈을 갚을 길이 없는 겁니다. 외국에 결제 대금을 치를 수 없어진 회사들이 줄줄이 망해 나갔고, 정부 역시 긴급하게 회사들을 지원해줄 능력이 안 됐지요.

고정환율제의 함정

정리해볼까요? 경제가 잘 나가서 외국 투자를 많이 받는 것 자체는 좋습니다. 투자를 해준다는데 너무 틀어막아서는 경제성장이 안 되지요. 문제는 다음과 같을 때 생깁니다.

① 세계경제가 예전만 못해져서 투자자들이 '아, 돈도 없는데 여기엔 그만 투자해야지' 하게 되거나
② 미국처럼 기초체력이 튼튼하면서 화려하게 잘 나가는

나라가 금리를 확 올려버려서 투자자들이 '앗, 저기가 더 매력적이잖아?' 하게 되거나

③ 미국에서 돈을 빌렸는데 미국의 금리가 올라가는 바람에 태국 은행들이 이자를 2배로 물게 되는 사태가 벌어지거나

④ 태국 통화인 바트를 산 금융 거래자들이 ①~③을 보고, '이제 태국 경기도 가라앉겠는걸. 태국 정부도 믿을 수 없어'라고 하면서 '바트화도 휴지 조각이 될 거야'라는 판단에 그간 사뒀던 바트화 상품을 마구 팔아서 바트화 가치가 폭락하거나.

1997년은 ①~④의 일이 한 번에 다 터져버린 해였습니다. 아니, 환율을 고정시켜놨는데 어떻게 바트화 가치가 폭락하냐고요? ④는 말이 안 된다고요?

 태국 말이 되죠. 달러연동제라는 게 정부가 개입을 안 하면 유지하기가 참 힘든 제도예요.

어떤 방식으로 개입을 해야 유지되는데요?

 태국 우리가 발행한 화폐의 총량이란 게 있잖아요.

있죠. 예를 들면 한 총 100억 원어치 돈을 찍었다든가….

태국 그런데 그 중 50억 원은 외국 펀드가 사들였다고 쳐보세요.

네.

태국 근데 우리나라 경제가 망할 것 같고 그 펀드가 50억 원을
시장에서 막 파는 거예요. 사려는 사람은 별로 없는데.

그럼… 나중엔 막 떨이하겠네요.
5만 원짜리 한 장을 1달러에 팝니다. 이런 식으로.

태국 그렇죠. 이럴 때 정부가 고정환율제를 유지하려면 어떻게 해야겠어요?
갖고 있는 달러를 풀어서 우리나라 돈을 사들여야죠. 야, 이걸 감히 1달러에 팔아?
내가 50달러에 살게. 그러다가 갖고 있던 달러가 바닥나면?

더 못 사죠… 달러가 없는데.

태국 그게 바로 외환위기라는 겁니다. 게다가 돈을 미국에서 빌렸는데,
미국이 금리를 올려서 이자가 비싸지면… 은행이 막 망하죠.
그럼 투자자들은 투자금을 더 빼고 싶죠. 나라가 망하는데.

그러니까 가장 큰 문제는, 돈(자본)은 언제든지 왔다가 언제든지 갈 수 있다는 겁니다. 정부나 회사는 그 부분을 염두에 두고 있어야 하죠. 하지만 태국은 그렇지 않았습니다.[6] 태국을 포함해서 아시아 국가들 전부가 환율 관리에 대한 지식이 부족했던 경향이 있었죠. 한국도 마찬가지였습니다.

그해 초 태국의 외환보유고는 495억 달러였지만 환율을 방어하겠다고 계속 달러를 써서 5월이 되자 25억 달러밖에 남지 않았습니다. 페그제도 유지할 수 없고, 외국에 이자도 낼 수 없었지요. 태국은 파산 직전이 됐습니다. 한 나라가 무너지면 세계가 전부 무너질 수도 있습니다. 이럴 때 IMF(국제통화기금)가 개입해 긴급자금을 빌려주게 됩니다.

 그럼, 아예 고정환율제로 하면 되지 않나요? 수입이랑 수출할 때만 달러로 결제해버리면 저런 공격은 피할 수 있잖아요.

너무너무 사정이 힘든 개발도상국들은 그렇게 해요. 수출입할 때만 외환거래가 가능하도록요. 그런데, 그런 식으로 계속 유지하면서 선진국이 될 순 없어요. 일단 아무도 인정을 안 해줘요.

 아….

이건 다른 얘긴데, 아무리 달러가 힘이 세다지만 우리도 엄연한 독립국인데 미국 통화정책에 목숨줄을 걸고 있다는 게 자존심 상하지 않겠어요? 자존심 안 상한다고 해도 경제규모가 어느 정도 커지면 주변 국가들이 너만 이득 보지 말라고 압력도 들어오고요. 한국은 그렇게 IMF를 맞았다면서요.

태국

IMF

우리가 하는 말을 잘 듣고 시장자본주의에 맞게 체질을 바꾸면 달러를 빌려주지.

아시아 외환위기의 흐름[7]

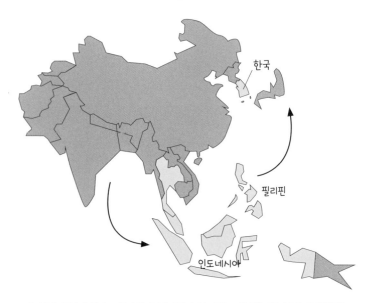

아시아 국가의 높은 금리 → 투자/투기자본에 인기가 높아짐 → 돈이 흘러들어오고, 고도성장함 → 물가가 엄청나게 오름 → 1990년대에 들어서면서 미국 경제가 빠르게 회복됨 → 미국이 물가 안정을 위해 금리를 인상함 → 미국이 더 좋았던 자본들이 아시아에서 빠져나가 미국으로 감 → 아시아의 부실한 시스템과 많은 대출, 무역 적자(경상수지 적자)가 환위험에 노출됨 → 차례로 외환위기를 맞기 시작함

태국 이야기를 이렇게나 계속한 건 1997년 한국의 이야기를 하기 위해서예요. 한국이 바로 클 만큼 컸으니 이제 고정환율제를 변동환율제로 바꾸라는 압력을 받고 있던 그 나라였습니다. 몇몇 조건을 걸고 막 경제협력개발기구(OECD)에 가입한 다음 선진국 기분에 들떠 있을 때였죠.

선진국 입성의 기준처럼 여겨지던 국민소득 1만 달러도 넘고, 군사정권도 쫓아내서 민주화도 이뤘고, OECD도 가입해서 자신감 넘치던 한국 사회가 왜 IMF 외환위기를 맞고 쓰러졌냐고요? 결론부터 얘기하면, 한국이 갖고 있는 달러가 부족했기 때문입니다.

우리나라가 겪은
IMF 외환위기의 전모

　　OECD까지 가입한 나라의 외환보유고가 부족했던 건 의외로 경제 자체의 구조적 문제보다는 정부의 금융에 대한 무지와 기업경영 실책이 컸답니다. 1995년 3월 29일, 한국은 세계 선진 25개국의 경제정책협의기구인 OECD에 가입 신청 서한을 정식으로 제출했습니다. 가입하기 위해 검토하고 기준에 맞춰야 할 조건은 금융을 포함한 각종 무역과 서비스 관련 160여 개였습니다. 그 조건들을 쉽게 요약하면 금융자유화, 즉 국가 간 자본(돈)의 이동을 쉽게 하는 것이었지요.

　　자본의 이동이 뭔지 대표적인 사례만 꼽아볼게요.

　　① 외국 은행에서 달러(외국 돈) 빌려오기

② 외국인들이 한국 회사 주식을 해외/국내에서도 제한 없이 사고팔 수 있게 하기

③ 외국인이 한국 땅이랑 한국 건물 구입할 수 있도록 하기

④ 외국인들이 한국 돈을 상품처럼 사고팔 수 있게 하기

그런데 정부는 선진국 클럽이라는 OECD에 설레는 신청서를 내밀면서도 금융자유화만은 안 하고 싶어 했답니다. 그게 뭔지 잘 몰랐거든요. 잘 모르긴 해도 시장을 마구 열면 망한다는 건 알고 있었죠. 그래도 하기는 해야 하니까 차례차례 하겠다고 약속을 하고 시장을 조금씩 열고 있었는데 잘 몰라서 그만 개방 순서가 틀리는 바람에 망했습니다. 망한 과정을 한 번 살펴볼까요?

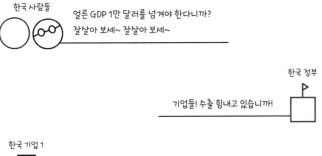

한국 사람들
얼른 GDP 1만 달러를 넘겨야 한다니까?
잘살아 보세~ 잘살아 보세~

한국 정부
기업들! 수출 힘내고 있습니까!

한국 기업 1
일단 덩치를 불리고 있습니다! 글로벌 경쟁을 하려면 덩치가 커야죠!

그런데 정부님! 저희 해외에 투자할 달러가 모자라는데 어떻게 하죠?

한국 정부

아, 어차피 금융자유화도 해야 하고. 기업 키우고 수출 목적이라면 무조건 오케이! 일단 빌려요! 안 되면 되게 한다! 못 갚으면 정부가 갚아드립니다!

한국의 외환위기: 금융자유화의 함정[8]

이렇게 우리나라는 1인당 국민소득 1만 달러를 넘기기 위해 달려왔답니다. 기업과 정부가 찰떡이 되어 함께 굴렀죠. 그러다 보니 우리나라 경제 체질은 선을 넘어버렸습니다. 이것 저것 여기저기에 투자하면서 사업을 확장하는 것까지는 좋았습니다. 그런데 돈을 너무 많이 빌려서 영업이익보다 빌린 돈이 더 커져버린 거예요. 그러니까 1년간 장사해서 인건비고 뭐고 하나도 안 쓴다고 하더라도 돈을 갚을 수 없게 된 거죠.

월급쟁이로 따지면 연봉이 3,000만 원인데 신용대출을 6,000만 원 정도 받았다고나 할까요. 앞으로 계속 연봉 3,000만 원을 유지하면서 다른 빚을 지지 않으면 매년 조금씩 갚아 나갈 수는 있습니다. 하지만 일시상환만기가 바로 내년이거나 회사에서 잘리면 어떻게 될까요? 이런 걱정을 했더니 기업이 말합니다.

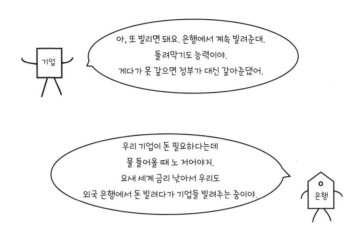

세계경기가 계속 잘 나간다면 현명한 판단일 수도 있습니다. 좀 위험해 보이는 부분이라면 그렇게 많이 빌려온 돈의 절반 이상이 다 일본에서 빌려준 빚이라는 겁니다. 일본이 회수를 결정하면 부채의 반 이상을 당장 갚아야 하니까요. 그런 걱정을 했더니 은행이 또 말합니다.

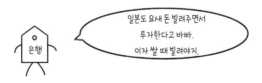

1993년, 우리 정부는 금융자유화의 일환으로 무역 관련 금융과 해외지사의 단기차입을 허용했습니다. 한마디로 외국에서 바로 돈 빌려와도 된다고 한 거죠. 이런 식의 투자는 주식 투자로 자본을 늘리는 방법보다 위험성이 큽니다. 주식은 주주가 워낙 여럿인 데다, 주가가 너무 떨어지면 오히려 못 팔고 기다리기도 하고 상환 일정 같은 정해진 기한도 없죠.

하지만 차입금은 이자도 내야 하고 상환 일정도 정해져 있잖아요. 한 번에 큰돈을 빌리는 만큼 아무리 다양한 곳에서 빌려봤자 수십 군데일 뿐이고요. 게다가 일본에 심각하게 편중되어 있었죠.

하지만 이렇게 위험한 개방을 하면서 정부는 위험성 관리를 철저하게 하지 못했습니다. 기업이 부실 경영을 할 수도 있는데 무역을 한다고 주장하면 일단 허가를 다 내줬습니다. 수출과 성장을 위한다는 명목으로요. 그 와중에 기업들은 그렇게 빌려온 돈으로 동남아에 투자를 합니다. 일본에서 투자를 받았으니 우리도 다른 곳에 투자를 해서 돈을 벌어 빌려온 돈을 갚아야죠.

1997년 새해부터 외환위기로 도미노처럼 무너진 그 동남아시아의 여러 국가에 한국은 시원하게 통 큰 투자를 했던 것입니다. 그렇게 투자금을 회수할 길이 사라졌습니다. 그리고 얼마 후 일본이 말합니다. 빌려준 돈을 갚으라고.

전쟁 이후 경제에 거품이 낀다고 생각한 미국이 인플레이션을 잡으려고 금리를 2배로 올렸습니다. 동남아시아에 들어가 있던 투자금이 순식간에 빠져나가 미국으로 향했죠. 남은 외화도 아시아에서 가장 안전자산으로 꼽히는 엔화로 바꿔버립니다. 시장에 지나치게 공급이 많아진 동남아시아 국가 통화들의 환율이 폭락합니다. 환율이 폭락하면서 수출은 물론 외채 상환 등 무역과 금융에 문제가 생긴 태국, 인도네시아, 필리핀 등이 우르르 무너졌습니다.

우리나라는 2가지 문제에 직면했는데, 동남아에 투자했던 돈을 못 받게 생긴 것이 첫 번째고, 동남아시아 경제가 쓰러지는 걸 본 투자자들이 동북아시아도 위험한 게 아닐까 의심하며 우리 쪽 투자금도 빼기 시작했다는 게 두 번째입니다.

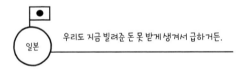

일본: 우리도 지금 빌려준 돈 못 받게 생겨서 급하거든.

한국: 무슨 얘기할지 아는데 한 번만 봐주라.

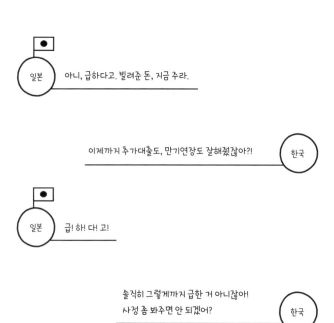

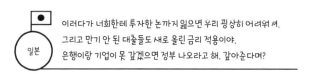

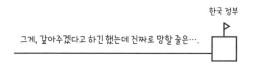

당황스러운 상황입니다. 사실 당시 한국 정부가 이 단기외

채들을 갚을 능력이 아주 없는 건 아니었습니다. 물론 한국의

경제구조는 지나치게 수출 대기업 위주로 기형적인 데다 부정부패도 심각한 편이었습니다. 그렇다고 마냥 썩고 있지만은 않았어요. 자체적으로 구조조정 중이었고, 무엇보다도 밖에서 돈을 못 벌어오지는 않았습니다. 평소처럼 몇 개 연장시키고, 몇 개는 망하게 놔두고, 몇 개 추가대출 받으면 내년에 번 돈으로 막고 내후년에 번 돈으로 또 막아서 얼마든지 넘길 수 있는 부분이었죠. 하지만 일본은 지금 당장 갚으라고 재촉을 했습니다.

야속하지만 빌린 쪽은 한국이었고, 일본이 억지를 부려서 돈을 뜯어가는 상황도 아니었습니다. 조금만 현명하게 미래를 대비했다면 갚을 수 있었을 거예요. 한국 정부는 '달러를 더 쌓아둘 걸 그랬다'며 통렬한 후회를 하지요.

결국 한국에 IMF 구제금융이 왔지요

결과론적인 이야기지만 개방하려면 준비할 수 있는 부분은 다 해두고 개방을 했어야 합니다. 정말로 능력이 부족했다면 어쩔 수 없습니다. 하지만 준비금은 더 쌓아놓으려면 쌓아놓을 수 있었는데 그냥 딱 그만큼만 쌓아놓았던 거예요.

원래 정부의 외환보유고에는 '단기외채', 즉 외국에서 빌려온 돈 중 빠르게 만기가 돌아오는 금액만큼은 갖고 있어야 합니다. 그래야 한 번에 갚으라고 했을 때 갚을 수 있으니까요. 하지만 1993년에 금융시장을 일부 열면서 빌려오는 건 쉽게 만들어놓고 빌려오는 만큼 쌓아둬야 하는 '외화준비금'은 1993년 이전과 똑같은 수준을 유지했던 겁니다.

우리나라에 중장기적 능력은 있지만 타이밍이 너무 늦어버렸습니다. 이걸 '유동성 위기'라고 해요. 돈을 못 버는 게 아니라 '돈이 지금 당장 못 돌아서' 생긴 위기죠. 돈을 못 갚은 기업은 바로바로 쓰러져 나갔습니다. 한국 기업의 주식을 구매했던 외국인 투자자들도 한국 주식을 마구 팔았습니다. 한국 주식을 팔아 한국 원화를 손에 쥔 투자자들은 원화를 달러로 바꿔달라고 아우성칩니다. 수익 낸 것을 달러로 바꿔서 본국인 미국으로 가져간다고요.

이러니 우리나라 달러 창고의 달러는 더 줄어들고 있었죠. 환전해줄 달러마저도 바닥난 상황, 국민들의 금을 팔아 달러로 바꿔도 모자랄 정도였어요. 거기다가 경제가 이 모양이니 원화의 가치도 엄청나게 떨어집니다. 1달러에 1,700원에서 1,800원을 오가는 상황이 됐죠. 빚이 유지만 돼도 갚기 힘든데 실질적으로 2~3배가 된 셈이에요.

결국 한국 정부는 IMF에 SOS를 칩니다. 그리고 IMF에 고금리 정책, 전면적 구조조정, 전면적 시장개방을 처방받습니다. 동남아시아도 IMF의 개입을 요청한 만큼 구조조정을 요구받았습니다. 하지만 우리만 충실하게 이행했고, 너무 모범생이어서 좀 잘못된 지시까지도 군말 없이 따른 부작용이 생겼답니다.

가혹한 구조조정과 체질개선

외국에서 빌려온 돈을, 달러가 모자라서 못 갚아 생긴 1997년의 외환위기는 사실 IMF의 구조조정 요청과 상관없이 1998년 겨울에 해소됐습니다. 1998년 겨울 즈음이 되자 빌려온 만큼의 달러가 생겼거든요. 또 환율이 올라 그만큼 수출품의 가격이 낮아졌고, 수출이 늘어났습니다. 하지만 고통스러운 구조조정은 이미 진행되고 있었습니다. 이 구조조정이 가혹했기 때문에 정부와 기업은 결심합니다.

한국 정부

다시는 외환위기 없다! 다시는 우리가 갖고 있는 달러가 모자란 일은 없을 것이다!

한국 기업

절대로 마구 투자하지 않겠어.
이득이 날 게 확실한 데에만 투자하겠어!

우리나라의 경제구조가 문제가 없는 상황은 아니었습니다. 자체적으로 몇 번의 구조조정을 시도하며 체질을 개선하고 있었죠. 하지만 경제체질과 상관없이 금융자유화의 일환으로 해외 단기외채 빌려오기가 쉬워지자 기업은 돈을 마구 빌려 와(특히 일본에서) 회사 덩치를 키웁니다. 혹시 물건이 안 팔려서 돈을 못 갚게 되거든 정부가 대신 갚아주겠단 약속을 했기 때문에 더 잘 빌려왔죠.

그러나 여기저기 지급보증을 남발하던 정부는 정작 돈을 쌓아놓고 있지 않았습니다. 돈이 없어서라기보단 이제까지 습관적으로 쌓아두던 만큼만 쌓아둔 거였죠. 그러다 미국이 금리를 올려버렸고 중남미에서부터 동남아시아까지 외환위기가 닥쳤습니다. 동남아시아에 투자했다 돈을 잃은 일본이 한국에 빌려준 돈을 회수하면서 원화 가치도 폭락합니다. 갑자기 큰돈을 갚아야 하는 상황이 된 한국 기업과 은행은 연쇄 부도가 납니다.

IMF는 급히 돈을 빌려주며 '배려 없는' 구조조정을 시작합니다. 구조조정이 시작되고 1년 후, 외환위기는 알아서 해소됩니다. 하지만 IMF 체제의 구조조정은 이미 진행되고 있었죠. 그게 너무 고통스러웠던 나머지 2021년인 지금도 경제위기 때마다 IMF의 기억이 소환된답니다. 2010년, IMF는 불필요한 구조조정을 무리하게 밀어붙인 것을 사과했습니다.[9]

한 나라의 금리 조정이 이런 나비효과를 낳고, 외환보유고와 환율 관리 한 번 잘못했다가 후유증이 수십 년을 가는 구조조정을 겪게 된 거예요. 한국뿐 아니라 모든 나라들이 기축통화국인 미국의 금리 변동 소식에 귀를 쫑긋 세우고 있는 이유랍니다. 미국 금리 변동에 맞춰 열심히 환율과 외환보유고 관리를 해야 하거든요. 국가적으로도 그렇지만 제법 큰 회사들도 회사채나 대출 등 굉장히 많은 영향을 받기 때문에 금리와 환율 뉴스는 정말로 중요합니다.

차라리 변동환율제였다면 역사는 달라졌을까?

제가 처음 환율 제도의 종류를 배웠을 때의 심정은 딱 이랬습니다.

"설명만 보면 고정환율제도가 훨씬 좋은데 왜 잘 살게 되면 변동환율제도로 바꾸는 거야? 전 세계적 고통 분담 같은 건가?"

그나마 자세히 설명해준 책에도, 설명은 "변동환율제의 장점은 자국 화폐가치를 곧바로 반영할 수 있다" 정도가 끝이었습니다. 한국의 IMF 구제금융을 포함해 1997년 아시아 금융 위기 같은 사례와 함께 공부하고 나서야 납득이 가더군요.

1990년대 초중반, 태국과 한국 등 동아시아는 무역을 할 때 준고정환율제인 페그제(달러연동제)를 택하고 있었습니다. 당시 동아시아 같은 신흥 수출국은 달러에 비해 자국 통화의 가치가 적정 수준으로 낮아야 했습니다. 환율이 낮으면 비록 수출품의 경쟁력은 줄지만, 외국에서 돈을 쉽게 빌리고 또 적절하게 외채 이자도 갚을 수 있었으니까요. 환율이 정부가 지정한 범위 내에서 움직여야만 경제가 돌아가는 구조였는데, 세계시장의 변화를 일개 국가가 이겨내지 못해 찾아온 것이 1997년 아시아 금융위기였습니다. 이럴 때 차라리 변동환율제였다면 어땠을까요?

달러연동 고정환율제는 '어딘가에' 환율을 고정해두고 있는 환율 제도입니다. 보통은 기축통화인 달러에 환율을 고정해두지요. 그렇다는 건 달러의 정책에 바로 영향을 많이 받는다는 것입니다. 즉, 미국의 금융과 통화정책이 한국의 수출과 수입, 금융정책까지 좌지우지합니다. 한 국가로서 자존심이 상하는 문제를 넘어서서 1990년대처럼 미국이 자국을 위해 예상 밖으로 큰 움직임을 보이면 도저히 예측하기 힘든 어려움이 닥칠 수밖에 없습니다.

1990년대 후반 우리나라는 그런 경우와는 또 다른 부작용이 있었습니다. 환율이 이상적으로 관리되고 있으니 국가를 어떻게 경영하고 있는지, 수출과 수입활동을 하는 회사의 경쟁력은 어떤지 진짜로 사고가 터지기 전에는 굳이 신경 쓸 계기가 없었다는 것입니다.

반면 변동환율제는 시장의 움직임이 한국 돈의 가치에 바로 반영됩니다. 국가도 회사도 언제나 환율의 움직임에 따라 대처해야 합니다. 그러면 상황이 조금 안 좋아졌을 때 바로 경영전략을 점검해보기도 하고, 시장의 상태에 따라 대비를 합니다. 하지만 고정환율제에서는 고정된 환율만 유지하면 별 문제가 없으니, 환율의 유지 자체에만 신경을 쓰고 실제 경영 상태가 어떤지는 제쳐두게 됩니다.

무역을 통해 수백 개의 국가가 유기적으로 연결된 현대의 시장경제는 마치 만성질환자처럼 섬세한 특성을 지니고 있습니다. 평소에는 무리 없이 일상생활을 하고 있지만 몸이 아주 연약해서 때마다 약을 먹어줘야 하고, 일상의 패턴이 무너지면 상태가 급속도로 나빠지며 조금이라도 이상 징후가 있으면 빨리 병원에 가서 제때 응급처치를 받아야 합니다. 변동환율제는 만성질환자가 매일 아침 하는 혈압 혈당 체크와도 같습니다. 쉼 없이 변동하는 환율을 통해 시장의 민감한 변화를 감지하는 것이죠.

하지만 고정환율제 하에서는 쓰러진 다음에야 병원에 가서 내게 정확히 무슨 병이 있는지 통보받는 것과 같습니다. 1997년 당시 태국도, 1998년 IMF 체제에 들어간 한국도 부실한 회사들이 잔뜩 쌓여 있었는데도 환율 덕을 입어 계속 수출이 잘 되는 바람에 거품이 낀 상태로 경제를 굴릴 수 있었던 것입니다.

그런데 세상에는 언제나 예외적인 경우가 있습니다. 달러 연동제를 유지하면서도 미국만큼 힘이 세진 중국입니다. 중국 이야기는 기축통화국 이야기를 마친 후에 자세히 해볼게요.

전쟁으로 돈을 번 미국, '기축통화국'이 되다

미국은 우리 모두가 아는 세계에서 가장 힘센 나라입니다. 미국은 대체 언제부터, 아니 어쩌다가 세계 초강대국이 됐을까요? 그 배경을 설명하려면 100년 전인 20세기 초까지 거슬러 올라가야 합니다.

미국의 시간은 제1차 세계대전부터

1914년 발발한 제1차 세계대전은 사실 유럽 전쟁에 가까웠습니다. 아시아 중에서는 일본만 참전했어요. 이 전쟁을 통해 미국과 일본이 세계적인 대국으로 거듭나게 됩니다. 미국은 유럽에 군수물자를 엄청나게 판 데다 유럽 정부에 전쟁 자금을 빌려줘서 많은 돈을 벌었고, 일본은 영국과 맺은 군사동맹으로 자동 참전하면서 제1차 세계대전 이후 전쟁 승리국가의 일원으로 세계 무대에서 당당하게 자존심을 세우기 시작했습니다. 여기서 우리가 주요하게 볼 부분은 미국이 유럽에 돈을 빌려줬다는 내용입니다.

전쟁 전, 미국은 사실 세계 최대의 채무국이었습니다. 그런데 전쟁 후인 1918년, 세계 최고의 채권국이 됩니다. 다들 미국에 갚을 돈만 있는 세계로 바뀌어버린 것이죠.

전쟁 전에 미국의 분위기는 영 침울한 상태였습니다. 미국은 당시 영국과 유럽에 농산물과 면화를 수출해 먹고사는 나라였거든요. 그런데 이들 국가가 미국 물건은 안 사주고 자기네들끼리 치고 박고 싸우느라 정신이 없어진 거죠. 미국은 중립국이었기 때문에 세계 최강이던 영국 해군은 혹시 미국에서 독일로 물자가 넘어갈까봐 미국 해안을 봉쇄하기도 했습니다. 이대로라면 무역이 막힌 미국 경제는 그대로 침몰할 판이었습니다.

미국, 채무국에서 채권국으로 바뀌다

그런데 전쟁이 길어지자 유럽에서 물자가 모자라기 시작했습니다. 다들 전쟁하러 나가 있으니 밭 갈고 공장에서 일할 사람이 없었던 거죠. 그래서 영국은 미국에게 총 30억 달러어치의 무기와 기타 생활용품 등을 구입하게 됩니다. 1916년 미국 연방정부의 총 세입이 83억 달러였는데, 3분의 1에 가까운 추가 수입이 생긴 셈이었어요.

전쟁 무기는 첨단기술의 복합체입니다. 자꾸 무기를 사가고 돈을 주면서 더 성능 좋은 무기를 내놓으라고 하니 미국은 연구 개발에 힘쓸 수밖에 없었습니다. 고만고만했던 미국의 기술기업들이 단숨에 세계적인 대기업으로 떠오르게 된 계기가 바로 이때였죠. 물건을 수입하면 당연히 대금을 줘야 합니다. 그런데 영국과 유럽 국가들은 돈이 다 떨어져 가는 중이었어요.

그렇다고 돈을 마구 찍어내자니 엄청난 인플레이션이 발생할 게 뻔한 상황, 고민하던 유럽은 '전쟁채권'을 발행하기 시작합니다.

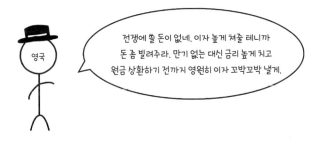

영국

전쟁에 쓸 돈이 없네. 이자 높게 쳐줄 테니까 돈 좀 빌려주라. 만기 없는 대신 금리 높게 치고 원금 상환하기 전까지 영원히 이자 꼬박꼬박 낼게.

돈을 빌려줬다는 증서, 바로 채권입니다. 이 전쟁채권을 사들인 나라가 미국입니다. 영국이 이때 발행한 채권을 언제 다 갚았을까요? 바로 2015년입니다.[10] 세계적으로 저금리 기조에 들어가자 다른 데서 더 낮은 금리로 돈을 빌려서 채권 원금을 다 상환했습니다. 일상용어로는 '대출 갈아타기'라고도 하죠.

영국이 전쟁에 패하거나 망하면 못 받는 돈일 텐데 미국은 뭘 믿고 채권을 샀을까요? 당시 영국은 지금의 미국처럼 전 세계를 호령하는 국가였습니다. 이때의 기축통화는 영국의 파운드였고, 19세기 말 세계 무역의 60%는 파운드로 결제되던, 대영제국의 시대였지요. 그런 영국이 쉽게 망하지는 않으리라고 생각한 미국이 도박을 건 겁니다.

그렇게 전쟁이 끝난 후 기축통화국 영국과 수없이 거래한 미국의 달러가 전 세계에 퍼졌습니다. 하도 거래하다 보니 영국에서도 파운드가 아닌 달러로 거래가 가능할 정도였습니다. 게다가 전쟁으로 초토화된 유럽과 달리 미국은 본토도 멀쩡했고 생산능력은 비약적으로 발전한 상황이었습니다. 다들 전후 복구를 위해 미국의 물자를 사들이기 시작했습니다. 당연히 미국과 거래하는 데 파운드보다는 달러가 훨씬 편했겠지요.

만약 영국이 이전과 같은 대영제국이라면 '아무리 편해도

다른 나라: 파운드화 없는데… 꼭 파운드로 결제해야 하나? 환전해올게.

미국: 아냐, 그냥 달러로 해. 나랑 거래하는 건데 편하게 달러로 하자.

다른 나라: 그래, 요샌 달러가 많이 돌아다녀서 달러는 환전 안 해도 갖고 있어. 근데 영국이 뭐라고 안 할까?

미국: 야, 괜찮아. 영국이 뭐라고 하면 내가 한마디 할게. 내가 영국 채권을 다 갖다 팔면 어떻게 되는지 알아?

다른 나라: 어떻게 되는데?

미국: 채권 가격이 폭락하는 거지. 사람들이 그렇게 생각할 거 아냐. '어, 영국 국채 저거 별로니까 내다 파는 거 아닐까? 영국이 이자 낼 돈 없어서 파산하는 거 아닐까?' 하고 말이야.

다른 나라: 그렇게 이미지 구기고 끝나는 거야?

미국: 이미지를 구긴다니… 훨씬 더하지. 그러고 나면 아무도 영국 채권 안 살 텐데 그럼 영국은 뭐로 자금 조달하겠냐?

그렇지 너희가 감히 파운드를 놔두고 달러로 거래를 해?!'라고 호통을 칠 수도 있었겠습니다만 상황이 달라졌지요. 채무자(영국)가 채권자(미국) 눈치를 보는 건 어쩔 수 없습니다. 이런 식으로 1930년대가 되자 파운드의 자리는 자연스레 달러가 차지하게 됩니다. 아직 명시적으로 미국이 제일 잘 살고, 미국이 세계경제의 중심이라고 당당하게 얘기하고 있지는 않았지만 말이에요.

'지폐＝금 교환권' 시절

과거에는 사람들이 금과 은을 화폐로 사용했다는 이야기를 앞에서 했었죠? 그런데 금화와 은화는 위조하기도 쉽고 그 자체가 자산이라서 사람들이 녹여서 갖기도 하는 등 관리가 너무 어려웠습니다. 운반할 때 무게도 꽤 나가죠. 그래서 점점 '증서'의 역할을 할 수 있는 지폐 체계가 보편화되기 시작합니다. 단, 언제든지 정부가 관리하는 은행에 가져오면 그만큼의 금으로 바꿔주겠다, 이건 금 교환권이다, 라는 단서를 붙여서요.

지폐가 금 교환권이던 체제를 '금태환제도'라고 합니다. 1900년대 초반 영국은 1파운드당 금 7그램을 바꿔주겠다고 했었어요. 실제로 지폐를 갖고 은행으로 달려와서 금으로 바꿔 달라고 한 사람은 그렇게 많지 않았던 것 같지만요.

신뢰가 한 번 형성돼서 작동하기 시작하면 약속만으로도 시스템이 돌아갑니다. 처음에는 사람들이 진짜 이 종잇조각을 금으로 바꿔줄지 전전긍긍했지만 나중에는 그런 생각조차 안 하고 돈은 돈이라고 여겼죠. 이게 '금본위제도'입니다. 나름대로 잘 돌아가고 있었어요. 1914년에 전쟁이 나기 전까지는 말이죠.

전쟁이 터졌고, 돈이 엄청나게 많이 들었고, 영국은 채권을 왕창 발행하면서 파운드화도 무진장 찍어냅니다. 다른 유럽 국가들도 마찬가지였습니다. 사람들은 그제야 '돈을 이렇게 많이 찍어내다니… 이거 바꿔줄 금이 충분할까?' 하며 불안해하기 시작합니다. 따져보지는 않았지만 아마 불충분했겠죠. 전쟁 중 영국은 금본위제를 일시적으로 그만뒀으니까요.

'지폐=금 교환권'의 공식은 한 번 신뢰를 잃었습니다. 게다가 당시 전 세계에서 유통되던 금의 4분의 3은 미국에 있었습니다. 미국이 물건을 팔고 받은 대금을 열심히 금으로 바꿔서 가져갔거든요.

전쟁이 끝난 후 다들 금본위제로 복귀하기는 했지만 상황이 만만찮았습니다. 금이 무한정 채굴되는 금속은 아니니까요. 전쟁 기간 전에 찍어낸 돈이 100원짜리 10개고, 100원당 금 1그램을 교환해주겠다는 공식이 있었다고 칩시다. 그럼 돈은 1,000원어치, 금은 모두 10그램이 있었던 겁니다. 그런데 전쟁을 하느라 금본위제를 그만두고 돈을 마구 찍어낸 결과 영국에는 100원짜리 100개가 생겼습니다. 금은 여전히 10그램밖에 없는데 말이죠. 이전에는 100원당 금 1그램이었는데 이제는 100원당 금 0.1그램이 된 거죠.

물건이 아무리 많아도 살 사람이 있어야 돈이 돌지

영국도 이 상황이 끔찍했을 겁니다. 하지만 어쩔 수 없습니다. 1910년대 기축통화가 파운드였으니까요. 기축통화는 결제 대금의 기준이 되는 통화입니다. 이 기축통화에 맞춰서 다른 나라들이 자국 통화를 환전하는데, 국제 환율이 제대로 돌아가려면 이전처럼 파운드화가 100원당 1그램으로 돌아와야 예전처럼 기준 노릇을 할 것 아니겠어요? 잴 때마다 값이 달라지면 그게 어떻게 기준이 되겠어요?

결국 영국은 돈을 더 이상 찍어내지 않는 방법으로 어떻게든 억지로 100원당 1그램으로 맞추려고 했습니다. 돈이 돌면서 경제가 커지고, 커진 경제의 크기만큼 돈을 찍어내는 게 현대 경제인데 이 타이밍에 돈을 더는 발행하지 않겠다고 한 거예요. 결국 경제가 크지 못하게 되었습니다. 바로 디플레이션이죠. 영국은 이 시기 만성적인 디플레이션에 시달렸습니다. 그러고는 미국에게 부탁합니다.

돈이고 금이고 다 미국 너한테 흘러 들어가잖아.
금리 좀 낮춰 주라. 같이 잘 살아야지.

금리만 낮춘다고 우리나라로 몰려오는 투자금이 유럽으로 갈까?

우리보다 너희 금리가 낮으면 사람들이 우리 국채 사겠지. 우리가 돈 더 줄 테니까.

그렇게 미국이 금리를 낮췄는데, 어라? 투자금은 영국으로 가는 게 아니라 오히려 미국의 증시로 흘러 들어갑니다. 낮은 금리로 돈을 빌려서 쑥쑥 크고 있는 미국 회사의 주식을 산 것이지요. 돈은 돈이 더 많은 새끼를 낳을 수 있을 것 같은 곳으로 귀신같이 몰려다닙니다. 전쟁 이후 쑥 커버린 회사를 잔뜩 데리고 있는 미국 증시가 어마어마한 호황을 맞습니다. 경제가 더 커집니다. 거품이 너무 낀다 싶었는지 미국이 금리를 더 낮춥니다. 그게 1929년이에요.

그런데 예상했던 것보다 거품이 너무 빨리 꺼져버렸습니다. 그 유명한 세계경제 대공황이죠. 대공황이 정확히 무슨 이유로 왔는지는 아직도 의견이 분분합니다. 분명한 건 금리 인하 직후에 왔다는 것, 그리고 대공황을 벗어나는 데 금본위제가 방해가 됐다는 것입니다.

전쟁 때는 물건을 엄청나게 찍어내요. 그리고 그 모든 물자를 문자 그대로 활활 태워버립니다. 이를테면 해군용 미사일인 하푼미사일은 포탄 하나에 10억 원입니다. 그런데 전쟁에서 미사일 10발만 쏘고 끝나진 않잖아요? 몇 조나 되는 돈이 며칠 만에 그대로 폭발하는 거죠. 게다가 그런 포탄들이 이미 있는 도로와 집을 부수고, 창고에 쌓인 옷과 식량을 불태워버립니다.

그러다가 전쟁이 끝났습니다. 더 이상 물건들이 허공에서 불타지는 않게 됐죠. 그렇다고 전쟁이 끝나자마자 모든 공장이 일시에 멈추는 건 아닙니다. 종전과 상관없이 계약한 물량은 다 찍어내야 하니까요. 설비를 엄청나게 늘려놨는데 기계를 놀릴 수 없으니 그냥 돌아가게 놔두기도 하고요. 슬슬 물건이 남아돌기 시작합니다.

전쟁에 나간 사람들이 죽은 만큼 어떤 부분에서의 수요는 줄어들었는데 공급은 엄청나게 늘어난 거예요. 유럽은 전쟁으로 붕괴된 인프라를 복구하느라 사용할 수요라도 있었지만 미국은 파괴된 곳도 없었는데 말이죠.

　그럼 어떻게 해야 할까요? 이 많은 물건을 사람들이 돈 주고 사갈 수 있게 하면 물건도 팔리고 사람들도 전쟁 직후 피폐해진 일상을 재건하는 데 도움이 되겠죠. 그러려면 국가가 얼른 사람들에게 쓸 돈을 찍어 나눠줘야 하지 않겠어요?

　지금은 당연한 상식이지만, 그때만 해도 경제학자 케인즈가 '물건을 찍어냈으면 사람들이 사게 만들어야 경제가 돌아갈 것 아니냐!'라고 호통을 치기 전에는 깨닫지 못하던 사실이었답니다. 이게 바로 경제학 교과서에 등장하는 '유효수요론'이에요.

금본위제의 포기와 환율 전쟁의 시작

　유효수요론이 상식이 된 지금 같으면 당시 상황이 큰 문제가 아닙니다. 국가가 남은 물건은 일시적으로 사주든가, 아니면 전쟁에 나갔다가 돌아온 사람들을 공공일자리니 뭐니 얼른 고용해서 월급을 주면 아무 소비라도 하니까요.

　2020년 코로나19 시국에 우리나라는 물론 외국도 얼른 정부지원금을 뿌려서 돈을 쓰게 만들었잖아요. 사람들이 소비를 안 해서 유효수요 부재로 경제가 시들어가니까 말이에요. 사람들은 돈 쓰는 걸 좋아하기 때문에 공돈이 생기면 매우 즐

겹게 사용합니다. 그러면서 천천히 수요와 공급을 조절하고, 사람들에게 진짜로 필요한 물건을 더 만들고 덜 필요한 물건은 줄여 가면 되는 거죠.

그런데 이게 왜 그렇게 어려웠냐고 하면 당시는 금본위제로 경제가 돌아가고 있었기 때문입니다. 국가가 공장에서 만든 물건 중 남는 물량을 '돈'을 주고 사고, 회사 사장이 '돈'으로 사람들 월급을 주고, 사람들은 '돈'으로 물건을 사고···. 이렇게 되면 돈이 필요한 만큼 얼른 '발행'을 해야 하잖아요. 그런데 금본위제는 금과 통화량의 비중을 맞춰야 하니 필요한 만큼 빠르게 찍어낼 수가 없는 것이죠.

금본위제 아래에서는 심지어 금이 안 들어오면 달러 발행을 못합니다. 금이 외국으로 나가면 그만큼 돈을 없애야지요. 각국의 돈이 모두 금 교환권이니까 돈이 우리나라로 들어오면 금이 생기는 것이고, 돈이 나가면 금까지 같이 나가는 겁니다. 그래서 금리를 올릴 수밖에 없습니다. 금리가 높아야 사람들이 우리나라에 저축을 할 게 아니겠어요?

하지만 이자가 세니까 대출을 함부로 받을 수가 없습니다. 대출 손님이 줄어들죠. 이자 장사를 못하게 된 은행들은 줄줄이 문을 닫기 시작합니다. 게다가 채권 가격은 하락하니까 정부가 돈을 가져올 데가 없죠. 금리가 좋은데 굳이 왜 채권이나 주식을 사겠어요. 돈을 잃을 위험이 없고 이자 수익도 쏠쏠한 저축을 하겠죠.

이런 말도 안 되는 상황이 이어지던 1933년, 미국이 제일 먼저 금본위제를 포기합니다. 그러고는 국채를 담보로 돈을 마구 찍어서 풀어버립니다. 이게 미국의 32번째 대통령인 프랭클린 루스벨트의 그 유명한 뉴딜(New Deal) 정책이에요. 루스벨트는 금이고 뭐고 달러를 마구 발행하면서 국내 민간인이 갖고 있던 금을 모조리 국가 소유로 사들입니다. 금은 외국과 거래할 때만 사용하기로 했어요. 특히 유럽은 아직 금본위제니까요.

이런 결정에 유럽은 뒤집어졌습니다. 실질적으로 무역 거래에서 사용되는 돈이 달러인데, 달러하고 자국의 돈 기준이 전혀 안 맞게 된 거예요. 환율을 대체 어떻게 계산해야 할까요?

이게 아니더라도 국제환율은 이미 난리가 났습니다. 다들 전쟁 끝난 뒤라 폐허잖아요. 어떻게 해서든 다른 나라에 수출을 많이 해서 자국으로 돈을 가져와야 하는 상황이거든요 (그 돈이 다 금이기도 하고). 그래서 경쟁적으로 기축통화인 파운드에 비해 자국 통화의 값어치를 낮추게 됩니다. 바로 환율 전쟁이 시작된 것이지요.

경제가 파탄 나면 어떻게든 싸움이 나게 되어 있는지라 전쟁이 또 터집니다. 이 두 번째 전쟁이 바로 1939년 발발한 제2차 세계대전입니다. 이때도 미국은 일본이 진주만 공습을 하기 전까지는 중립국이었습니다. 제1차 세계대전 때처럼 미국은 채권을 사고 물건을 팔아 부유한 강대국으로 자리를 잡았습니다. 전 세계 제조업 생산량의 절반을 미국에서 만들어냈지요. 이때는 어디 가서 물건을 사면 거의 다 '메이드 인 USA'라고 적혀 있었습니다.

전쟁이 끝난 후인 1944년, 세계 각국이 미국의 브레턴우즈에 모여서 달러를 기축통화로 삼고 달러를 환율의 기준으로 삼습니다. 이게 그 유명한 브레턴우즈 체제입니다. 금이 아니라 국채를 담보로 공식 국제 결제수단인 달러를 발행하되, 아직 금본위제를 사용하는 다른 나라를 위해 금 1온스(28그램 정도)에 35달러로 하고 IMF 회원국은 환율을 고정한다는 내용을 결정하죠. 예를 들어, 프랑스가 금 1온스에 50프랑이었다면 35달러는 50프랑과 교환되는 셈입니다.

국제통화기금 IMF도 이때 탄생했어요. IMF 협정서 제4조 제1항을 보면 회원국의 통화를 금 아니면 달러로 변환해 표시하도록 정해져 있습니다. 그렇게 전 세계의 부유함은 달러로 평가받게 됐습니다. 달러로 바꿔 표시할 때는 당연히 환율을 적용하니까, 달러에 비해 우리나라 환율이 어떤지가 남들이 볼 때 우리나라가 얼마나 잘 사는지를 뜻하게 되는 것이죠.

IMF는 살아남았고 브레턴우즈 체제는 1971년에 무너졌습니다. 무너진 이유는 역사의 반복이었어요. 어쨌든 경제 규모는 계속 커지는데 금은 한정돼 있고 각국은 국내 사정에 따라서 시장에 돈을 풀 수 있어야 했으니까요.

오늘날 금은 더 이상 그 어떤 통화와도 연결되어 있지 않습니다. 달러의 기축통화 지위는 여전하지만, 1971년 이전에 비하면 약한 편입니다. 유럽에서는 유로화도 달러만큼 중요하고 아시아에서는 일본의 엔화도 나름대로의 무게감이 있는 통화입니다. 각자 지역에서 어깨 펴고 살 수 있는 통화들이 생겨난 셈이에요. 그래도 지역과 지역을 넘어 통하는 달러만큼은 못하지만요.

각자 자유도가 생긴 대신에 환율의 안정성은 이전보다 떨어졌습니다. 매분 매초 각국 환율이 변동하고 이 환율 변동 때문에 경제의 약한 고리 어딘가가 끊어질 위험이 생겨납니다.

환율 제도, 정말 복잡한 역사를 거쳐 만들어졌죠? 시장 자체는 인류 역사와 함께 태어났지만 시장제도들은 인류의 발명품이랍니다. 자연의 법칙과 달리 사람이 만들어낸 것들은 절대적인 법칙으로 움직이지 않습니다. 언제나 그때그때 고

쳐가며 써야 합니다.

기축통화국이 누리는 이득, '세뇨리지 효과'

거시경제를 공부하다 보면 '세뇨리지 효과(seigniorage effect)'
라는 말을 들을 수 있습니다.

세뇨리지 효과＝화폐의 교환가치－발행비용

10원어치 금속을 사서 500원짜리 동전을 찍어냈다면 500
원이라는 가치에서 발행비용인 10원만큼을 제하고 490원의
발행이익을 누린다는 것이죠. 이 발행이익이 바로 세뇨리지
효과입니다. 돈이 돌면 경제규모가 커집니다. 경제규모가 커
지면 커진 규모만큼을 감당해야 할 추가 화폐가 필요합니다.
그래서 중앙은행은 화폐를 발행하지요. 이때 화폐를 발행한
만큼 추가적인 부가가치가 생겨납니다. 그게 바로 세뇨리지
효과라는 것입니다.

커진 경제규모를 돌리려고 10원 지출해서 500원 찍어냈으
니 490원만큼의 돈이 시장에 더해진 거니까요. 실물가치로
따지자면 10원짜리지만 사람들이 500원은 500원만큼의 가
치가 있다고 믿으니까 실질적으로 490원만큼의 신용이 시장

을 돌고 있게 됐다는 뜻이에요.

그런데 기축통화국에게 이 세뇨리지 효과가 무한정하다는 건 또 다른 이야기입니다. 아무리 찍어내면 돈이, 그러니까 부가가치가 마법처럼 생겨난다고 해도 보통의 국가들은 화폐를 무한정 발행할 수 없습니다. 그랬다간 어마어마한 인플레이션이 닥칠 테니까요. 하지만 미국 같은 기축통화국은 이 문제에 있어서 조금 더 자유롭습니다. 한국 돈은 한국에서만 돌면서 인플레이션이 일어나는데 미국 돈은 세계를 돌면서 인플레이션을 일으키죠. 노는 물의 크기가 다른 겁니다.

시장에 치약이 2개고 여기에 쓸 돈이 100원이라고 가정해봅시다. 그러면 우리는 그 치약이 50원짜리라고 이야기합니다. 이때 은행이 100원을 더 찍어내면 시장에 있는 돈의 총량은 200원이 되어서 치약 1개당 가격이 50원씩 더해집니다. 그럼 치약 1개의 가격은 100원으로 변하겠죠. 2배가 되다니 어마어마한 인플레이션입니다.

그런데 세계 시장은 다릅니다. 시장에 치약이 몇 개 있는지 모를 만큼 많습니다. 이 시장에서 100원을 더 찍어냅니다. 그러면 돈은 어떻게 분배될까요? 100원이 어떻게 쪼개져서 어떻게 셀 수 없는 치약에 더해지는지는 아무도 계산하지 못합니다. 그 정도로는 치약 가격이 변하지 않을 거예요. 달러의 시장은 치약 2개짜리 시장, 치약 50개짜리 시장이 아니라 무한 개의 치약이 있는 시장입니다.

이렇듯 전 세계에서 달러를 사용하고 있기 때문에 달러는 마음껏 찍어도 심각한 인플레이션이 오지 않습니다(심각한 인플레이션이 오지 않는다는 이야기는 인플레이션이 아예 오지 않는다는 소리가 아니라 와봤자 큰 영향이 없거나, 다른 국가에 비해 임계점이 높다는 얘기입니다).

이건 정말 굉장한 이득입니다. 경기가 가라앉으면 각국은 경기를 띄우기 위해 금리를 낮추고 화폐발행량을 늘려서 시장에 돈을 풉니다. 돈이 돌아서 경제규모가 커졌으면 하는 바람 때문이죠. 그런데 지나친 인플레이션이 올까 봐 일정 정도 이상은 못 합니다. 하지만 미국은 적은 부담으로 돈을 풀 수 있습니다. 다시 말해 강력한 세뇨리지 효과를 누릴 수 있다는 뜻이죠. 바로 이것을 '양적완화'라고 합니다.

기축통화의 이득은 세뇨리지 효과만으로 끝나지 않습니다. 달러가 풀린 만큼 경기부양이 돼서 전 세계의 경제규모가 커지면 달러 시장도 커집니다. 늘어난 거래만큼 달러 결제 횟수도 늘어나고, 횟수가 늘어나는 만큼 사람들은 달러를 필요로 하죠. 그러면 그만큼 달러를 더 찍어낼 수 있습니다. 게다가 그렇게 미국 경제가 살아나면 사람들은 안전자산으로 더욱 강해진 미국 경제의 돈, 달러를 더 갖고 싶어 합니다.

또 성장하고 있는 미국 경제에 투자하고 싶기 때문에 미국에 돈을 투자합니다. 지금과 같은 신용화폐 시스템 시대에서 기축통화란 닫히지 않는 성장판 같은 거예요. BIS(국제결제은행)에 따르면 아직도 세계 무역의 88%는 달러로 결제되고 있다고 합니다.[11]

그러니 다른 나라들이 얼마나 기축통화국의 지위를 갖고 싶겠어요. 한 번 올라가면 내려올 일이 없는 금융의 왕좌인 걸요. 그 왕좌를 차지하고 싶은 국가가 등장하기 시작합니다. 네, 우리가 잘 아는 그 중국입니다.

미국과 중국의
기축통화를 둘러싼 왕좌의 게임

언제부터인가 G2라는 단어가 등장하면서 중국이 미국과 맞먹는 세계 제2의 강대국으로 떠올랐습니다. 지금은 모두가 그러려니 하고 있지만 분명히 2000년대 초반만 하더라도 뉴스에 중국 이야기는 별로 없었습니다.

한국에서 중국 관련된 뉴스가 나온다고 하면 가짜 계란이나 중국인 불법체류, 서해에서 맞닥뜨리는 중국 어선의 불법 조업이 대부분이었지요. 좋은 이야기가 나온다 치면 당시 막 태동하고 있던 한국의 엔터테인먼트 산업이 중국 시장에서 괜찮은 반응을 얻고 있다 정도의 수준이었습니다.

그런데 어느 순간 중국 경제가 미국과 전쟁을 벌일 정도가 됐다고 합니다. 2008년부터 미중 간의 대립이 심해지면서 세계 모든 나라들은 두 나라 눈치를 보기 시작했습니다.

한국도 어느새 중국 경제의 영향을 크게 받고 있습니다. 중국이 한국과 수출입 거래를 해주지 않으면 곤란한 산업이 한두 개가 아닙니다. 2016년 중국 정부가 한국 제품의 소비를 금지하는 한한령(限韓令)을 내린 이후 중국 관광객으로 넘쳐나던 명동 거리가 얼마나 썰렁해졌는지, 한국 게임과 한국 드라마, 한국 화장품 수출이 얼마나 줄었는지 수많은 보도가 쏟아졌습니다. 샤오미, 화웨이, 틱톡⋯. 미국이 직접 견제하는 중국의 세계적 기업 이름들이 일반인에게도 이제는 익숙해졌습니다. 중국이 올해 어느 정도나 경제성장을 이뤄낼 것인지 매년 경제뉴스들이 주목하고 있고요.

언제부터였을까요? 그리고 왜일까요? 무슨 일이 있었기에 2020년 미국 대선에서 미국 대통령이 앞으로 중국과의 관계를 어떻게 풀어나갈지 질문을 받게 된 걸까요?

중국 경제의 시작을 살펴보자

금리와 환율만으로도 세계사를 짚어볼 수 있습니다. 1990년대가 아시아 신흥국의 시대였다면 최근 10여 년은 중국의 시대였습니다. 앞으로 한국 경제가 어떻게 될 것인지 예측해보려면 미국이 어떤 방식으로 지금의 세계 금융 질서를 손에 넣었는지, 또 미국에서부터 시작된 2008년 금융위기가 어떻게 진행됐는지, 중국의 기축통화 지위에 대한 열망이 어느 정도인지, 그리고 미중 무역 전쟁이 세계경제에 얼마나 치명적인지 알아야 합니다. 한국은 정치적으로, 지리적으로, 경제적으로 미국과 중국 사이에 단단히 끼어 있거든요. 거의 모든 면에서 미국과 중국 사이 어딘가가 지금 우리가 살아가고 있는 세상입니다.

미국이 세계의 패권을 거머쥐려던 제1차 세계대전 당시, 중국은 청나라 시대였습니다. 제2차 세계대전 당시에는 식민지까지는 아니어도 일본이 점령한 상태였지요. 일본이 물러가고 난 다음 중국공산당과 중국국민당이 싸웠고, 중국공산당은 1949년 지금의 중화인민공화국을 세웁니다.

1920년대부터 1991년까지, 100년 가까이 세계는 '냉전체제'를 유지했습니다. 잘 알다시피 냉전은 자본주의-민주주의 체제의 미국을 중심으로 뭉친 세계와 공산주의-사회주의 체제의 소비에트연방을 중심으로 뭉친 세계의 이념 대결이었습니다.

제1~3세계의 출현

1920년대부터 1980년대까지 제1세계(미국 중심 세계)와 제2세계(소련 중심 세계)가 서로 '누가 더 잘사나, 어떤 체제가 더 사람들을 잘살게 만드나' 하는 대결을 합니다. 제1세계는 미국을 중심으로 해 달러를 기축통화로 삼고 자기들끼리만 무역을 했습니다. 제2세계는 러시아를 중심으로 소비에트연방이라는 연방 체제를 만들어 자기들끼리 무역을 했지요. 그리고 우리가 이미 아는 것처럼 제1세계가 승리했고, 1991년 소련은 해체됐습니다.

그럼 제3세계, 즉 미국도, 소련도 다 싫어서 따로 놀았던 아시아, 아프리카의 여러 국가들은 어떻게 됐을까요? 한국은 제1세계였을까요, 제3세계였을까요? 그리고 중국은요?

한국은 달러를 기축통화로 하는 미국의 자유무역동맹에 가입되어 있었기에 제1세계라고 봐야 합니다. 중국은 공산권 국가여서 제2세계로 분류되기도 하고, 실질적으로 소련 동유럽과 동질성이 없어서 제3세계로 분류되기도 합니다. 이 이야기를 왜 하느냐 하면 1991년 소련 해체 이후 제2세계와 제3세

냉전 당시 세계의 금융 질서[12]

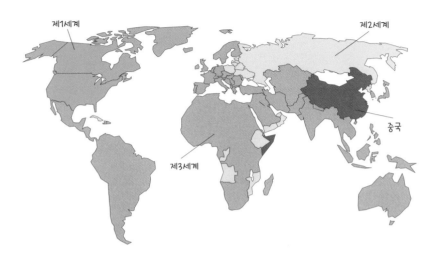

제1세계

제2세계

중국

제3세계

계의 금융질서가 붕 떠버렸기 때문이에요. 그동안 나름대로 경제 질서를 구축했던 소련이 사라졌기 때문에 남은 제2세계 국가들도, 제1세계와 제2세계 사이를 오가며 눈치껏 각자 놀던 제3세계 국가들도 달러로 국제 거래를 할 수밖에 없게 됐습니다. 다시 말해 미국이 주도하는 자유무역 질서에 고개를 숙이고 들어와야 했던 것입니다.

중국의 운명도 비슷했습니다. 결론적으로 중국은 부유한 제1세계 국가들과 자유롭게 거래하기를 원했습니다. 1986년에는 GATT(관세 및 무역에 관한 일반 협정)에 복귀하고자 했고, 이후에는 WTO(세계무역기구)에 가입하고 싶어 했습니다. 소련과 제2세계가 있을 땐 미국의 반대로 제2세계와 제3세계 사이를 어슬렁거릴 수밖에 없었는데, 소련이 해체되자 미국이 방향을 바꿉니다. 2001년 중국이 WTO에 가입할 수 있게 도와줬거든요. 미국이 도와주는데 나서서 중국을 막을 나라는 없었습니다.

국제기구 가입이 중국에게 갖는 의미

아까 제1~3세계 이야기를 했습니다. 제1세계가 자기들끼리 달러를 기축통화로 삼아 자유무역을 했다는 이야기 기억하시죠? 제1세계를 구성하는 국가끼리는 경제 교류만 한 게아니라 문화 교류나 정치 교류도 했기 때문에 경제 관련해서만 따로 구체적인 팀을 짠 것이 바로 WTO입니다.

앞서 무역이 국가들에게 큰 도움을 준다고 이야기를 했습니다. 이때 관세가 높으면 무역이 그만큼 어려워지죠. WTO는 국가들이 관세를 서로 낮추면서 보다 활발하게 무역을 하기 위한 것을 목적으로 합니다. 하지만 동시에 제1세계 입장에서는 WTO에 속한 국가들한테 인센티브를 주고 바깥에 있는 나라들 빼놓고 잘 살아서 남들이 제1세계를 부러워하게만들 필요가 있었습니다. 그래서 WTO에 가입한 나라들끼리는 수출입 거래를 할 때 관세도 많이 낮추고, 사람들이 비교적 자유롭게 오가면서 서로의 나라에 취업할 수도 있게 해줬지요. 반면 총을 든 전면전은 하지 않았지만, 언제 싸우게 될지 모르는 제2세계 국가와는 거래 자체를 하기 매우 어려웠습니다.

아무튼 1991년 소련 해체 이후 갈 곳이 없어진 중국은 아직 힘이 셌던 WTO에 들어오고 싶었습니다. 이제부터는 다른 나라들, 특히 잘사는 옛 제1세계 국가들과 동등한 조건으로 무역을 해야 국력이 크겠다 싶었던 거예요. 계속 WTO 바깥에서 놀다간 남들보다 더 비싼 세금을 내고 수출입 거래를 해야만 하는데 1990년대의 중국은 기술이 많이 부족했습니다. 품질이 떨어지는 물건을 저렴한 가격으로 밀어붙여 승부를 내야 살아남을 수 있는데 WTO에 들어가지 못하면 관세가 붙어서 저품질 고가격 물건으로 국제시장에 도전해야 합니다. 그런 상태의 중국 물건은 당연히 안 팔리겠지요.

그 유명한 덩샤오핑의 '흑묘백묘론'이 이때 등장합니다. 고양이가 쥐만 잘 잡으면 됐지, 털색이 희고 검은 것이 무슨 상관이냐는 논리예요. 다시 말해 경제를 살릴 수 있다면 공산주의의 계획경제든 자본주의의 시장경제든 먹히는 시스템을 도입하자는 뜻이었죠. 이 지시에 따라 선전 등 해안 도시에 외국 자본과 외국 시장에 경제를 개방한 개혁 특구를 지정한 것이 큰 성공을 거뒀습니다. 이런 중국의 노력 끝에 미국이 중국을 도와주기로 합니다. 왜 그랬을까요? 여러 가지 정치적인 명분과 함께 경제적인 이유도 아주 컸습니다. 세계에는 '새로운 시장'이 필요했거든요.

중국은 공식적인 인구만 12억 명인 거대한 시장입니다. 비공식적으로는 그보다 훨씬 많다고 하죠. 시장경제에는 결국 수요 역할을 담당할 '소비자'가 필요합니다. 중국은 엄청나게 커다란 잠재력을 가진 소비시장이었어요. 아무리 저임금일지라도 지속적으로 돈을 벌다 보면 국가는 최고로 빈곤한 나라에서 그럭저럭 먹고사는 나라, 먹고살 만한 나라가 됩니다. 세계의 공장이 세계의 시장이 되는 셈이지요. 그런 중국을 바라보며 미국을 포함한 제1세계는 수십 년 후 미국의 시장 질서를 따르면서도 풍요로운 소비시장이 되어줄 거대 아시아 국가를 꿈꾸었던 겁니다.

그 '수십 년 후'가 바로 지금입니다. 확실히 중국은 엄청난 소비시장이 되었습니다. 그런데 미국이 원하는 방식으로 된 것 같지는 않아요. 중국도 세계 최강대국이 되고 싶지, 미국의 소비시장으로 남고 싶어 하지 않았으니까요. 중국에게는 2008년에 있었던 세계 금융위기가 좋은 기회였습니다. 마치 제1, 2차 세계대전이 미국의 기회였듯이 말이에요.

1990년대 중반부터 슬슬 '세계의 공장'으로서 값싼 노동력을 제공하던 중국은 WTO에 가입하면서 완전히 날개를 펼칩니다. 그즈음 세계는, 특히 제조업은 중국에서 물건을 만들지 않으면 경쟁력이 없을 지경이 되어버립니다. 유럽뿐 아니라 미국, 일본, 우리나라의 기업들도 모두 중국으로 빠져나갑니다. 중국에 공장을 세우고 물건을 만들면 세상에서 제일 저렴한 가격으로 판매할 수 있는데 기업의 경쟁력이 얼마나 높아지겠어요. 덕분에 전 세계 소비자들도 값싸게 각종 공산품을 마구 소비할 수 있게 됩니다. 물론 중국 이외의 자국에 있던 제조업은 더 이상 일자리를 제공하지 않지만 말이에요.

중국이 세계경제 질서에 끼어 들어오면서 글로벌 가치사슬(Global Value Chain, GVC)이 단단히 자리 잡게 됩니다. 이를 간단히 말하면 국제 분업시스템입니다. 유럽은 금융경제를 담당하고, 아시아는 실물경제를 담당하고, 한국에서는 자동차 조립을 하고, 중국에서는 자동차 휠을 만들고… 이처럼 생산 공정을 조각조각 나눠 일을 진행하는 겁니다. 이렇게 하면 한 나라에서 모든 걸 다 할 때보다 훨씬 효율이 좋거든요.

단순 조립은 인건비가 싸고 사람들이 일찍 퇴근하지 않아도 법에 저촉되지 않는 나라에서 더 잘할 것이고, 반도체는 독한 약품을 쓰는 산업 특성상 환경 규제가 덜 까다롭고 기술력이 좋은 나라에서 더 잘 만들 것이며, 금융은 커뮤니케이션이 중요하니 영어를 포함한 외국어 몇 가지를 쉽게 배울 수 있는 나라에서 더 잘할 것이고…. 경제학에서 비교우위라고 하는 이 개념에 의한 분업은 효율성이 엄청 높아지긴 하는데, 동시에 2가지 문제가 발생합니다.

첫째, 조립하던 나라는 조립만 해야 합니다. 조립만 하다가 사람들의 교육 수준이 높아져 다음 단계로 가려고 하면 당장 끼어들 데가 없습니다. 이미 다 자신의 역할이 있거든요. 게다가 조립은 인건비만 싸면 되는 거라서 어제까지 공장이 잘 돌아가다가도 옆 나라 인건비가 더 싸다 싶으면 바로 옮겨갈 수 있습니다. 그러면 갑자기 실업자가 늘어나겠죠. 국가 전체가 조립에 완전히 적응해버린 터라 당장 다른 역할을 찾기도 어려운데 말이죠.

둘째, 대체하기가 어려운 파트를 맡은 나라에 문제가 생기면 분업 시스템 전체에 마비가 옵니다. 간단한 예로 2019년 한국과 일본 간 반도체 원료 수출 분쟁이 생겼을 때 전 세계가 스마트폰에 반도체를 넣지 못하게 될까 봐 발을 동동 굴렀던 적이 있죠. 한국이 반도체를 못 만들면 당장 미국의 애플이 스마트폰을 못 만드니까요.

예전에는 이런 국제 공조 시스템이 조금 허술했는데, 중국이 어마어마한 인구와 아주 저렴한 인건비로 세계의 공장이 되면서 글로벌 가치사슬이 치밀하게 연결됐습니다. 중국이 갑자기 인건비를 확 올려버리면 당장 그와 비슷한 조건을 찾을 길이 없을 만큼 말이에요.

이제 우리는 언제 어디서나 '메이드 인 차이나'를 발견할 수 있습니다. 뭔가 익숙하지 않으세요? 미국이 영국을 제치고 기축통화국이 될 때도 전 세계 어디서나 '메이드 인 USA'를 발견할 수 있었음을 기억해봅시다. 게다가 중국은 WTO에 가입한 2001년부터 조용히 미국 국채를 사 모으기 시작합니다. 이게 언제 빛을 발했느냐 하면, 바로 2008년입니다.

미국이 만든 세계 금융위기

2008년 9월 미국에서부터 시작된 세계적 금융위기는 일명 '서브프라임 모기지 사태'라고 부르기도 합니다. 저소득, 저신용자를 대상으로 한 주택담보대출인 '서브프라임 모기지론'이라는 부실채권 때문에 미국의 양대 금융사가 파산했습니다.

커다란 회사가 하나 망한다는 건 그 회사만 조용히 문 닫고 끝나는 일이 아니에요. 특히 망한 회사가 금융사일 때는 문제가 더 심각해집니다. 일단 그 회사에 다니던 사람들이 해고되고 거래처가 함께 망하면서 거래처 직원도 해고됩니다. 금융사가 취급하고 있던 고객들의 돈도 함께 증발합니다. 그 고객들 중 회사나 공공기관이 있을 경우 해당 회사와 공공기관도 위험해집니다. 망할 것 같지 않던 커다란 금융사의 주식과 채권을 많이 산 세계 투자자들도 함께 망합니다.

미국의 커다란 금융사는 세계적인 회사입니다. 이런 회사가 망하면 세계적으로 연결돼 있던 다른 회사들까지 줄줄이 무너지게 됩니다. 2008년이 그랬지요.

2001년, 중국이 WTO에 가입하던 해에 미국의 앨런 그린스펀 연방준비제도 이사회 의장은 6% 중반을 오가던 금리를 1%대로 끌어내렸습니다. 금리가 낮으면 사람들이 돈을 빌리기 쉽기 때문에 시장에 돈이 풀린다고 했죠? 이때 미국은 한창 성장하던 IT 산업이 주춤했던 상황인지라 경기를 활발하게 만들고 싶었습니다. 그렇게 풀린 돈은 부동산으로 흘러 들어갔습니다.

그런데 금융사에서 그만 윤리의식이 해이해져 제대로 된 신용 심사도 하지 않고 저신용, 저소득계층에게 주택담보대출을 마구 내줘버린 겁니다. 즉, 소득도 낮고 신용도도 별로 좋지 않은 사람들에게 상환 능력이 되는지 심사도 제대로 하지 않고 돈을 마구 빌려준 거죠. 또한 여러 복잡한 파생금융상품들이 등장하는데, 이것들이 얼마나 위험한지 제대로 파악하지 못한 사람들이 많았습니다. 상품을 은행으로부터 구입한 사람들도 잘 몰랐지만, 판매한 은행도 잘 모르는 경우가 많았어요. 그러다가 주택가격이 낮아지고 경제도 안 좋아지니까 대출을 갚기 힘들어졌죠. 조금씩 부실대출이 쌓이다가 임계점이 넘어간 순간 어떻게 됐을까요? 채무불이행률이 폭발해버렸죠. 태국에서 한국으로 경제위기가 넘어온 것처럼, 미국의 수많은 주택담보대출 파생증권 역시 위기에 취약하고 전염성이 높았던 것입니다.

전 세계가 마이너스 성장에 빠지다

돈을 갚지 못하게 된 사람들은 어쩔 수 없이 자신이 샀던 가격보다 집을 더 싸게 내놓습니다. 부동산시장에 저렴한 매물이 줄줄이 쏟아져 나오자 수요공급 원리에 의해 집값이 폭락합니다. 집값이 떨어지니까 집값보다 집에 걸려 있는 담보대출이 더 비싼 지경에 이르고, 집을 팔아도 대출을 갚을 수가 없어지고, 어떻게 해도 돈을 돌려받을 수 없게 되자 은행이며 금융사가 줄줄이 망해나갑니다. 그러자 은행과 금융사에 투자한 회사들이 무너지기 시작했고, 무너지는 회사에 투자한 회사들도 또 무너져 내렸죠.

앞서 금리 챕터에서 우리는 돈값에 기회비용과 함께 위험수당이 포함돼 있다고 배웠습니다. 돈을 못 갚을 것 같은 사람에게 빌려줄 땐 높은 금리로 빌려주지요. 그러니까 저신용 저소득 계층에게 주택담보대출을 해줬을 때도 비싼 이자를 물리지 않았겠어요? 약간 모순인 부분이 있는데, 안 그래도 돈 갚기 어려운 사정에 이자까지 비싸니까 금융사 입장에서는 왠지 자신이 빌려주고도 더더욱 돌려받기 힘들 것 같아 보이는 겁니다. 그래서 이런 전략을 쓰기로 합니다.

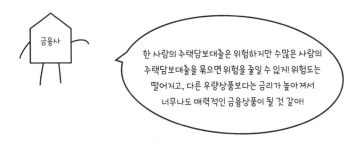

금융사

한 사람의 주택담보대출은 위험하지만 수많은 사람의 주택담보대출을 묶으면 위험을 줄일 수 있지! 위험도는 떨어지고, 다른 우량상품보다는 금리가 높아져서 너무나도 매력적인 금융상품이 될 것 같아!

정말 매력적인 결과가 나왔고, 그래서 세계 여기저기로 잘 팔렸고요, 아시다시피 모두 부도를 맞았습니다. 그 부도가 긴밀하게 연결돼 있는 전 세계 선진국의 금융계에 번져서 2008년 세계 금융위기라는 이름으로 불리게 됐습니다. 부도가 난 대출과 아닌 대출을 구분해 수습하려고 해도 채권을 너무나도 복잡하게 섞어놓은 바람에 대체 어느 집 담보대출과 어느 집 담보대출이 묶였는지도 알기 어려운 상황이었죠. 집이라는 실물경제는 아주 단순한데 금융경제가 너무 복잡해지는 바람에 벌어진 사태였습니다.

이때의 금융위기는 실물경제와 금융경제가 조화롭게 가야 하는데 실물에 비해 금융상품이 너무 급하게 몸집을 불린 데 대한 부작용이었죠. 그래서 당시에는 금융업보다 제조업이 튼튼한 나라가 타격을 덜 입었습니다. 건강하지 못한 금융상품을 안 샀으면 직접 타격은 없는 거니까요. '제조업' 하니까 떠오르는 나라가 하나 있으시죠? 바로 중국입니다.

 미국 여러분. 금융위기 수습하느라 고생이 많으세요.
저희 중국은 금융하고는 별 상관이 없어서요, 경제가 평소처럼 돌아가네요.

 되게 얄밉네.

 미국 서민 분들 해고 많이 당하셔서 주머니 사정 조금 어려우실 텐데 회사더러 저렴한 중국 제품 많이 수입하셔서 시장에 싸게 싸게 푸시라고 홍보 부탁드려요.
아, 그리고 다른 나라 분들도 저희 중국에 회사 많이 보내주세요. 인건비 무척 싸요.
각종 세금 혜택도 드려요. 잘 해드린다니까요?

 진짜? 고마워!

글로벌 금융위기는 중국을 제외한 전 세계 국가들을 마이
너스 성장으로 몰아넣었습니다.

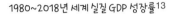

1980~2018년 세계 실질 GDP 성장률13

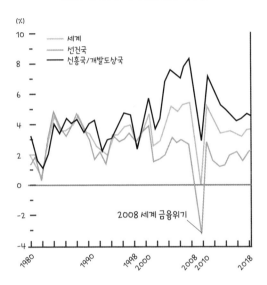

중국은 심지어 정부의 대처도 빨랐습니다. 2008년이 끝나
기도 전에 4조 위안을 집행하는 등 적극적으로 돈을 풀었습
니다. 금융위기의 시작점인 미국이 2009년 2월이 되어서야
경기부양 예산 집행을 시작한 걸 생각하면 무척 적절한 조치
였습니다. 그렇게 중국은 2009년 4분기 10.7%의 고속 성장
을 이뤄냈죠.

금융위기 직후 세계경제가 회복될 수 있도록 끌어준 나라도 중국입니다. 당시 손실로 취약해진 선진국 기업들은 높은 인건비와 부동산 임대료 등을 감당하기 어려웠습니다. 중국은 낮은 인건비와 낮은 지대를 제공해 공장을 옮겨올 수 있도록 했습니다. 덕분에 적당한 품질의 공산품이 아주 싼 가격에 전 세계에 풀렸죠. 중국산 저가 물품이 밀려 들어와 서민의 인기를 독차지했고 중국과 무역을 시작한 기업들도 금세 성장세를 회복했어요. 그렇게 세계는 '메이드 인 차이나' 없이는 살 수 없게 되었습니다.

이제 중국과 거래하지 않는 나라가 없고, 중국과의 거래 규모도 나날이 늘어났습니다. 중국은 거래할 때 받은 달러를 차곡차곡 모았습니다. 그렇게 외환보유고 1위 국가가 되었죠. 오늘날 지구상에서 달러를 제일 많이 갖고 있는 나라는 중국입니다. 이 시점에서 중국이 미국에게 한 방 먹입니다.

금융위기 불러온 미국 씨, 제가 미국 씨의 국채를 굉장히 많이 갖고 있는데 말이죠. 요새 경제 돌아가는 걸 보니 만기 때 이 빚을 다 갚을 수 있을지 확신이 없어요. 만기 오기 전에 헐값에 다른 나라에 팔아버릴까 봐요~

그게 무슨 소리야! 아니야! 우리 금방 회복하고
다시 잘 나갈 거야! 팔지 마! 그렇게 한 번에 왕창 팔아버리면
다른 나라들이 우리 국채가 싸구려라고 느끼게 되잖아!

미국

다른
나라들

A   B

(웅성웅성) 중국이 미국 국채를 판다고?
미국 얘네 돈 갚는 데 뭐 문제 있는 거 아니야?

　2001년부터 중국이 미국 국채를 야금야금 모았다고 했었
죠? 그런 식으로 미국의 최대 채권국이 된 중국은 금융위기가
터지자 미국 경제를 믿을 수가 없다며 미국 채권을 팔아버리
려 했습니다. 실제로 팔 의사가 있었는지 그런 척만 한 건지는
알 수 없지만, 중국의 미국 채권 매도설이 언론을 타자마자
전 세계가 미국의 상환능력을 의심하기 시작했습니다.

　투자처의 신용, 즉 돈을 갚을 능력이 낮아지면 금리가 오르
게 되죠. 미국 국채 가격은 급락하고, 국채 수익률은 10개월
만에 최고치인 2.597%까지 크게 올랐습니다. 중국의 협박 아
닌 협박을 수습하기 위해 오바마 대통령이 나서서 미국의 신
용도에는 문제가 없다는 기자회견을 해야 할 정도였습니다.
천하의 미국이 중국의 눈치를 본 거죠. 이때부터 중국은 '결코
무시할 수는 없지만 그래봤자 못 사는 공산국가'에서 '인젠가
역사적 영광을 되찾을지도 모르는 실질적인 강대국'으로 빠
르게 변모했습니다.

이때부터 세계경제가 중국에 의존하기 시작해, 금융위기 이후 10여 년간 의존도가 더욱 깊어졌습니다. 2020년, 중국의 GDP는 2010년 GDP의 거의 2배가 되었죠. 지난 역사와 비슷하지 않나요? 제1, 2차 세계대전 이후 세계경제를 이끈 게 미국이었고, 덕분에 미국은 세계 유일의 초강대국이 됐으니까요. 100년 전 미국의 다음 스텝이 뭐였는지 기억하시나요? 바로 미국 달러의 기축통화 설정이었습니다. 중국도 마찬가지예요.

바로 이 내용이 2018년부터 지속되고 있는 미중 무역 전쟁의 배경입니다. 미국은 중국의 무역 규모가 커지는 것을 싫어합니다. 불안한 거죠. 무역 규모가 커지면 저절로 위안화를 많이 사용하게 되고, 그러다 보면 언젠가 달러를 사용하는 것만큼 전 세계가 위안화를 사용하는 게 편한 날이 옵니다. 그때 중국이 위안화를 기축통화로 하자고 주장해도 별 무리가 없을 겁니다.

반대로 중국은 무역 규모를 최대한 늘려야만 합니다. 상대국으로 미국을 포함해서 말이죠. 미국과 자꾸 무역을 하면서 달러를 손에 넣고 위안화가 미국 안에서 돌아다니게 만들어야 전 세계에 퍼진 위안화가 어느 순간 힘을 쓰기 시작합니다. 이런 이유 때문에 미국은 중국과 다른 나라가 거래를 하지 않았으면 하죠.

1980년과 2018년 세계 각국의 가장 큰 무역 상대국 비교[14]
(미국과 중국을 기준으로)

1980년

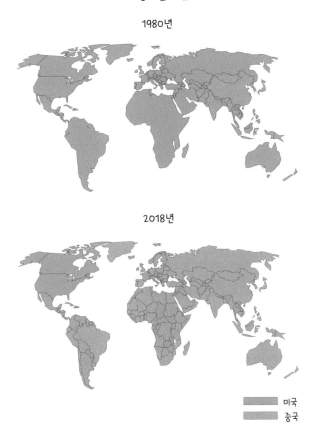

2018년

미국
중국

하지만 100년 전 영국과 미국 사이와 지금 중국과 미국 사이는 조금 다릅니다. 두 나라 사이의 대화를 21세기에 맞게 수정해볼게요.

중국: 아. 꼭 달러로 결제해야 하나? 그냥 위안화로 하지?

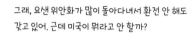
그래, 요샌 위안화가 많이 돌아다녀서 환전 안 해도 갖고 있어. 근데 미국이 뭐라고 안 할까?

중국: 야, 괜찮아. 미국이 뭐라고 하면 내가 한마디 할게. 내가 미국 채권을 시장에 다 갖다 팔면 어떻게 되는지 알아?

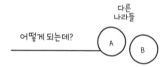
어떻게 되는데?

중국: 채권 가격이 폭락하는 거지. 미국 얼굴에 먹칠도 하고. 사람들이 그렇게 생각할 거 아냐. 어, 미국 국채 저거 별로니까 내다 파는 거 아닐까? 미국이 이자 낼 돈 없어서 파산하는 거 아닐까?

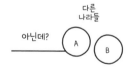
아닌데?

중국: 아니라고?

요새 좀 불안하긴 하지. 근데 아무리 그래도 어떻게 미국이 망하냐?

영원한 1등은 없는 법이거든?

어, 그렇긴 한데 아직은 미국이 최고인 것 같아.
그리고 중국 네가 미국 채권 다 갖다 팔면… 좀 휘청거리긴 하겠지만
미국이라면 극복할 수 있을 거 같은데? 그러고 나면 어쩔래?
갖고 있는 채권 다 팔았는데도 미국이 안 망하면 뭐 갖고 협박할 거냐고.

그건….

흥, 아직 최첨단기술도 없는 게.

어디 두고 보자.

최근 2~3년간의 국제 무역 분쟁을 거칠게 요약하면 이런 식입니다. 왜 영국과 달리 미국은 순순히 망해주지(?) 않는 걸까요? 영국은 큰 전쟁을 치렀고 미국은 아니어서? 그때의 영국보다 미국이 훨씬 더 잘살아서? 미국이 굉장한 최첨단기술을 많이 갖고 있기 때문에? 수많은 이유가 있겠지만 이 책에서 우리가 주목해야 하는 부분은 따로 있습니다.

영국식 기축통화는 금과 연결돼 있어 한계가 분명했지만 지금 미국의 기축통화는 더 자유롭게 찍어낼 수 있기 때문이에요. 앞에서 공부하고 내려왔던 세뇨리지 효과가 발동되는 것이지요.

고래 싸움에
새우 등 터지는 우리나라

　미국과 중국이 다툴 때 제일 불쌍해지는 나라가 바로 우리 나라입니다. 무역 구조를 단순하게 요약해보면 한국은 석유를 제외하면 중국에서 원료를 사와서 미국 기술과 일본 장비로 한국에서 조립한 후 미국과 중국에 다시 수출해서 먹고삽니다. 석유를 제외한 이유는 석유 자체가 많은 물건들의 원자재이기 때문이에요. 그러니까 한국은 미국과 중국과 일본과 중동(유가)의 줄다리기 속에서 균형을 잡으며 살아가고 있는 셈입니다.

　그러니 온전히 미국 편을 늘 수도 중국 편을 들 수도 없죠. 한쪽 편을 들었다가 한 나라를 잃으면 전부 잃는 것이나 마찬가지니까요. 이렇게 다른 나라의 영향을 받으며 수입과 수출로 먹고사는 나라들은 대외의존도가 높고, 주요국 환율에 민감합니다.

대외의존도가 높다는 것은 국가총생산 대비 수출과 수입의 비율이 높다는 것을 의미합니다. 대외의존도가 높으면 세계 각국의 각종 이해관계와 경제 상태에 즉각적으로 많은 영향을 받습니다. 수출 위주인데다 내수시장이 좁으니 내 물건 사주는 나라 중 하나가 경기침체라도 겪게 되면 당장 그 부분을 메울 시장이 없어집니다.

주요국 환율에 민감한 건 수출과 수입을 많이 하기 때문입니다. 수출 경쟁력을 높이려면 환율이 높아져야 해요. 환율이 높다는 건 한국 돈과 달러를 바꿀 때 달러 기준이 높다는 것이고, 한국 돈이 싸다는 겁니다. 바꿔 말하면 같은 돈으로 만드는 한국 물건이 싸다는 거죠. 그래야 물건이 더 잘 팔리고 직원을 더 고용할 수 있고 회사도 더 크니까요.

무역은 물건을 수만 개 단위로 사고팝니다. 작은 가격의 차이도 합치면 매우 커지죠. 가격 경쟁력은 엄청나게 중요합니다. 경쟁력 있는 환율을 유지하지 못하면 물건이 안 팔리고, 세계시장에서 물건을 못 팔면 한국은 버틸 수가 없어요. 원화

환율의 적정 지점은 '다른 경쟁 국가보다 조금 높은' 지점, 즉 '다른 경쟁 국가보다 원화가 조금 싼' 지점입니다.

지금처럼 미국과 중국이 싸우느라고 자꾸 중국의 위안화가 저렴해지면 한국은 중국에 밀려서 수출이 힘들어집니다. 이제까지는 일본 환율과 가장 큰 라이벌이었는데, 요새는 중국이 커져서 중국 환율과도 라이벌이에요.

환율을 조작하는 나라들

비슷한 품질 경쟁력을 가진 국가들끼리 서로 환율을 유리하게 만들려고 세계시장이나 국내시장에서 돈을 풀거나 통화량을 줄이는 걸 환율 조작, 환율 전쟁이라고 합니다. 자국 통화의 가치를 일부러 낮추면서 이웃한 경쟁 국가의 수출 경쟁력을 떨어트리는 거죠. 대부분의 국가들이 다들 뒤에서 은근히 시장에 개입하며 환율을 관리하고 있습니다.

미국은 주기적으로 환율 조작국을 발표합니다. 2018년 말 아베노믹스의 일본이 환율 조작국 예비 지정 위험에 몰렸었고, 2020년 8월에는 중국이 환율 조작국으로 지정됐었습니다. 한국도 자주 환율 관찰 대상국 목록에 오릅니다. 그러다가 증거가 나오면 바로 환율 조작국으로 지정되는 거죠.

환율 조작국으로 지정되면 미국이 무역에서 각종 불이익을 줍니다. 미국에게 엄청나게 혼나면서 진행되는 특별협상 자리에 끌려 나가야 하고, 미국과 무역할 때 관세도 굉장히 많이 붙게 되고, 국제 금융거래를 할 때도 제한이 걸립니다. 환율 조작국의 기업은 미국 정부와 관련된 사업이나 투자 지원 같은 건 꿈도 꿀 수 없죠. 어떻게 보면 직접적으로 미국이 제재하지는 않을 수도 있습니다. 하지만 초강대국 미국이 개입할 가능성이 열린다는 것은 상당한 압박이 되지요.

이렇듯 무역시장에서 환율은 무기이기 때문에 다들 환율에 엄청나게 민감합니다. 그런데 환율 조작은 꽤 티가 난답니다. 환율을 계속 높게 유지하는 건 현대 금융의 특성상 일부러 개입하지 않으면 어렵거든요. 앞서 변동환율제도는 그 나라 시장의 국력을 나름대로 잘 반영한다는 사실을 이야기했었죠. 높은 환율·원화 약세로 수출을 잘하면 물건이 많이 생산되고 돈이 시장에 돌아서 경제규모가 커집니다. 경제규모가 커지면 경제력이 세지니까 환율이 낮아집니다.

이때 정부가 끼어들어서 달러를 시장에 풀든가, 사들여서 환율을 조작하는 거예요. 그러려면 외환보유고가 많아야겠죠? 많이 갖고 있어야 풀어야 할 때 풀 수 있으니까요. 그래서 수출로 먹고 사는 한국과 중국과 일본의 외환보유고가 세계에서 제일 풍요롭답니다.

지난 트럼프 정부는 아시아의 환율 조작(혹은 조정…)에 굉장히 민감했어요. 아시아가 환율을 조작해서 수출 경쟁력을 부풀리고, 미국 물건은 사지도 않으면서 미국에 잔뜩 수출해서 돈을 '뜯어간다'고 생각했으니까요. 이건 보는 사람 관점에 따라 사실일 수도, 사실이 아닐 수도 있는 이야기입니다. 한국 입장에서는 환율 조작국으로 지정되지 않을 정도로만 처신을 하면 되는 문제예요(물론 그게 어렵지만요). 그래서 2020년 미국 대선이 끝난 후에도 전문가들은 제일 먼저 미국의 무역과 환율 정책이 어떻게 변할지 궁금하게 여겼어요.

그만큼 한국에게 미국의 정책은 중요합니다. 하지만 우리가 갖고 있는 근본적인 문제는 바뀌지 않아요. 우린 그때그때 적절한 환율을 유지하면서 계속 수출을 해야 하고, 기축통화가 바뀌든 말든 그 자체의 문제보다는 지금처럼 바뀔 듯 말듯 한 갈등, 혹은 바뀌는 과정에서 양쪽 모두와 친하게 지내야 한다는 과제가 너무나도 힘들고 어려운 거죠.

사이에 끼어 눈치보는 한국

여전히 달러는 저물지 않는 태양입니다. 위안화가 도전하고 유로화가 도전해도 아직 멀었어요. 하지만 경제규모로는 중국이 미국을 넘어섰습니다. 2020년 IMF의 세계경제전망 보고서에 따르면, 구매력 기준 GDP는 중국 경제가 미국 경제보다 더 큽니다. GDP는 한 나라 안에서 물건이 얼마나 많이 생산됐고 시장에 돈이 얼마나 많이 돌았는지에 대한 개념입니다. GDP가 클수록 돈이 많이 돈 것이고, 그만큼 시장이 크다는 겁니다. 이제껏 부동의 1위는 미국이었어요. 세계 제일의 시장이었죠. 물론 지금도 단순 GDP 기준으로는 그렇습니다.

그런데 GDP는 달러로 환산해 나타내죠. 그러니까 환율 때문에 왜곡이 생깁니다. 미국에서의 1달러와 중국에서의 1달러, 즉 6.5위안(2020년 12월 기준)은 실질적인 가치가 다릅니다. 2020년 기준 《이코노미스트》에 실린 빅맥지수[15]에 의하면, 미국에서 빅맥세트를 먹으려면 5.71달러를 줘야 하는데 중국에서는 같은 세트가 21.7위안입니다. 5.71달러를 2020년 12월 기준 위안화로 환산하면 대략 37위안이죠. 같은 돈을 들고 있을 때 중국에선 약 2개의 햄버거 세트를 누릴 수 있네요.

1달러로 신발 한 켤레를 살 수 있는 나라의 GDP와 같은 1달러로 신발 두 켤레를 살 수 있는 나라의 GDP가 같다면 실질적으로 누가 더 잘사는 나라일까요? 두 켤레를 살 수 있는 나라가 더 잘사는 나라겠죠.

그래서 세계에서는 이제 구매력평가지수(PPP)라는, 구매력 기준의 GDP를 사용하기로 했습니다. 그렇게 바꿔 계산했더니 2020년 미국의 GDP는 20조 8,000억 달러고 중국은 24

조 2,000억 달러라고 합니다.[16] 이렇게 되니 미국이 화가 났지요. 위안화의 가치가 사실은 굉장히 높은데 제대로 반영하기는커녕 자기들 수출에 유리하도록 가치를 억눌러 놓았다고요. '공정'하려면 미국에서 1달러로 살 수 있는 만큼을, 중국에서도 1달러에 해당하는 값으로 살 수 있어야죠.

국가별 PPP 규모[17]

(2018년 기준, 단위: 조 달러)

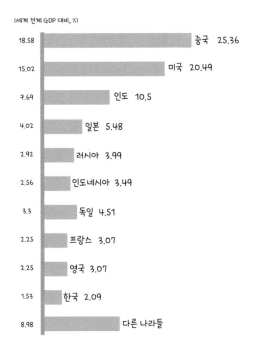

(세계 전체 GDP 대비, %)

18.58	중국 25.36
15.02	미국 20.49
7.69	인도 10.5
4.02	일본 5.48
2.92	러시아 3.99
2.56	인도네시아 3.49
3.3	독일 4.51
2.25	프랑스 3.07
2.25	영국 3.07
1.53	한국 2.09
8.98	다른 나라들

중국이 달러연동제를 포기한 게 2005년인데, 2021년까지 15년 동안이나 '공정한' 경쟁을 하지 않았다는 뜻이에요. 그래서 세계 질서를 주도하는 미국과 실질적으로 강한 경제력의 중국 사이에서 외줄타기를 하느라 우리나라가 고생하고 있다는 뜻이랍니다.

환율이 얼마나 치열한 전쟁터인지 느낌이 오시죠? 우리가 할 수 있는 일은 열심히 외환보유고를 쌓고, 모두가 금융공부를 해서 세계시장의 변화에 현명하게 대처하는 수밖에 없어요. 실수에 큰 대가를 치렀던 1998년을 기억하면서 말이에요.

이제 대외의존도가 높은 한국 경제에 마지막으로 큰 영향을 미치는 변수 하나가 남았습니다. 바로 유가입니다. 다음 챕터에서 자세히 알아보도록 하죠.

4주차

유가 공부

유가를 왜 알아야 할까?

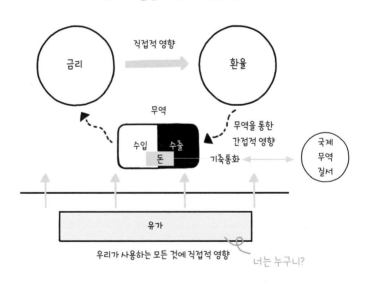

금리와 환율과 유가의 연관성

금리 → 직접적 영향 → 환율

무역

수입 | 수출
돈

무역을 통한
간접적 영향

기축통화 ↔ 국제
무역
질서

유가

우리가 사용하는 모든 것에 직접적 영향

너는 누구니?

이 챕터에서는 현대 경제 전반, 특히 소비자 물가에 영향을 미치는 유가에 대해 알아보려 합니다. 우리가 앞으로 살펴볼 내용을 좀 더 잘 이해하기 위해 기억하면 좋을 몇 가지 사안들이 있습니다.

① 유가는 산유국 현지가 아니라 3군데 금융시장의 영향을 더 많이 받습니다.

② 금융상품으로 존재하는 원유도 에너지나 원자재로 쓰이는 원유만큼 중요하다는 거죠.

③ 3곳의 원유 관련 금융시장 중 가장 힘이 센 시장은 미국 시장입니다.

④ 그래서 미국의 정치·경제적 사정이 원유 가격에 많이 반영되지요.

⑤ 물론 우리나라가 대부분의 원유를 수입해오고 있는 중동도 중요합니다.

그래서 우리는 이 챕터를 통해,

ⓐ 유가는 어떻게 결정되는지

ⓑ 현대 경제가 원유와 유가에 의존한다는 게 무슨 뜻인지

ⓒ 원유시장의 참여자들은 누구이며, 어떤 역할을 하는지

ⓓ 미국과 중동의 관계가 우리나라 경제에 어떤 영향을 미
치는지

ⓔ 실제로 원유와 관한 금융상품은 어떻게 거래하는지

에 대해 다양한 사례를 통해 쉽고 재밌게 알아볼 거예요.

유가,
세상 모든 물가를 움직이다

유가란 뭘까요? 정말 단순하게 생각하면 '원유의 가격'이죠. 그럼 대체 원유가 뭐기에 그 가격이 경제에 그렇게 중요하다고 하는 걸까요?

미친 존재감 뿜어내는 원유

원유가 석탄을 제치고 현대 사회의 에너지원이자, 플라스틱과 화학섬유를 포함해 거의 모든 물건의 원료가 된 건 19세기 후반부터입니다. 세계 최초의 유전은 1859년 8월, 미국 펜실베이니아에서 채굴을 시작한 것이라고 합니다. 이후 활발하게 유전이 개발됐고 북미와 남미, 중동, 러시아를 포함한 북해 등에서 원유가 채굴되고 있습니다.

원유는 직접적인 산업 재료이기 때문에 시장이 좀 독특합니다. 세계 5위 안에 드는 산유국인데 원유 수입도 세계 5위 안에 든다거나, 수입을 많이 하면서 동시에 수출을 하기도 합니다. 이런 현상은 특히 미국에서 잘 일어납니다.

영국의 석유 회사 BP의 2019년 〈세계 에너지 통계 리뷰〉를 보면 2018년 석유 소비 1, 2위는 각각 미국과 중국입니다. 그런데 석유 생산량 1위도 미국입니다. 이렇게 석유를 많이 뽑고 많이 쓰다 보니 미국은 유가에 무척 민감합니다. 미국이 중동 정세에 적극적으로 개입해왔던 것도 이런 이유라고 볼 수 있습니다. 중동에서 안정적으로 원유를 공급받고 싶었던 거죠.

2014년 이후 본격적으로 채굴되기 시작한 셰일가스를 제외하면 전통적 원유의 생산량과 매장량은 중동이 가장 높습니다. 그러나 원유 가격 자체는 옛날부터 지금까지 미국의 영향을 많이 받고 있어요. 첫 유전 개발이 미국에서 이뤄진 데서 잘 알 수 있듯 역사적으로 '유전 개발 및 석유 소비'는 미국이 주도해왔기 때문이지요.

세계경제의 주도권을 잡고 싶다면 이는 필수석인 일이었습니다. 미국 달러가 기축통화 지위를 굳히는 데엔 국제시장에서 원유를 오로지 달러로만 거래하게 만들어두었던 시스템도

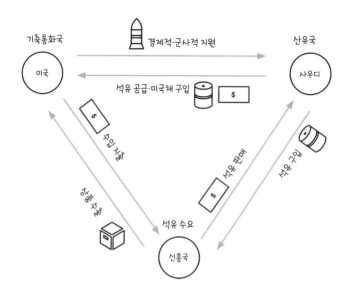

큰 역할을 했습니다. 현대 경제에서 원유를 사용하지 않는 부분이 없고, 원유를 거래하지 않는 나라가 없으니 무조건 달러를 사용하게 만들었던 거죠.

현대 시장경제에서 금리와 환율이 연필이나 볼펜처럼 무언가를 그릴 수 있는 도구라면 원유는 도화지나 수첩 같은 존재입니다. 그렇기 때문에 원유의 가격은 이 세상에 존재하는 모든 시장에 영향을 미칩니다. 공장에서 만들어지는 공산품 외 농축산물도 예외는 아니죠. 농기계는 기름을 넣어야 돌아가고, 축사에도 겨울에는 난방을 돌려야 하거든요. 인터넷을 이용한 정보통신에도 유가는 관여하고 있습니다.

인터넷의 기본이 되는 거대한 서버들을 유지하는 데는 막대한 전력이 필요합니다. 발전소에서 전기가 생산될 때도 원유가 사용되지요. 그래서 유가가 오르면 모든 물가가 다 오릅니다. 가장 기본적인 비용이 올라가는 것이니까요. 또 경제가 활발하게 돌아가도 유가가 오릅니다. 돈이 돌면서 경제가 커진다는 건 그만큼 물건을 많이 만들어낸다는 뜻이고, 물건을 많이 만들어내려면 원재료인 원유의 수요가 늘어나는 거니까요. 수요가 늘어나면 가격이 비싸지지요.

원유를 거래할 때는 3가지 목적이 있습니다. 첫 번째는 연료로 사용할 목적입니다. 두 번째는 원자재로 필요하기 때문에 거래하죠. 세 번째로는 원유와 원유 시추 과정 자체에 투자하는 금융상품으로 거래합니다. 첫 번째와 두 번째 시장을 실물시장으로 묶어서 생각하고, 세 번째 시장을 금융시장으로 생각하면 편합니다.

3가지 원유 거래 시장

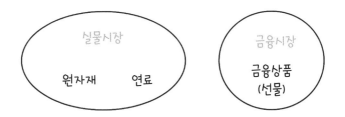

우리가 아는 원유 거래는 보통 실물시장에서의 거래인데, 개인인 우리가 직접 만날 수 있는 거래는 세 번째 시장에서의 거래입니다.

원유라고 다 같은 원유가 아니다

어떤 목적의 거래든 원유는 크게 3종류로 나뉩니다. 또 이 3종류의 원유는 세 군데의 시장에서 거래되죠. 원유 가격은 이 시장의 영향을 받아 결정됩니다.

첫 번째 시장은 뉴욕 시장으로, 미국에서 생산되는 웨스트 텍사스 인터미디에이트(West Texas Intermediate, WTI) 원유를 거래합니다. WTI 가격이 시장 전체의 기준이 되는 경우가 매우 흔합니다. 소비량이 많은 만큼 거래도 활발하기 때문이에요. 이 가격은 생산량 변화를 제외하면 나머지 시장의 가격에 가장 큰 영향을 줍니다.

두 번째 시장은 아시아 시장인데, 우리나라를 포함해 아시아는 아랍에미리트(UAE) 두바이 시장의 두바이유를 주로 수입합니다. 세 번째는 영국 근처 북해에서 채굴되는 브렌트 원유가 거래되는 유럽 시장입니다.

미국의 WTI 지표가 유가에 가장 큰 영향을 준다는 건 미국의 각종 정치·경제적 사정이 전 세계 유가에 영향을 미친다는 뜻입니다. 2010년대 말 기술 발전으로 셰일가스를 원유로 만들 수 있게 되면서 이런 경향은 더욱 짙어졌습니다.

사람들이 아는 유가, 모르는 유가

유가에 대해 사람들이 잘 알고 있는 사실 3가지와 잘 모르는 사실 4가지가 있습니다.

잘 알고 있는 3가지 사실

① 석유가 없으면 현대 문명도 없다.

② 석유 때문에 종종 전쟁이 난다.

③ 우리나라는 산유국이 아니어서 슬프다.

잘 모르는 4가지 사실

① 원유를 그 자리에서 사고파는 현물시장은 없다.

② 유가 자체는 중동보다 미국의 영향을 더 많이 받는다.

③ 국내에서 현물로 사고파는(예: 주유소) 원유 가격의 절반은 세금이다.

④ 우리나라는 원유를 수입해 가공한 뒤 수출을 많이 해서 기업들이 유가의 영향을 많이 받는다.

이제부터 우리는 뉴욕, 아시아, 유럽이라는 3곳의 원유 시장과 이곳에서 유가가 결정되는 방식, 그리고 이렇게 결정된 유가가 다른 시장에 어떤 영향을 미치는지 알아볼 겁니다. 그러기 위해서는 우선 '실제 시장'이 존재하는 원유 시장지도를 한 번 살펴볼게요.

미국에너지정보국(EIA) 자료에 의하면 2016년 기준으로 국제 석유 생산량은 대략 '러시아(동유럽)-미국(북미)-사우디아라비아(중동)-캐나다(북미)-이란·이라크(중동)-중국(동북아시아)-베네수엘라(중남미)-브라질(남미)-카자흐스탄(동유럽)-알제리(아프리카)-노르웨이(북유럽)-멕시코(남미)'순입니다. 이 순위들이 '대략'인 이유는 매년 누가 더 많이 생산하는지가 고만고만하게 바뀌기 때문이에요.

생산량이 아니라 매장량으로 따지면 쿠웨이트와 아랍 에미리트, 나이지리아와 리비아가 순위권 상위에 오릅니다. 매장량은 조금 적지만 지금 당장 원유 추출을 많이 할 수도 있고, 매장량이 많아도 조절해서 적게 뽑아낼 수도 있기 때문에 대략적으로 여기 나온 국가 이름들에 익숙해지면 유가 관련 뉴스를 보는 데는 큰 틀에서 문제가 없습니다.

목록을 보면 역시 중동과 아프리카가 많고, 중국과 중남미, 북유럽도 올라가 있어 신기하지요. 북유럽의 복지가 석유의 힘을 기반으로 하고 있다는 건 요새 잘 알려진 사실입니다.

석유 매장 지역1

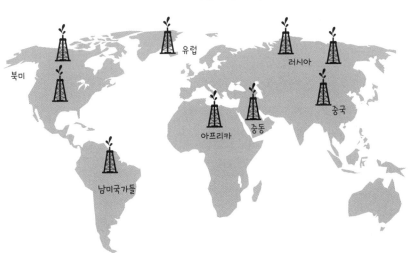

주요 원유 해상 수송로2

노르웨이 같은 경우, 석유를 판매한 수익의 80% 정도를 세금으로 떼어가 국부펀드를 만들었습니다. 국부펀드는 일종의 국민연금 비슷한 거지요.[3] 차이라면 한국은 세금으로 투자하지만 노르웨이는 석유 판매 수익으로 투자한다는 겁니다. 노르웨이는 세계 최대의 국부펀드로 이익을 내서 국민을 위해 사용합니다. 자원이 풍부하다고 자원 판매에만 의존해 이익을 단숨에 사용해버리는 게 아니라 건전한 재정 구조를 구축하는 거지요. 자원은 언젠가 고갈될 수도 있고 다음 세대를 위한 준비도 필요하니까요.

살인적인 인플레이션의 대명사로 자주 거론되는 베네수엘라는 세계 석유 매장량 1위의 자원부국입니다. 하지만 산유국이라고 다 북유럽 같은 복지국가는 아니에요. 같은 자원도 누가, 어떻게 활용하는지에 따라 결과가 많이 달라진다는 사실을 보여주는 예시입니다.

유가는 대체 누가 결정할까?

유가 관련해서 우리나라에 직접적으로 영향을 가장 많이 미치는 국가는 사우디아라비아입니다. 우리나라는 2018년 기준 수입 원유 중 약 29%를 사우디아라비아에서만 들여왔습니다. 보통 원유를 수입할 때는 최대 20년간 얼마씩 수입하겠다는 장기 계약을 맺기 때문에 이론적으로는 문제없지만, 현실에선 물건 파는 쪽의 사정이 안 되면 계약과 상관없이 수급이 불안정할 수 있습니다.

석유 회사가 아무리 20년간 매일매일 석유를 한 바가지씩 주기로 했어도, 회사가 망해버리면 계약은 휴지 조각이 되는 거잖아요. 그래서 중동 정세는 우리나라에 굉장히 중요합니다. 2019년처럼 사우디아라비아 정유 시설에 드론 테러라도 나면 당장 수급에 차질이 생길 위험이 커집니다.

이란 원유도 우리나라 수입 원유 중 약 10%를 차지하고 있어, 사실은 총체적인 중동 정세와 우리나라 경제는 꽤 밀접한 관련이 있습니다. 마지막으로 미국의 영향을 받는데, 미국의 원유 생산과 유가가 중동의 유가에도 영향을 미친다는 사실은 앞에서 언급했습니다. 종합적으로 따져보면 미국과 중동의 국내 사정, 그리고 두 지역의 국제 관계가 우리나라의 원유 수급을 결정한답니다.

그런데 유가 관련 뉴스를 볼 때마다 늘 알파벳 약자로 된 여러 단체 이름들이 나옵니다. 한번 살펴볼까요?

· IEA(국제에너지기구)

OECD에서 설립을 결의한 국제기구. 산유국이 아닌 참가국 간 원유가 급히 모자랄 때 회원국끼리 원유를 빌려주거나 원유 소비를 억제하고 대체에너지를 개발하고자 하는 목적으로 세워졌다. 제1차 오일쇼크 이후 OPEC 등 산유국의 정세나 결정에 국제 질서가 흔들려서는 안 된다는 목적의식을 갖고 있으며, 우리나라는 2002년 가입했다. 신기후체제 대체에너지 관련 소식이 늘어나며 IEA의 이름이 자주 거론된다.

· SEVEN SISTERS(석유메이저)

석유 탐사와 채굴, 수송, 정제와 판매까지 세계적으로 규모가 크고 힘이 센 석유 회사 7개를 일컬으며, '국제석유자본'이라고도 한다. 한때 미국·영국·네덜란드계인 이 국제석유자본이 생산권과 가격 결정권을 쥐고 원유시장을 쥐락펴락했으나 산유국들이 협의체를 만들면서 예전만큼의 원유 가격 결정권은 갖지 못한다. 현재는 4개 회사로 개편됐다.

· OPEC(석유수출국기구)

1960년 석유메이저에 대항해 산유국이 결성한 국제협의체. 유가 인상, 생산량 통제를 통해 산유국의 수입을 극대화하기 위한 카르텔로 이렇게 증가한 수입은 국제 금융시장으로 흘러 들어간다. OPEC의 자금이 국제 금융시장의 유동성에 큰 영향을 미치기도 하며, 회원국은 2020년 기준 아프리카와 중동의 13개국이다.

· ARAMCO(아람코)

사우디아라비아의 국영 석유 기업으로 세계 최대의 석유 기업이다. 2018년 기준 애플을 제치고 세계 제1위의 순이익을 낸 회사이기도 하다(순이익이 애플의 2배에 달했음). 세계 여러 나라에 합작회사 형태로 정유 시설을 운영하고 있고, 한국 정유 회사 에스오일의 대주주이기도 하다.

· BP(영국국영석유회사)

1909년 식민지 이란의 석유를 채굴하기 위해 설립한 회사로, 이란과 정치적인 과정을 거쳐 지금은 세계 제2위의 민간 석유 회사가 됐다. 각종 보도에서 원유 관련 통계를 이용할 때 BP의 자료가 많이 인용된다.

원유시장과 유가 소식이 전해질 때마다 언급되는 이 5개의 단체를 보면 특징이 있습니다. IEA를 제외하고는 서로 시장에서 경쟁하는 라이벌 관계라는 것입니다. 이 4개의 회사는 시장에 원유를 공급하고 있기 때문에 서로 자신이 시추한 원유를 많이 팔고 싶어 합니다. 많이 팔리려면 우선 많이 생산해야겠죠?

그런데 그런 마음가짐으로 각자 원유를 많이 뽑아내다 보면 공급이 엄청 늘어나서 유가가 떨어집니다. 회사 입장에선 내가 파는 물건의 가격이 비싼 게 좋지요. 게다가 원유는 비싸다고 안 살 수 있는 물건도 아닙니다.

그러니 유가를 높게 유지하려면 4개 회사가 서로 담합을 해서 어느 정도 이상은 원유를 뽑아내지 말자고 약속해야 합니다. 이게 참 어려운 게, 한 회사라도 약속을 어기고 먼저 많이 뽑아서 조금 더 싸게 팔면 어떻게 될까요? 사는 입장에서는 어떤 원유든 괜찮으니 구매를 할 거고, 그러면 나머지 회사들은 열이 받는 거죠.

역사적으로 이 담합이 유지된 적도 있었고, 깨진 적도 있었는데 요새는 자주 깨지는 편입니다. 당장 2020년만 하더라도 산유국 모임인 OPEC 내에서 국가들끼리 담합이 잘 안 돼서 원유 생산량을 서로 늘려버렸거든요.

OPEC
요새 유가가 너무 낮아서 우리 산유국들 살림살이가 말이 아닙니다. 다들 원유가 솟아나는 유정을 잠그고 공급을 줄이도록 합시다.

남들이 다 공급 줄이는 동안 나만 얼른 퍼내서 싸게 팔면, 돈도 벌고 시장점유율을 다 먹을 수 있겠지?

회원국

OPEC
저기요, 다들 똑같이 이기적으로 생각하시는데요, 그러면 결론적으로 시장에 공급이 늘어나서 유가만 떨어져요. 다 같이 망하는 거라고요.

그럼 아예 더 많이 퍼내서 양으로 승부하면 되잖아!
먼저 나가떨어지는 놈은 밟고 간다!

회원국

OPEC
으악!

2020년 배럴당 WTI 선물 가격[4]

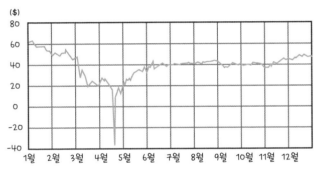

2020년의 유가 폭락은 코로나로 인한 수요 감소와 OPEC 회원국들이 서로 원유 감산 약속을 지키지 않아 초과 공급이 된 데서 비롯됐습니다. 수요는 크게 변하지 않았는데 공급되는 원유가 늘어나면 가격이 떨어지죠.

특히, 2020년처럼 세계경제가 침체돼서 공장이 멈추고 비행기와 자동차가 돌아다니지 않는 상황에서는 수요도 줄어들기 때문에 급격한 유가 폭락이 오게 됩니다. 유가는 현실적으로 수요보다는 산유국들이 얼마나 생산하는지, 즉 공급의 영향을 더 받습니다. 수요가 단기적으로 갑자기 늘어나거나 줄어드는 일이 드무니까요.

우리는 이제 미국의 셰일혁명부터 제1차 오일쇼크까지 50년을 거슬러 올라가면서 석유가 국제 정세와 현대 경제에 굵직한 발자국을 남긴 사례를 통해 유가에 대한 큰 그림을 그려볼 거예요. 그리고 나서는 저유가 시절과 고유가 시절을 비교하며 우리나라 경제에 유가의 상승과 하락이 미치는 영향을 공부하겠습니다. 앞으로 유가는 어떻게 움직일지 알아보도록 해요.

유가의 지정학:
국제 역학에 따라 달라지는 가격

원유는 현대 경제에 필수적인 자원이지만 주로 매장된 지역이 편중돼 있어 지정학적인 이슈가 늘 따라다닙니다. 특히 중동과 미국 사이의 갈등이 중요하죠.

우리나라가 사우디아라비아에서 원유를 가장 많이 수입한다는 이야기를 했었죠? 2020년 5월 산업통상자원부는 중동 지역에 치우쳐 있는 에너지 수입원을 다변화하겠다고 했습니다. 우리나라는 에너지의 94%를 수입합니다. 그중에서도 석유는 74%, 가스는 44%를 중동에서 가져옵니다(2018년 기준). 이랬는데 이 비율을 좀 조정하겠다고 나선 것이죠. 이유는 미국의 셰일혁명 때문입니다.

미국, 셰일오일을 채굴하다

미국은 전통적인 석유뿐 아니라 셰일이라는 퇴적암에서도 원유를 추출할 수 있게 됐습니다. 원래는 기술적으로 불가능했는데, 2013~2014년 사이 저렴한 가격으로 셰일바위에 매장된 원유를 추출할 수 있게 됐습니다. 혁명이라고 불릴 만큼 첨단기술이었어요. 자연스레 미국의 중동 원유 의존도가 줄어들었고, 귀찮게 중동 정세에 개입할 이유도 사라졌습니다.

셰일오일 매장도[5]

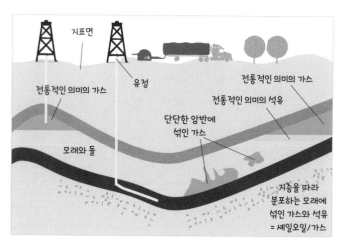

셰일 암석층에 들어 있는 석유는 원유로 판매하기에는 아

직 덜 삭은 친구들입니다. 모래알에 섞여 있는 이 친구들을 원유로 만들려면 엄청난 압력과 열을 가해서 성숙을 촉진시켜 줘야 합니다. 미국에 전 세계 매장량의 70% 정도가 분포해 있고, 매장량도 약 3조에 달하는 어마어마한 자원이지만 자연스레 원유가 되기를 기다리려면 몇 만 년이 걸릴지도 모르는 상황이었죠. 압력과 열을 가할 기술이 없는 건 아니지만 일반 원유 시추비용과 비교해서 돈이 너무 많이 들었으니까요.

그런데 2008년 금융위기가 일어나 정부에 돈은 부족하고, 중동·북아프리카 아랍권에서 반정부 시위가 일어나 정세가 불안정해 유가가 배럴당 100달러에 가깝게 치솟는 일이 일어납니다. 그래서 미국 정부는 그냥 셰일오일 채굴 기술을 집중적으로 개발해보기로 합니다. 셰일오일 채굴비용도 배럴당 100달러 정도인데 전통적인 원유 구매비용도 배럴당 100달러라면, 소비자 입장에서는 별 차이가 없는 거지요. 그렇게 몇 년을 투자하자 셰일에서 원유를 채굴하는 비용은 배럴당 45달러까지 떨어집니다. 셰일혁명이 일어난 것입니다.

셰일 암석층에서 원유를 채굴하는 비용과 중동 산유국들이 판매하는 유가가 같아집니다. 전통적인 원유를 시추하는 비용은 10달러 전후로 셰일오일보다는 훨씬 저렴하지만 여기에 중동 산유국의 이익 등이 붙으니 결과적으로는 비슷한 가격이 된 것이죠.

이렇게 되니 국제 정세에 변화의 바람이 불기 시작합니다. 안 그래도 9·11 테러, 아프가니스탄 전쟁, 이라크 전쟁, 이란 핵 봉쇄 등 원래 중동과 사이가 나빴던 미국이 눈치 볼 게 없어집니다. 그런데 다 같이 중동에 석유를 의존하다가 미국이 마음대로 중동과 싸워버리면 나머지 수입국들은 미국과 중동 사이에서 균형을 잡기가 어려워지죠. 냉정한 국제 역학입니다.

이제 중동은 별로 안 중요해. 우리 땅에서도 우리 쓸 만큼은 석유가 나와. 이란이 핵 개발을 시작한 후로 우리랑 사이 나쁜 거 알지? 옛날엔 그래도 석유를 사와야 하니까 잘 달래보려고 했는데 이젠 대놓고 싸워도 꿀릴 거 없고. 너희도 미국에 줄 설지, 이란에 줄 설지 잘 고민하라고.

미국

우리는 산유국도 아니고 중동이랑 사이도 좋은데 갑자기 하나만 택하라고 하면 어떻게 하라고!

회원국

자, 지도를 봅시다. 중동에서 우리나라로 원유가 들어오는 수송로를 보면 호르무즈 해협을 꼭 지나가야 합니다. 이 해협으로 전 세계 원유 수송량의 30%가 지나다닙니다. 바로 근접해 있는 이란은 국제·정치적인 문제가 생기면 해군으로 이곳을 봉쇄해 지정학적 위력을 과시하곤 하죠.

2020년 1월에도 호르무즈 해협이 봉쇄될지도 모르는 위기

호르무즈 해협

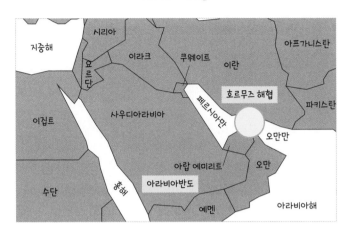

가 왔었습니다. 2020년 1월 2일 이란의 군부 실세인 가셈 솔레이마니가 미국의 드론 표적 공격으로 사망했거든요. 당연히 호르무즈 해협 인근은 전쟁 분위기로 뒤덮였죠.

이란과 미국은 1980년부터 계속 사이가 엄청나게 나빴습니다. 이쪽 이야기는 정말 복잡하답니다. 복잡한데도 한 번쯤 읽어보고 지나가야 하는 이유가 있습니다. 유가는 앞으로도 계속 중동 정세와 함께 등장할 것이기 때문에 배경지식이 있어야 원유시장을 정확히 바라볼 수 있거든요.

중동과 원유경제 사이에는 민족 문제, 종교 문제, 미국과 프랑스와 영국의 식민지 역사 청산 문제, 인종에 핵 문제까지 얽혀 있습니다. 여기서 이 문제들을 모두 다루기는 어렵고, 기억해야 할 몇 가지만 딱 뽑아서 살펴보고 넘어가도록 해요.

우선 '중동 ≠ 이슬람 ≠ 아랍'입니다. 많은 사람들이 중동은 이슬람이고, 이슬람은 아랍이고, 이 3가지 용어를 다 같은 개념이라고 착각하곤 해요. 중동은 지역, 이슬람은 종교, 아랍은 민족입니다. 이스라엘은 중동 국가지만 유대교 국가라 이슬람교와는 사이가 안 좋은 편이고, 이스라엘 국민들은 아랍 민족과 셈족이라는 공통 민족으로 묶이기도 합니다.

이란 민족은 아랍 민족이 아니라 페르시아인인데, 독일 게르만족이 포함된 아리아족의 일원입니다. 대표적인 이슬람교 국가 중 하나인 터키는 아랍인이 아니라 터키족이 주류죠. 또 지구 최대의 이슬람교 국가인 인도네시아는 중동이 아니라 동남아시아에 있습니다. 중동에서는 아랍인과 비아랍인의 사이가 좋지 않고, 이슬람교 내부에서도 그들만의 갈등이 또 있습니다. 중동 내에서도 민족에 따라 서로 견제하면서 유가가 균형을 이루기도 합니다.

중동 국가들이라고 다 반미주의인 것은 아닙니다. 예를 들어 카타르, 바레인, 사우디아라비아 왕정 같은 친미 왕정이 있어요. 이런 나라들은 왕권을 굳건히 하는 데 미국이 도움을 주었기 때문에 친미 성향을 띱니다. 즉, 국민의 성향과 상관없이 국가적으로 중요한 정책적 결정을 할 때 왕정이 미국의 이익을 어느 정도 보장해준다는 뜻이에요.

하지만 미국은 중동에 세웠던 각종 친미 정권을 도와줄 의지가 예전만 못합니다. 1970년대엔 미국도 중동에서 나는 석유가 중요했습니다. 그래서 중동 정치에 엄청나게 개입을 했었죠. 그리고 2010년대 말, 원래도 산유국이었던 미국은 셰일오일 덕분에 세계 제1의 산유국이 됐습니다. 에너지를 써가며 중동과 예전만큼 깊게 얽혀 있을 이유가 사라진 거죠.

그런 이유에서인지 요새는 친미 왕정도 예전만큼 노골적으로 미국 편을 들어주지는 않습니다. 게다가 정권의 부정부패 때문에 국민들이 더 강력한 종교적 규율을 원하기도 하거든요. 대표적으로 이란 사례가 있어요. 1970년대 말까진 히잡도 안 쓰고 다니던 친미, 세속주의국가인 이란이 최고 수준의 반미 국가가 된 건 미국이 부패한 독재 왕정을 지원했기 때문이에요. 1979년 이란 국민들과 종교 세력이 독재 왕정을 무너뜨리면서 이란에 존재하던 미국의 영향력도 사라졌습니다.

게다가 1980년대에 이라크와 전쟁하느라 핵을 개발하기 시작한 이란은 미국을 포함한 서방 세력이 핵무기 개발을 그만두라고 했는데도 꾸준히 핵을 무기화했고(북한처럼), 이 일로 미국과 결정적으로 사이가 틀어집니다. 미국은 자기 편에 있는 국가들에게 이란과는 어떤 수출도, 수입도 하지 못하게 했습니다. 일명 '이란 핵 봉쇄'예요. 무역을 못해서 가난해진 이란은 미국에 이를 갈게 됩니다.

미국과 이란 사이, 눈치 게임 중인 한국

요새는 한국 같은 제3국들이 다른 중동 국가가 이란처럼 미국과 싸우지 않을지에 관심이 많습니다. 석유가 나지 않는 나라들은 미국과 중동 둘 다와 잘 지내야 하기 때문이에요. 중동에선 석유를 사와야 하고, 미국에는 물건을 팔아야 하잖아요. 이런 아슬아슬한 줄타기가 바로 2020년에 발생합니다.

2020년 1월, 미국이 이란의 장군을 암살합니다. 그러고는 바로 미국과 이란이 전쟁을 할지도 모른다는 불안감이 세계 시장을 감쌌습니다. 미국과 이란, 둘 사이에 전쟁이 나면 한국은 누구 편을 들 것인지 결정해야 합니다. 많은 한국인들은 "당연히 미국 편 아닌가요? 미국에 비해 이란은 잘 모르는 나라잖아요"라고 하는데 그렇게 간단하지 않습니다.

사우디아라비아, 쿠웨이트, 이라크에서 대부분의 석유를 수입해오는 한국은 호르무즈 해협에 배를 안전하게 보낼 수 없게 되면 산업과 경제에 큰 타격을 입습니다. 이란이 미국 편인 나라들에게 호르무즈 해협을 지나가게 해줄까요? 전쟁 분위기가 무르익자 미국은 일본과 한국에 파병을 요청했습니다. 물론 일본은 바로 파병을 결정했습니다. 한국은 어떻게 했을까요?

파병해버리고 나면 미국과는 사이가 좋아지겠지만, 중동하고는 돌이킬 수 없는 길을 걷게 되겠죠? 사실 한국은 의외로 이란과 사이가 좋습니다. 강남 한복판에 이란의 수도 이름을 따서 '테헤란로'를 만들었을 정도니까요. 여기에도 비하인드 스토리가 있습니다.

1970년대에 중동 정세의 불안으로 유가가 치솟았던 적이 있습니다. 제1·2차 오일쇼크입니다. 당시 한창 경제성장을 하던 한국은 큰 타격을 입습니다. 이때 이란이 많이 도움을 줬지요. 그대로 나라가 주저앉을 뻔했다가 중동에서 한국의 건설 기업에 일감을 많이 줘서 극적으로 경기가 회복됐습니다. 한국 기업인들과 건설 노동자들은 이란에 좋은 기억을 갖게 되죠.

반대로 이란이 한국에 좋은 기억을 갖게 된 계기도 있습니다. 1980년대에 이란과 이라크는 전쟁을 했습니다. 전쟁 중인 나라에선 장사를 할 수가 없죠. 다른 나라들은 모두 사업을 접고 돌아갔지만 중동에서 공사하던 한국 기업은 철수를 안 하고 버팁니다. 이란과 이라크 두 국가 모두에 남았어요.

사실 한국 건설 기업들은 남들처럼 그냥 돌아와버릴 수가 없었습니다. 중동에서 공사하고 받은 돈으로 나라가 먹고 살고 있는데 대금도 못 받은 상태에서 돌아가면 나라가 망하는 것 아니겠어요?

공습으로 직원들이 사망하는 일까지 있었는데도 공사를 완료해낸 일은 중동에서 굉장한 미담으로 남았습니다. 이유가 뭐였든 어려운 시절 도망가지 않고 끝까지 곁에 있어준 건 고맙잖아요.

미국도 이란과 한국의 우호 관계를 예외적으로 눈감아줬습니다. 그래서 한국은 미국하고도 사이가 좋고, 이란하고도 사이가 좋은 상태로 50년간 지냈지요. 2010년부터는 달러로 환전하지 않고 한국 돈으로 수출과 수입을 했을 정도입니다. 기축통화인 달러를 이용하면 이란이 국제적으로 다른 데 쓸 수 있으니, 용도가 조금 제한된 한국 돈으로 거래하라고 특별히 창구를 열어준 셈이었죠.

이런 입장이니 이제 와서 한쪽 편을 들게 되면 우리는 큰 손해를 보게 됩니다. 그래서 한국 정부는 항상 미국과 이란 사이에서 눈치 게임을 했습니다. 그러나 요새 들어서는 이란과의 애정이 점점 식어가고 있습니다. 한국이 이란에 석유대금을 최대 11조 원어치나 밀린 지 오래됐거든요.

이란 돈 떼어먹고 모른 척 하기냐! 한두 푼도 아니고!

한국 아니, 우리는 주고 싶지. 주고 싶은데,
미국이 그 돈 주면 너희 핵무장 한다며 주지 말래서….

 이란 돈 받아서 뭘 할지는 내 마음이고, 너희는 석유를 사 갔으면 돈을 줘야 할 거 아냐.
미국이랑은 우리 둘이 알아서 할 테니까 너는 네 도리를 다 하세요.

한국 국제정치가 어디 그렇게 돌아가니….

 이란 원유 안 판다? 호르무즈 해협도 못 지나가게 해?

한국 안 주고 싶어서 그러는 것도 아닌데
치사하게 그건 안 되지! 미국아! 도와줘!

 미국 요새 우리 중동 쪽에서 손 떼는데~

한국 그럼 이란이랑 거래한다?

297

미국 응, 그건 안 돼. 거래도 하지 말고 도와달란 소리도 하지 마.

(할말하않) 한국

　미국과 중동의 갈등이 제3국을 이런 식으로 곤란하게 만든답니다. 이렇게 되면, 일단 호르무즈 해협을 지나가는 한국 선박들이 내는 보험료부터 오르게 되지요.

유가,
세계경제의 판을 흔들다

오바마 전 대통령 때는 미국과 이란이 화해하려고 하기도 했습니다만(그래서 한국도 편하게 장사할 수 있어 좋았습니다만), 2018년 트럼프 전 대통령이 일방적으로 이란 핵합의를 탈퇴한 후 경제 봉쇄를 재개해서 원점으로 돌아갔습니다. 셰일혁명으로 중동의 중요성이 떨어졌고, 먼 중동에서 군사 행동으로 돈 쓰기도 아깝고, 무엇보다 이제 미국도 원유와 가스를 수출하니까 이란과는 시장에서 경쟁하는 사이죠.

경쟁자 하나를 물리칠 수 있는 절호의 기회입니다. 그래서 다시 이란은 국제무역에서 차단됐습니다. 금융거래도 막혀 2020년만 해도 몇 번이나 이란의 외무부 대변인이 공식적으로 한국에 밀린 돈을 내놓으라고 발표를 하곤 했죠. 이런 상황에서 미국이 이란의 국민적 영웅을 죽였습니다.

우리에게 이유는 중요하지 않습니다. 중요한 건 결과죠. 미국과 이란 사이 전면전이 터지면 금융위기 수준의 강도 높은 충격이 올 테니까요. 더군다나 이란에서 원유의 10%를 수입하는 한국은 당장 많은 불편을 겪을 예정이었죠. 그래서 정부에서도 더는 몇 군데 안 되는 나라에서 원유 수입을 의존하면 안 되겠다고 결심했던 겁니다.

다행히 전면전은 벌어지지 않았고 원유 공급 불안으로 인한 세계적인 불황도 오지 않았습니다. 세계적으로 경기 부진을 겪고 있어서 원유 수요가 높지는 않았고, 셰일 덕분에 미국이 전혀 타격을 입지 않은 데다, OPEC의 다른 회원국들이 경제적으로 이란 편을 들지 않았기 때문입니다.

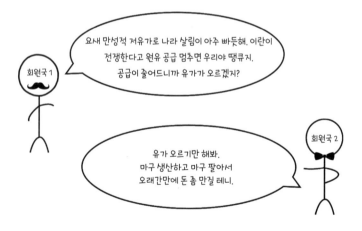

전쟁도 나지 않고 유가도 폭등하지 않아 참 다행이었죠. 유가는 이렇게 공급 측면에서 결정되는 면이 강하답니다.

원유가 불러온 경제위기, 제1차 오일쇼크

이번에는 무사히 지나갔지만 과거 진짜로 원유가 경제위기를 불러온 적이 있었습니다. 엄청난 고유가로 세계경제에 두 차례나 굉장한 충격을 줬죠. 원유 수급 불안과 고유가는 너무 강력해서 아예 이름을 따로 붙여줍니다. 바로 1970년대에 짙은 그림자를 드리운 제1, 2차 오일쇼크(석유파동)입니다.

유가가 오르락내리락 할 때마다 경제뉴스에서는 오일쇼크 당시와 현재를 비교하는 정보가 마구 쏟아집니다. 그러니 오

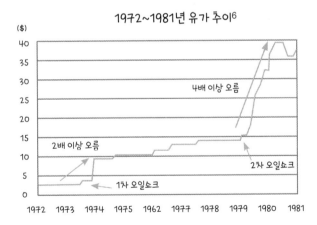

1972~1981년 유가 추이[6]

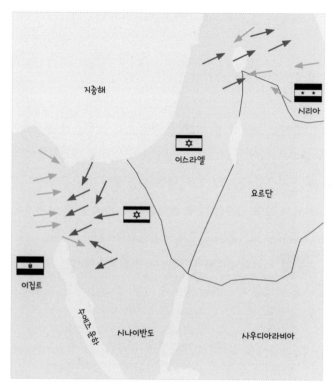

제4차 중동전쟁(욤-키푸르 전쟁)

지중해

시리아

이스라엘

요르단

이집트

수에즈 운하

시나이반도

사우디아라비아

일쇼크가 왜 일어났는지 안 알아볼 수 없겠죠.

　1973년부터 유가가 치솟았습니다. 중동에서 전쟁이 일어났거든요. 제4차 중동전쟁입니다. 서쪽으로는 수에즈 운하, 동쪽으로는 사우디아라비아와 요르단, 이스라엘과 접하고 있는 시나이반도에서 시작된 전쟁입니다. 이곳에서 이집트·시리아 연합군(소련 지원)과 이스라엘(미국 지원)이 거하게 붙었습니다. 석유를 이용해 전 세계를 움직여서 미국과 이스라엘을 압박하려는 OPEC 회원국의 대항이 시작됐습니다.

　중동 국가들과 이스라엘은 전통적으로 사이가 좋지 않습니다. 이집트와 시리아가 당하고 있는데 사우디아라비아나 이란, 이라크, 리비아 등 같은 중동과 북아프리카 국가들이 가만있진 않았죠.

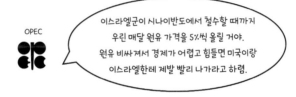

　그렇게 1배럴에 3달러 정도 했던 유가가 한 달 만에 12달러가 됩니다. 순식간에 4배나 비싸진 셈이에요. 당시 한국 물가로서는 '원래도 비싼 유가'였는데 '엄청나고 어마어마하게 비싼 유가'가 된 거죠. 게다가 당시 소련, 그러니까 러시아 같은 다른 산유국도 'OPEC도 비싸게 파는데 왜 우리만 싸게 팔아야 돼? 우리도 올려 받자' 하고 반응합니다.

　제1차 오일쇼크 직전인 1973년 우리나라의 물가상승률은 3.2%였는데, 쇼크가 온 1974~1975년 사이에는 물가가 무려

25%나 오릅니다. 엄청난 인플레이션인데, 원유 때문에 오는 인플레이션의 특징은 절대로 월급이 오를 리가 없다는 겁니다. 왜냐면 모든 게 멈추니까요. 공장도 멈추고 대중교통도 멈추는데 무슨 월급이 오르겠어요. 일하던 사람들은 줄줄이 해고되는데 물가만 오르는 거지요.

물가가 오르는 이유는 물건 생산과 공급이 끊기기 때문입니다. 전기도 안 들어오고 버스도 안 다니는 길거리를 걸어서 퇴근하는데, 사재기로 텅텅 비어 있는 마트 진열대를 구경하게 되는 거죠. 다행히 회사가 망하지 않아서 월급이 나온다고 해도 진열대가 다시 찰 리 없어서 돈도 무용지물이 되는, 그래서 어마어마한 인플레이션이 오는 영화 속 디스토피아가 현실에서 펼쳐집니다.

1970~1980년대 우리나라는 반공주의와 친미주의로 유명했습니다. 그런데도 박정희 정부가 공개적으로 이란을 지지할 정도였어요. 미국이 대놓고 이스라엘 편인데 말입니다. 유가 폭등은 그만큼 고통스럽습니다. 그나마 1970년대 초반 한국은 산업화가 충분히 무르익지 않아서 다른 나라에 비하면 타격을 덜 입은 축에 속합니다.

중동전쟁으로 촉발된 제1차 오일쇼크는 1978년 OPEC이 금수조치를 해제하면서 일단 진정됐습니다. 하지만 유가는 다시 제1차 오일쇼크 이전으로 돌아가지 않았습니다. 그럼에도

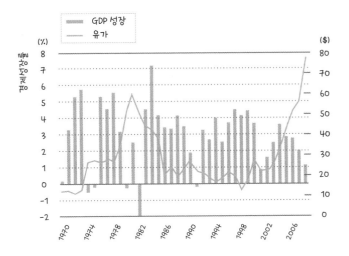

1970~2008년 세계경제성장률과 유가 비교[7]

이후 한국은 호황을 누렸는데, 이란 같은 산유국이 한국의 건
설 회사들을 많이 고용한 덕이 큽니다. 제1차 오일쇼크로 유
가가 오르자 돈이 많이 생긴 산유국들은 그 돈으로 나라를 발
전시키고 싶어 했고, 새로 지은 높고 튼튼한 건물들은 빛나는
국가 발전의 상징이었죠. 중동에 높은 건물과 항구 등을 지어
주고 받은 돈이 1970년대 한국의 경제 발전에 기여했습니다.

당시 한국이 얼마나 고도성장을 했냐면, 한 해 동안 해당
국적을 가진 사람들이 번 돈의 총량을 나타내는 국민총소득
(GNI)이 1973년 약 139억 달러에서 1978년 541억 달러로,

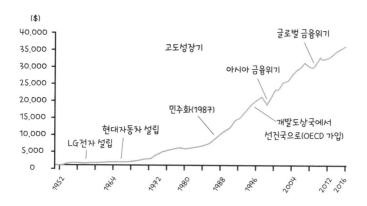

1952~2016년 한국 GNI 증가[8]

($)

40.000
35.000 · 글로벌 금융위기
30.000 · · · · · · · · · · · · · · 고도성장기 · · · · · · · · · · · · ·
25.000 · 아시아 금융위기
20.000 · · · · · · · · · · · · · · 민주화(1987) · · · · · · · · · · · · ·
15.000 ·개발도상국으로
10.000 · · · · · 현대자동차 설립 · · · · · · · · · · · · · · 선진국으로(OECD 가입)
5.000 · · · LG전자 설립 ·
0

1952 1964 1972 1980 1988 1996 2004 2012 2016

5년 만에 거의 4배가 늘어났답니다. 입사 5년 만에 연봉이 4배 올랐다고 생각해보세요. 1년 차와 5년 차 사이 생활이 얼마나 달라졌겠어요.

정권을 바꿔버린 제2차 오일쇼크

1978년 12월, 성탄절이 끝나자마자 제2차 오일쇼크가 터집니다. 이란에서 혁명이 일어났기 때문입니다. 미국의 원조를 받던 친미 왕정 팔레비 왕조가 무너지고 종교 세력이 이란을 다스리게 됐습니다. 팔레비 왕조의 부정부패가 너무 심했기에 이란 국민들은 종교 세력을 강력히 지지했습니다.

이란 유전에서 일하던 노동자들이 팔레비 왕조의 퇴진을 요구하며 시작한 파업이 제2차 오일쇼크의 직접적인 계기였어요. 1979년 3월 종교 세력이 확실히 정권을 장악하고 다시 정상적인 국가 살림을 꾸려나가기 전까지 4개월간 이란은 원유 생산량도 줄였을 뿐더러 수출도 전면금지했습니다.

제2차 오일쇼크는 한국 경제에도 강력한 생채기를 내고 지나갔습니다. 제1차 쇼크 때는 그래도 그럭저럭 견딜 만했던 이유가, 원체 못살았기 때문에 그깟 석유 좀 없어도 평소보다 조금 더 불편할 뿐이었거든요.

하지만 제2차 오일쇼크 때는 사정이 다릅니다. 5년 만에 4배로 잘 살게 된 시점이었으니까요. 중화학 공장이 막 돌아가기 시작하고, 거리마다 조명이 들어오고, 집집마다 가전제품이 들어오고, 마을마다 길이 놓이던 때였어요. 자고 일어나면 풍경이 달라지고 있었습니다. 과장해서 말하자면 조선시대에 인터넷이 없다고 해서 사람들이 불편하진 않지만, 지금 인터넷이 사라지면 거의 모든 생활이 멈추는 것과 비슷한 상황입니다.

어마어마한 성장 속도에 기업들은 계속해서 물건을 만들어서 팔고 싶어 하고, 노동사들은 '월급반 제대로 준다면' 하루 24시간 중 24시간도 일할 수 있다고 외치고, 소비자들은 돈만 있다면 이것도 저것도 사고야 말겠다는 욕구가 강렬한 시대였습니다. 그러다 보니 물건은 만드는 족족 다 팔려 나가고 시장엔 돈이 돌고 돌았으며 기업과 국가 경제는 크게 성장했습니다.

그런데 2가지 문제가 생겼죠. 물건 만드는 속도가 팔리는 속도를 못 쫓아간 겁니다. 그리고 경제가 성장하는 속도만큼, 즉 인플레이션율만큼 월급은 오르지 않았습니다. 시장에서 당장 더 필요하다는데 공장이 상품 찍어내는 속도가 느리면 어떻게 될까요? 시장이 여유롭게 돌아가는 중에 한 회사의 한 물건만 품절에 품절을 거듭하면 그 회사는 '대박'이 납니다. 하지만 시장 전체가 품절의 도가니가 되면 섬세하고 예민한 시장경제는 난리가 나기 시작합니다.

이런 상황이 전국적으로, 모든 산업 분야에서 발생하는 거죠. 전반적으로 물자가 부족하다는 건 편의점에 가서 살 수 있

 아니, 당장 건물이 이번 달까지 올라가야 하는데 대금까지 결제한 시멘트가 품절이면 어쩌라는 거요!

사장님 회사에만 납품을 못 하는 게 아니에요! 전국 각지에 물건이 밀렸다고요!

시멘트 공장

 완공을 안 할 수도 없고….

사장님, 시멘트만 부족한 게 아닌데요.
철근이랑 전선이랑 벽지랑 목재까지 싹 다 품절이라는데요.

 으으, 불량품이라도 사용하든가! 대충 쓰레기라도 집어넣어서
부피를 채워 봐요! 완공 못하면 당신들 노임도 못 준다고!

노임도 못 주실 상황인데 왜 우리가 계속 일해야 합니까?

건축
업자 공사가 아직 안 끝났잖아요! 그래도 들어오는 원자재 갖고는 공사를 해야죠!

입주
예정자들

저기요, 우린 입주일자에 맞춰서 집 비워줬거든요?
지금 우리 입주 못하면 길거리에서 노숙해야 돼요!

피해자 1 우리 자식이 공사 현장에서 일하는데 몇 달째 월급도 못 받고 있어요!

그나마 늦게라도 완공된 집에 입주했더니 한 달 만에 천장이 무너졌어요!

는 과일주스가 부족해진다는 의미가 아닙니다. 평소에 우리가 생각하지 않고 살아도 되는, 회사들 사이의 원자재 거래도 불가능해진다는 뜻입니다.

공급이 부족한데 수요는 점점 더 늘어나고, 공급이 줄어드는 만큼과 수요가 늘어나는 만큼을 더해 어마어마한 물가 상승, 즉 인플레이션이 닥쳐옵니다. 겉으로 보이는 경제규모는 커지지만 내실은 하나도 없는 독성을 띤 경제성장인 셈입니다. 이런 상황에서 일어나는 거래나 공사 등의 상품·서비스 생산은 필연적으로 부실함을 불러옵니다.

1970년대 후반 신문의 경제성장 보도를 보면 지금으로서는 믿을 수 없는 단어인 '과성장'이 연일 등장합니다. 정부는 매일 GDP 성장을 얘기하며 한국이 잘나가고 있다고 하는데 이상하게 월급은 밀리고 물가는 폭등하며 물건들은 비싼 값에도 항상 품절 상태였으니까요. 일은 일대로 하고 회사에 돈이 쌓이는 게 보이는데도 월급은 오르지 않고 물가만 비싸져서 사람들의 불만이 차곡차곡 누적되고 있었던 시기입니다.

이런 상황에서 제2차 오일쇼크가 터졌습니다. 중동 정세가 불안해져 해외에 건설 파견을 나갔던 사람들이 어떻게 될지 모릅니다. 대금도 들어오지 않습니다. 원유 수입이 중단돼 공장이 멈춥니다. 직접적으로 연료로 사용할 기름도 없습니다.

물가가 더 오르고 물건은 더 귀해지고, 멈춘 공장과 회사에서 사람들이 해고되고, 막 다니기 시작한 대중교통은 운영을 중지하고 전기도 들어오지 않게 됩니다. 생활이 엉망이 되고, 지금 벌어진 이 사태가 해결이 되기는 할지 아무도 확신을 주지 않습니다. 그간 쌓였던 사람들의 불만이 폭발합니다.

이 상황에 금리마저

한국 경제와 정권을 동시에 휘청거리게 만든 이유가 또 하나 있습니다. 바로 금리예요. 미국이 금리를 20%로 올려버립니다. 엄청난 고금리예요. 미국 입장에서는 고유가로 발생한 인플레이션을 잡기 위한 조치였는데, 미국에서 돈을 빌려 국내 투자를 진행하고 있던 한국이 직격탄을 맞습니다. 갑자기 미국에 이자를 연 20%씩 주게 생겼으니까요.

달러를 마련하려면 수출과 해외 건설을 열심히 해서 돈을 벌어야 하는데, 중동은 전쟁이 터져서 일감을 주지 않고 원유가 안 들어와 공장을 못 돌리니 수출도 못하는 어려운 상황이 됐습니다. 일반 국민들도 국가의 미래를 진지하게 걱정하지 않을 수 없었죠.

이렇게 제2차 오일쇼크는 정치적으로는 성권이 바뀌는 데 큰 영향을 줬고, 경제적으로는 스태그플레이션을 불러왔습니다. 스태그플레이션은 인플레이션의 나쁜 점과 디플레이션의 나쁜 점이 결합한 최악의 경제 상태입니다.

인플레이션은 돈이 돌면서 경제규모가 커지고, 규모가 커지는 만큼 물가가 올라가는 것입니다. 디플레이션은 돈의 흐름이 멈추면서 경기가 침체되고 물가가 떨어지면서 그만큼 돈이 어딘가에 멈춰 있는 것입니다. 스태그플레이션이 찾아오면 물가가 올라가면서 경기는 침체됩니다. 경제는 수요공급 법칙에서 공급 측면에 문제가 생겼을 때 더 큰 파괴력이 생깁니다.

현대 경제에서 전 세계의 공급을 단숨에 멈출 수 있는 건 단 2가지, 고유가를 포함한 원유 수급 불안정과 전염병의 세계적 유행입니다. 원유 수급 불안정은 1970년대를 지배한 경제적 주제였지요. 제2차 오일쇼크가 끝난 직후에는 전 세계의 에너지 사용 비용과 물류 및 교통 요금이 1,300% 인상됐다는 통계도 있습니다. 제2차 오일쇼크는 이란을 비롯한 중동 정세가 안정된 1981년에 진정되기는 했습니다만, 1990년대 중후반까지 유가는 내려가지 않았습니다.

1978년 1배럴당 12달러 정도 했던 원유는 1981년 34달러가 됐고, 중동에서 석유 개발을 진행하던 서양의 국제석유자본은 전쟁 이후 중동에서 거의 쫓겨나다시피 합니다. 성난 중동 국민들이 그런 조치를 원했거든요. 지금 우리가 상식처럼 알고 있는 석유왕자나 부자 나라 중동 같은 개념은 1970년대에 생긴 것입니다. 산유국들이 '우리 땅에서 나는 자원은 우리 것'이라는 주장을 이때부터 관철시켰거든요. 이전에는 모든 게 자연스레 개발한 회사의 이익이었답니다.

이 혼란 속에서 이득을 본 곳은 단 2곳이었습니다. 국제적으로 원유시장의 주도권을 되찾게 된 산유국들과 기축통화인 달러의 힘을 더욱 강하게 키울 수 있었던 미국입니다.

사우디와 미국, 누이 좋고 매부 좋고

원유는 미국 달러로만 거래할 수 있습니다. 세상은 원유 없이 돌아가지 않는데 원유는 미국 달러가 있어야만 살 수 있다면, 미국 달러는 거의 원유 수준의 필수품이 됩니다. 어쩌다 그렇게 됐냐고요? 사우디아라비아와 미국이 악수를 했거든요. 때는 1973년으로, 제1차 오일쇼크가 시작된 해입니다.

닉슨 대통령 사우디아라비아 파이잘 국왕 전하, 반갑습니다. 세계 최대의 산유국인 사우디아라비아 국왕 전하와 꿩 먹고 알 먹는 계약을 하려니 기분이 너무 좋습니다.

아시다시피 중동은 안보적으로 불안한 면이 있어요. 이란은 이라크랑 싸우지, 레바논은 팔레스타인을 두고 이스라엘과 갈등도 깊어지지, 시리아는 내전에, 시리아·카타르랑 이란은 으르렁거리지, 맞아요. 특히 이란이랑 우리 사우디아라비아는 사이가 나쁘죠. **파이잘 국왕**

걱정 마십시오. 사우디가 원유 거래를 미국 달러로만
해주신다면야 그 체제가 지속되는 한 저희 미국은 사우디를
외교적, 군사적으로 물심양면 밀어드리겠습니다.

파이잘
국왕

저희한테 들어온 달러로는 미국 국채를 살 테니 걱정 마십시오.
미국이 안 좋아지면 미국 국채를 보유한 저희도 경제적 손실을
보지 않습니까. 서로 목숨줄 쥐고 있는 겁니다.

닉슨
대통령

경제적 운명 공동체라고나 할까요.

지금은 러시아가 원유를 팔아서 먹고살지만 소련이 무너지기 전만 해도 러시아는 나름 연방체계 안에서 원만한 경제활동을 지속하고 있었습니다. 또 미국은 셰일혁명 전이었어요. 러시아와 미국이 두드러지지 않는 세계 원유시장에서 1인자는 사우디아라비아였습니다. 그러니 사우디아라비아와 원유는 오직 미국 달러로만 거래하겠다는 계약을 맺어놓으면 미국 달러의 가치는 원유 수준으로 올라가는 것이었죠.

마침 사우디아라비아와 이란은 엄청나게 사이가 나쁘니, 사우디아라비아 입장에서도 미국이 뒤를 봐준다면 이란을 제치고 중동에선 지배자 노릇을 할 수 있게 되는 상호 이득 협

정이었습니다. 이란뿐일까요. 미국은 당시 소련에게서도 사우디아라비아를 보호해주겠다고 약속했습니다.

소련은 사우디아라비아와 사이가 몹시 안 좋았습니다. 구체적인 역사적 사건도 있습니다만 일단 종교를 중요하게 생각하는 나라와 공산주의 국가는 사이가 좋을 수 없거든요. 당시 소련에서는 종교를 인정하지 않았으니까요. 그런데 종교도 같은 사우디아라비아와 이란이 왜 사이가 나쁘냐면, 역시또 종교 때문입니다. 각각 수니파와 시아파의 맹주인데요, 이들은 이슬람교에서 누가 '정통'인지를 놓고 계속 싸움을 벌였습니다. 같은 대륙에 있으면서 이해관계는 비슷하니 종교를 두고 사우디아라비아와 이란이 벌이는 갈등은 아주 은근하고도 뾰족한 해결책이 없었습니다.

1973년 사우디아라비아와 맺은 협정, '페트로-달러'라고 부르는 이 비공식 협정은 1975년이 되자 모든 OPEC 국가가 따르게 됩니다. 미국과 전쟁을 벌이기 싫은 중동의 외교정책이었다고 봐도 되겠죠. OPEC 국가들이 원유를 팔면 팔수록 미국 달러의 기축통화로서 권위가 강해지는데, 미국이 자신을 위해 일하는 OPEC 국가들을 굳이 훼방놓을 이유가 없잖아요. 게다가 중동 국가들은 그렇게 벌어들인 달러로 미국 국채를 사니까, 미국이 잘될수록 좋은 거죠.

미국과 중동 국가들은 사이가 좋지 않다고만 생각하는 경향이 큰데 사실 이런 식으로 긴밀하게 얽혀 있기도 합니다. 원유시장에서 미국과 중동은 경제적으로는 기축통화와 환율로 묶여 있고, 정치와 외교적으로도 가깝습니다.

미국은 더 힘센 달러를 원해

미국에게는 '강한 달러'가 중요합니다. 기축통화의 강력함이란 다른 나라 통화의 강세, 약세와는 조금 다른 의미를 갖죠. 그래서 '강달러'라고 하면 단순 환율을 뜻할 때도 있고 정치적인 의미를 가질 때도 있습니다. 미국 달러가 예전에 그랬듯 지금도 그렇고 앞으로도 계속 전 세계적으로 많이, 어디에서나 사용되고 중요한 곳에서도 사용돼야 기축통화 지위를 유지할 수 있으니까요.

그런 점에서 페트로-달러는 정말 '천재적인' 발상이었습니다. 예전에는 금이라는 현물이 돈의 가치를 받쳐줬다면 이제는 원유라는 현물이 달러를 받쳐주게 됐다고나 할까요? 게다가 원유가 모자라면 언제든 달러를 찍어내 원유를 구매하면 됩니다. 미국으로서는 원유 수급 문제까지 해결한 방법이었어요.

제2차 오일쇼크까지 지나면서 원유 생산의 주도권은 앞서 소개한 석유메이저 회사들에서 산유국들로 옮겨갔습니다. 그

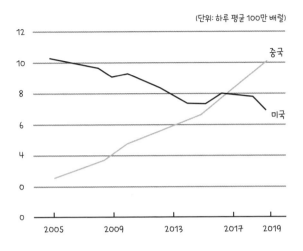

미국 원유 수입 규모를 추월한 중국[9]

(단위: 하루 평균 100만 배럴)

중국

미국

렇게 원유는 산유국들의 주도권 아래 거래되기 시작했고, 유가는 7년간 10배 가까이 상승했습니다. 산유국들은 원유를 팔아 이전보다 10배 이상 벌었고 산유국들과 페트로-달러 체제를 구축한 미국은 그야말로 넘볼 수 없는 기축통화의 힘을 갖게 됐지요. 그런데 2008년 세계 금융위기 전후로 우리가 훑어 내려온 원유시장의 역학에도 중요한 변화가 2가지 생겼습니다.

첫째, 셰일혁명 이후의 미국이 원유 때문에 중동과 가까운 관계를 유지하지 않아도 아무 문제가 없게 됐다는 겁니다. 둘째, 2019년부터 원유의 위안화 결제가 시작됐다는 점입니다.

미국은 더 이상 원유를 많이 수입하지 않고, 중동에서 가장 많이 원유를 수입하는 나라는 중국이 됐습니다. 그러니 중국이 중동에게 이렇게 말하지 않았겠어요?

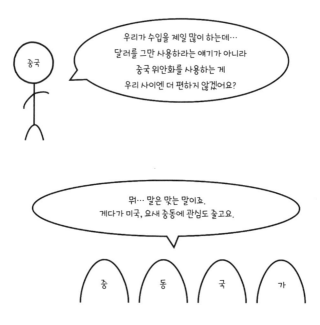

2020년까지는 이런 상황이 이어졌습니다. 향후 미국과 중동의 관계가 어떻게 될 것인지, 또 중동에 중국의 영향력이 얼마나 확대될 것인지는 국제 정세와 세계경제의 주요한 관심사입니다. 일단 2021년에 취임한 바이든 미국 대통령은 이란과의 관계를 복원하는 방향으로 가고 싶다고 하는군요.

2010년 즈음에는 제3차 오일쇼크를 걱정할 만큼 유가가
오르더니 2014년부터는 저유가가 지속되고 있습니다. 그러
더니 2020년에는 코로나19가 세계적으로 대유행을 한 탓에
산업계의 수요 급감과 산유국들의 정치적 증산 결정으로 이
론적 마이너스 유가까지 기록하게 되죠.

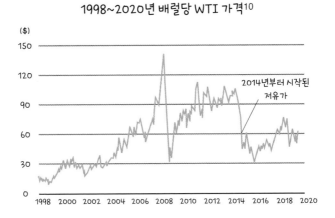

1998~2020년 배럴당 WTI 가격[10]

한국 입장에서 고유가와 저유가 중 어느 쪽이 더 유리한가
묻는다면 일단은 저유가입니다. 유가 폭등이 불러온 오일쇼
크가 얼마나 파괴적인지는 충분히 읽고 내려왔죠. 그렇다고
저유가 시대가 되면 만사형통일까요? 또 그건 아닙니다. 지나

친 저유가는 산유국들의 경제를 망칩니다. 그럼 한국은 산유국들에게 물건을 수출하기 어렵게 되죠. 한국에게 중요한 미국도, 중국도 모두 산유국입니다.

2020년의 저유가는 코로나19를 제외하고도 산유국들끼리 정치적 이해관계가 얽힌 탓이 큽니다. 세계적으로 산업이 멈춘 탓에 수요가 줄어들었으면 상식적인 선에서 원유 추출을 감소시켜야 합니다. 그런데 오히려 원유를 땅에 쏟아버릴 각오를 하고 더 많이 뽑아냈습니다. 대체 왜 그랬을까요?

사우디 아라비아
러시아 때문에! 러시아가 미국 싫대!

사우디 때문에! 미국 싫다고 한 건 사우디야! 러시아

다른 사람들
A B 둘 다 미국을 엄청 의식하고 있구나?

아무리 원유가 과잉 공급되고 유가가 떨어지고 있어도 남들은 다 원유 뽑아서 파는데 나만 수도꼭지를 잠가버리면 혼자 시장에서 바보가 됩니다. 그래서 감산을 하려고 해도

OPEC이 모여서 합의를 본 다음 동시에 목표치까지만 줄이도록 하고 있죠. 요새는 OPEC에 러시아나 오만, 멕시코 등 비회원이지만 주요 산유국인 국가들도 참여하는 OPEC+가 원유시장의 수급과 균형을 조절하고 있습니다. 2020년 봄, OPEC+가 열렸고 감산 합의를 시도했습니다.

결론적으로 이 합의는 실패했습니다. 처음부터 감산 목표가 실제 필요량에 터무니없이 못 미친 데다, 설상가상으로 합의 이후 러시아와 사우디아라비아가 갑자기 증산을 시작했습니다. 원유 수요 침체가 불러온 저유가로 고통 받는 건 미국의 셰일 업계도 마찬가지입니다. 채굴 원가만 따지면 셰일오일보다 전통원유가 훨씬 저렴하니까 아직 셰일오일에 비해 전통원유가 우월할 때 이 기회를 이용해 셰일 업계를 시장에서 퇴출시켜버리려는 작전이었습니다.

이러한 이유들로 원유시장은 사상 초유의 이론적 마이너스 유가를 기록했고, 한국의 개인 투자자들 일부가 원유 금융상품에 투자를 했다가 현재까지 충분한 이익을 보지 못하고 있습니다. 2020년 11월 기준으로 원-달러 환율이 1,100원 전후까지 떨어져서 달러로 번 수익을 원화로 환전해봤자 최초 원금보다 손해인 환차손도 일어나고 있고요.

한편 미국 셰일오일 업계는 이론적 마이너스 유가와는 큰 상관없이 자체적으로 부도 위험을 겪고 있습니다. 2014년부터 만성적인 저유가라 이익을 충분히 쌓지 못한 상태로 코로나 사태를 맞닥뜨렸으니까요. 일각에서는 또 금융위기가 벌어지는 게 아닌가 걱정할 정도예요. 이제 막 시작한 업계라 축적한 이익이나 자산도 별로 없는데 신규 투자를 하려고 대출했던 돈의 이자와 원금을 못 갚을 지경이 됐거든요. 그러면 2008년 금융위기와 비슷해지는 겁니다.

셰일 업체가 도산하고, 셰일 업체에 돈을 빌려줬던 은행이 도산하고, 그 은행에 투자했던 기업들이 돈을 떼어먹히는 순서입니다. 투자는 전 세계적으로 연결돼 있습니다. 이를테면 한국석유공사도 미국의 대형 에너지 기업인 EP에너지에 투자했는데, EP에너지가 이번에 파산 신청을 했거든요. 회생절차를 밟지 않고 그대로 파산하면 석유공사도 큰 손해를 보는 겁니다.

그래서 원유 수입국 입장에서 보면 원유 수출국에 너무 큰 경기침체를 가져오지 않는 선에서 저유가가 유지되어야만 순수하게 좋아할 수 있습니다. 더군다나 한국의 주요 산업 중 조선업의 1등 상품은 전 세계에 원유와 가스를 나르는 특수선들이에요. 유가가 '적당히' 높아야 돈을 많이 번 산유국들이 한국에 새 배를 만들어달라고 수주를 한답니다.

전문가들은 전 세계적인 팬데믹이 끝난 이후 원유시장이 어떻게 움직일지 걱정이 많습니다. 지금의 저유가 상황은 단기적으로는 억눌린 수요 때문이고, 장기적으로는 미국과 산유국들의 출혈 경쟁 때문이라서 무엇 하나라도 조건이 바뀌면 순식간에 가격이 튀어오를 것 같다는 거예요. 저유가가 좋긴 하지만 어디까지나 정상적인 시장에서 자연스러운 균형가격이 좋다는 것이지, 이렇게 불확실한 상황에선 맘 놓고 즐길 수도 없습니다.

여기서는 원론적인 이야기로 마무리를 하겠습니다.

"원유 수출에만 너무 의존하는 산유국 여러분들은 산업 경쟁력을 기르셔서 가끔 원유시장에 이런 위기가 찾아와도 잘 버틸 수 있도록 해주시고, 한창 싸우고 계시는 산유국 여러분들은 치킨게임이 끝난 다음에도 유가를 너무 많이 올리지는 말아주세요. 한국은 되도록 원유 수입국도 다양하게 늘리고 효율적인 에너지 사용 기술도 개발해보도록 할게요. 북한을 통해서 러시아산 가스를 육로 파이프로 수입할 수 있으면 너무 좋겠는데 너무 많은 분이 반대하시고 북한도 그다지 믿을 만한 상대는 아니니 정치적으로나 외교적으로나 이런저런 노력도 해볼게요…."

개인이 원유를 거래하는
신박한 방법

원유는 여러 곳에서 항상 많이 쓰이고, 가격 변동도 심하며, 그때그때 필요에 따라 유연하게 생산량을 줄였다가 늘릴 수가 없는 상품입니다. 게다가 국제 정치와도 긴밀히 연결되어 있습니다. 국제 정세가 험악하다고 하면 당장 그 지역에 방문하는 일조차 위험해지기도 하고, 원유시추 현장이 테러의 대상이 되기도 하죠. 그래서 원유가 필요하다고 매달 드럼통을 들고 원유시추 현장으로 가서 원유를 채운 다음 결제해 오는 기업은 없습니다. 즉, 우리가 생각하는 의미의 '현물시장'이 없다는 말이에요.

품질 좋은 경질유 사려~ 이 유정에서 나온 원유는 저 유정에서 나온 원유보다 싸게 팔아요! 세상에 이렇게 가격 대비 품질 좋은 원유 없어요.

아유, 이 끈적끈적한 것 좀 봐. 이 통에 있는 원유는 불이 아주 잘 붙게 생겼네요. 이쪽에 쌓인 걸로 10통 주세요.

위의 대화 같은 건 나누지 않는다는 거죠. 그러면 어떻게 거래를 할까요? 원유를 정기적으로 비축하거나 원유를 직접 수입해서 가공제품을 만드는 기업들은 5~20년씩 장기 계약을 맺습니다. 이곳에서 나오는 원유를 매달 어느 몇 톤씩 무슨 파이프를 사용해서 중간 지점 어디로 보낸 다음, 어느 회사의 어떤 선박을 이용해 언제 보내서 언제 도착하게 할 건지도 꼼꼼하게 따집니다. 대금 지불 계약도 아주 중요하지요. 지금 가격으로 20년간 할 건지, 현재가로 3년 거래한 다음 갱신해서 올리거나 내릴 건지 하는 식으로 계약을 맺는답니다.

개인 투자자를 위한 선물시장

원유를 수입해 산업 자재로 사용하거나 연료로 사용하는 회사 말고, 금융시장에서 원유에 투자하는 개인을 위한 선물시장이 있습니다. 선물시장은 '먼저 선(先)'에 '물건 물(物)'

을 쓰는데, 말 그대로 '돈부터 먼저' 주고받은 다음 '나중에 물건 나오면' 실제로 물건을 받는 형태의 시장입니다. 영어로는 'futures'라고 해요. 직관적이죠?

이 거래 방법은 원래는 농산물시장에서 애용되던 방법이에요. 농산물은 작물이 자라는 데 시간이 걸리고, 최종 생산품의 물량이 자연재해 등 하늘에 달려 있기 때문에 불확실성이 큽니다. 다음 달에 밀가루 100톤이 필요하다고 이번 달에 사러 나서기 어려운 시장이라는 뜻입니다. 만약 그 해 홍수가 나서 밀이 다 쓸려 내려가고 없으면 그나마 남아 있는 밀을 긁어모으느라 굉장히 비싼 가격을 지불해야 할 테니까요. 그래서 최소한 1년 전에, 그러니까 씨를 뿌릴 즈음에 먼저 가격을 정해놓고 계약을 하는 거지요.

선물 거래자: 미리 돈 드릴 테니까, 1년 후에 무슨 일이 있어도 저한테 밀가루 100톤 파시는 겁니다.

농부: 자연재해가 나면 어떡하지요?

선물 거래자: 농사를 오래 지어 오셨으니 저보다 훨씬 잘 아시겠죠. 보시고 올해는 풍년일 것 같다 싶으면 적게 심으시고, 흉년일 것 같다 싶으시면 많이 심으셔서 1년 후 최종 물량만 맞춰주세요.

그럼 저도 책임을 나눠지게 되는 거니까 조금 비싸게 부를 겁니다.

 안정적인 고객을 확보하시는 건데 좀 저렴하게 해주시죠.

올봄 강우량을 보니 작황이 별로일 것 같습니다.
평균 가격보다 좀 비싸게 하고 운송비는 제가 부담하는 걸로 어떻습니까?

농부님 흥정 잘 하시네요. 평균보다 저렴하게 하고 운송비 자사
부담에 물량 좀 늘려서 110톤 사는 걸로 하겠습니다.

그럼 그렇게 하죠.

이런 식의 시장이 선물시장입니다. 지금은 금융시장에 응용되어 투자 기법으로도 활용되고 있습니다. 변하지 않는 게 있다면 만기 시점에 진짜 물건을 인수해 가야 한다는 것입니다. 원유선물시장이라고 하면 다음 달에 생산될 원유를 미리 사두고, 한 달 후에 원유를 인수받아서 내가 샀던 시점의 가격보다 비싸게 팔아 이득을 남기려는 시장입니다. 그런데 원

유 선물시장에서 사람들이 투자를 하면 진짜 원유를 배달받게 될까요? 원유는 보관비용도 어마어마하고 운송비도 엄청나게 비싸서 산유국에서 최소 5년간 유조선 반 척에 실어 보낼 양 정도가 아니면 실물로 안 판다고 할 겁니다. 사실 원유 선물시장은 원유와는 한 방울도 관련 없는 '순수한 금융시장'입니다.

유가가 앞으로 오를 것 같다고 판단해 '펀드'나 '인덱스' 같은 간접상품을 먼저 사두었다고 칩시다. 유가가 오르면 내가 샀을 때보다 오른 가격에 원유에 투자하려는 사람들이 나타나겠죠? 그럼 나는 그 사람들에게 이익을 남기고 팔고, 은행과 증권사는 펀드 운용 수수료를 받습니다. 운용되고 있는 현재 금액은 실제 원유 시추 현장에서 새 장비를 산다든가 다른 상품 펀드에 재투자된다든가 해서 원유 실물시장에 도움이 되어 선물 유가를 끌어올리는 거죠. 선물시장의 진짜 목적은 선물에 관련된 모든 사람들이 이익을 나눠 갖는 겁니다.

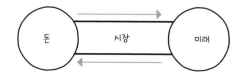

아직 생산되지 않은 미래의 물건을
시장을 통해 거래할 수 있도록 고안한 금융상품

은행이나 증권사를 통해 원유에 투자하는 사람들과 실제로 원유를 수입해 창고에 비축해두고 공장을 돌려 플라스틱을 뽑아내는 사람들은 다릅니다. 진짜 현물 석유를 사가는 사람들은 장기 계약으로 공급받고 있고 투자하는 사람들은 애초에 실물과는 상관없이 숫자로만 거래하는 셈이거든요.

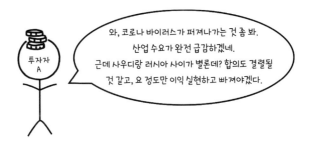

→ 원유 선물 가격이 하락함

→ 투자자들이 모두 이렇게 생각하면서 선물시장에서 선물상품을 팜.
장기 계약으로 원유를 가져가는 회사들도 물량을 줄여서 가져간다고 함.
새로 계약을 맺는 회사도 없음.
계약 갱신시점에 도달한 회사들과 갱신 안 하고 파산한 회사들은 계약한 물량을 못 가져감

→ 일시적으로 유가가 마이너스가 됨

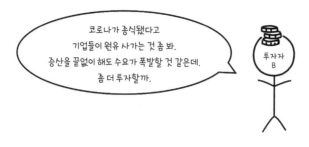

코로나가 종식됐다고
기업들이 원유 사가는 것 좀 봐.
증산을 끝없이 해도 수요가 폭발할 것 같은데.
좀 더 투자할까.

투자자
B

➡️ 원유 선물 가격이 상승함

그러니까 선물시장은 상품 자체보다는 상품이 시장에서 앞으로 얼마나 팔릴 것인지 '미래 시점'의 상품 가치에 투자한다고 생각하시면 대충 맞습니다. 어쩌면 도박인 '스포츠 토토'와 비슷해요. 그러나 도박과 선물이 다른 건 도박은 경기가 끝나고 내가 틀리면 모두 잃는 거지만, 선물시장은 내가 산 걸 팔아버리거나 실제 시장이 사라지지 않는 한 투자를 이어갈 수 있다는 점입니다.[11]

여기서 원유 선물의 '미래 시점'은 1개월 후입니다.

투자회사 5월물 만기인데, 롤오버 하실 건가요?

투 자 자 네?

투자회사 원유 선물시장은 매달 정산하거든요. 한 번 확인해보세요. 5월에 만기 돌아오는 5월물 그거 선물 계약 처음에 하실 때 만기 언제로 잡으셨는지.

투자자　아… 한 달이네요. 미래 시점이 한 달 후군요. 그런데 롤오버가 뭔가요?

투자회사　지금 팔고 청산하실 거 아니면 6월에 생산되는 원유 물건으로 계약 갱신하시라고요.

투자자　또 한 달 단위로요?

투자회사　월 단위로만 거래합니다.

투자자　그럼 6월물로 연장할게요.

투자회사　지금 콘탱고 상황에다가 수수료 2달러 발생하니까 원금 좀 깎이는데 괜찮으시죠?

투자자　네? 콘탱고요?

투자회사　5월물보다 6월물이 비싸다고요. 고객님이 배럴당 1달러일 때 10배럴 사셨거든요. 지금 5월물은 배럴당 0.8달러에 거래되고 있고요, 6월물은 배럴당 2달러예요. 0.8달러에 다 파시면 8달러 남으시는데 그 8달러로 6월물 롤오버하시면 4배럴 갖게 되시네요. 수수료 2달러는 추가입니다.

투자자　아니, 그럼 5월물은 5월물 안에서 가격 따로 결정되고 6월물은 6월물 대로 그때그때 팔아서 이익 남겨야 된다는 거예요? 한 달 안에?

투자회사　정확히는 만기가 돌아오기 전에 이익을 남기셔야 해요. 만기가 한 달이니까, 매달 팔고 수수료 내고 다시 사는 게 롤오버예요. 다음 달에 유가가 오를 것 같다고 생각하면 롤오버하세요. 6월물 4배럴 사셨는데 한 달 안에 유가가 2배 오르면 2달러에서 4달러가 되고, 그럼 4달러

짜리 4배럴이면 16달러로 훨씬 더 버는 거니까 그 가능성에 투자한
다고 생각하고 롤오버하세요. 아니면 지금 파시겠어요?

투자자   다음 달이라고 오를 거 같지 않아요. 손해라도 적게 봐야겠어요. 0.8
달러에 10배럴 팔고 5월물을 청산할게요.

투자회사   어어…. 실시간으로 계속 가격이 떨어져서 아무도 0.8달러에 안 사겠
다는데요. 0.7, 0.6, 0.5. 계속 떨어져요.

투자자   그럼 저는 어떡해요?

투자회사   지금 순식간에 다들 너무 매도해서 마이너스 됐거든요, 고객님. 마이
너스 가격으로 파실 수는 없어요. 그런 시스템은 없거든요. 그냥 손해
좀 보더라도 6월물로 롤오버해야겠는데요.

투자자   6월물 가격이 1배럴당 2달러에서 자꾸 올라가는데요…. 지금 3달러
예요….

투자회사   다들 고객님 같은 상황이라서 청산하는 사람 없이 다 6월물로 롤오버
중이라 수요가 넘쳤나 봐요.

투자자   선물 거래 정말 너무 어렵네요….

    주식과 달리 선물 시장에서는 회사나 상품이 망하지 않아
도 100% 원금 손실을 볼 수 있습니다. 내 선물을 정산하기로
한 '미래 시점'이 존재하고, 그 시점에서 실제로 상품을 팔거
나 현물로 갖고 오지 않을 거면 다음 시점을 만기로 하는 연
속적인 상품으로 갈아타야 합니다.

그런데 그 '미래 시점'에 상품 가격이 어떨지, 상품 가격과 상관없이 내 선물을 현물로 인수해줄 사람이 있는지, 수수료는 얼마인지, 환율은 얼마인지, 다음 상품의 가격은 어떤지 등에 영향을 받다 보면 돈이 휙휙 날아가기도 합니다.

이렇게 현물 가격과 선물 가격이 차이 나는 정도를 '괴리율'이라고 합니다. '괴리율'이 너무 높으면 들어가기 위험한 상황이라는 신호입니다. 거품이 언제 꺼질 줄 알고 함부로 투자하겠어요. 반면 금융상품 시장에서는 인기가 많다는 뜻이니 타이밍이 잘 맞으면 큰 이익을 볼 수도 있죠.

이 매커니즘의 요점은 같은 원유라고 해도 플라스틱을 뽑아내고 비행기 연료탱크에 들어가는 현물 원유의 수요공급 시장과 원유의 '미래 가치'에 투자하는 선물 금융상품의 수요공급 시장은 완전히 서로 다른 별개의 시장이라는 겁니다.

선물은 만기가 있고, 만기 안에 승부를 내야 하니 신중하게 접근해야 합니다. 게다가 현실의 시장 상황이 항상 충실하게 반영되지도 않거든요. 실물경제와 금융경제는 서로 돕는 관계긴 하지만 현실적으로 지금은 각자 따로 돌아가는 시장이니까요.

잠시 원유선물시장에서 쓰이는 용어를 알아볼게요.

선물시장은 사람들이 앞으로 가치가 높아질 거라고 생각하면 가격이 오르고, 다른 사람들이 여전히 가격 상승을 기

원유선물시장에서 쓰이는 용어

롤오버

내가 보유한 이번 달 선물 계약을 다음 달 선물 계약으로 갱신하는 것

괴리율

현실에서 현물로 거래되는 실제 상품 가격과 금융시장에서 선물로 거래되는 투자 가격 사이의 차이

콘탱고

롤오버를 할 때 내가 보유한 이번 달 선물 가격보다 다음 달 선물 계약 가격이 높은 상황

백워데이션

롤오버를 할 때 내가 보유하고 있는 이번 달 선물 가격이 다음 달 선물 계약 가격보다 높은 상황

대할 때 팔아야 이익을 남기는 구조죠. 반대로 사람들이 앞으로 가치가 떨어질 거라고 생각하면 가격이 떨어지고, 만기가 됐는데도 내가 계약했던 시점보다 가격이 떨어져 있으면 손해를 보게 됩니다.

선물시장의 위험도가 더 크긴 하지만 금융시장뿐 아니라 경제 자체가 다른 사람들의 심리에 크게 좌우되곤 합니다. 오일쇼크 때도 그 시점에 실질적으로 원유가 부족할 가능성은 없었습니다. 이란의 원유 수출 정지로 시작된 제2차 오일쇼크 후 미국 하원의 조사에 따르면, 이란 없이 사우디아라비아와 쿠웨이트의 원유만으로도 단기적인 산업 수요는 충당할 수

있었습니다.

그런데 사람들도 기업도 너무 겁이 난 나머지 원유를 당장 많이 사들이려고 했고, 수요가 폭등하니까 유가도 폭등했던 거예요. 산유국 입장에서는 폭등한 유가를 굳이 진정시킬 필요가 없었고요. 원유를 비싸게 팔면 큰 이익이 남잖아요. 하지만 비산유국 입장에서는 처음 폭등한 유가가 계속 유지되니까 비싸서 충분히 구입하지 못하는 사람들이 나중엔 정말로 원유가 모자라게 된 거지요.

투자자　하나만 더 물어볼게요.

투자회사　네.

투자자　만약에 제가 5월물을 청산한다고 했을 때 받아주는 사람 없고, 6월물로 롤오버도 안 하면 어떻게 되나요? 강제로 운송비용 내고 원유 받아와야 하나요?

투자회사　미국에서 거래되는 WTI 원유라면 미국 오클라호마 쿠싱에 원유 창고가 있거든요. 일단 원유가 그리로 갈 거예요. 5월 중으로 방문하셔서 들고 가시면 된답니다.

투자자　못 가면요?

투자회사　보관소 방침에 따라 일정 기간이 지난 후엔 자동적으로 폐기되겠죠. 그런데 보관비용도 폐기비용도 따로 지불하셔야 해요. 각 시장이나 각 창고마다 그런 조건은 조금씩 다를 겁니다.

투자자　계가 비용 안 내고 버리면 어떻게 되요?

투자회사　갖고 계신 계좌에서 처음 거래를 여실 때 담보로 걸어두신 증거금이

압류되거나, 증거금으로 모자라면 법적 조치가 취해집니다.

그렇다고 합니다. 혹시 궁금하실까 봐 말씀드리면 수수료를 받고 원유를 보관만 해주는 보관업자들도 있습니다. 지난해 보관업자들은 수수료를 짭짤하게 챙겼고, 원유를 실제로 사용하는 산업계는 당장 장기 계약 물량을 보관하느라 보관 비용으로 큰 손해를 봤다고 합니다.

이렇게 지금까지 원유 선물에 대해 알아보았습니다. 중간에 농산물에 대한 선물을 설명한 것처럼, 원유 외에 다른 원자재나 재화에 대해서도 선물 거래가 가능합니다. 그리고 선물 말고도 다른 형태의 상품들도 존재합니다. 대표적으로 콜옵션과 풋옵션이 있죠. 이것들을 조합하면 다양한 상품이 만들어집니다.

어떤 상품은 복권과 비슷해서 그 상품을 사면 많은 경우 휴지 조각이 되지만, 어떤 경우에는 복권 1등 당첨된 것처럼 대박이 나기도 하고요. 또 다른 상품은 반대로 대부분 이자율보다 꽤 높은 수익률을 얻지만 아주 낮은 확률로 엄청나게 큰 손해를 얻게 되기도 합니다. 이런 것들을 모아서 파생금융상품이라고 합니다. 이런 파생금융상품 시장은 때로는 기업의

위험을 줄이는 데 도움이 되지만, 개인이 투자하기에는 위험하고 어렵고 복잡한 편입니다.

앞서 이야기한 미국 주택담보대출의 무더기 채무불이행을 가져온 주인공도 바로 파생금융상품이죠. 하지만 어떻게 시장이 굴러가는지 알긴 알아야겠죠. 원유 선물 투자자들의 움직임을 보면 단기적인 국제경제 예측이 가능하거든요. 원유 선물 가격이 달러 인덱스의 영향을 받기도 하는 만큼 환율과 국채금리를 유가와 종합적으로 보실 수 있다면 선물은 그 때 시작하세요.

한번 쓱 정리하는 시간

금값과 달러와 유가의 연동, 혹은 디커플링

우리가 이제껏 책 한 권을 통해 얘기한 이런저런 이유로, '금융'의 시각에서 전 세계에서 가장 중요한 시장 3가지를 꼽아보라면 금과 달러와 원유입니다.

이 3개의 시장은 나름대로 연결되어 있습니다. 세계경제가 어려워지면 원유 수요가 줄어들며 유가가 떨어지고, 어려운 상황에 위험한 자산까지 손대고 싶지 않은 사람들은 불안정한 신흥국에서 돈을 빼 안전자산인 금과 미국 달러를 사들입니다. 그러면 금값이 올라가는 동시에 달러가 강세를 보이겠지요? 한편 경기가 어려워졌기 때문에 정부는 돈을 풀어서 금리를 낮추고 대출 받는 걸 쉽게 하려고 합니다. 대출이 풀려야 기업들이 돈을 빌려 투자를 할 테니까요. 여기까지가 교과서적인 내용입니다.

그러나 현실은 수많은 변수들 때문에 조금 다르게 움직이기도 합니다. 경기가 불안하면 금값이 올라가는 경향이 있다는 점에서 금은 안전자산이라고 할 수 있지만, 어떤 때는 원자재로서 특징이 더 강합니다. 원자재는 경기가 침체되면 수요 감소로 가격이 하락합니다.

그런 점에서 유가와 금값은 비슷하게 움직이기도 하죠. 금을 안전자산이라고 생각하는 사람들이 많으면 위기 상황에서 금값이 올라가고, 금을 원자재라고 생각하는 사람들이 많으면 떨어집니다. 유가에 따라 금값이 올라갈 수도, 내려갈 수도 있다는 이야기입니다.

게다가 국제 원자재 가격은 기축통화인 달러로 표시되니까, 달러 가치가 올라가면 원자재 가격은 약세를 띱니다. 원자재의 값어치는 그대로인데 원자재를 살 미국 돈이 비싸졌으니 미국 돈을 조금만 줘도 원자재를 살 수 있다는 뜻입니다. 달러가 약세일 땐 그 반대입니다.

또 하나 있습니다. 금값이 올라간다는 건 금을 안전자산으로 생각한 사람들이 많았다는 이야기니까 같은 안전자산인 달러도 수요가 늘어나야 합니다. 수요가 늘어나면 비싸지죠.

금값 하나만 두고도 달러의 약세와 강세, 원자재일까 안전자산일까, 유가는 어떻게 움직일까 3가지를 다 계산해야 하는 겁니다.

그런데 유가와 금값이 엄청나게 오르고 경기는 침체됐던 제2차 오일쇼크 때는 달러의 가치가 계속해서 떨어지고 있었습니다. 분명 이론대로라면 달러는 강세여야 할 텐데 어째서 시장이 그렇게 움직였을까요?

당시 미국은 베트남전쟁 중이었습니다. 영국이 전쟁 때문에 미국에게 세계경제의 패권을 넘겨줬다는 사실 기억하시지요? 미국도 베트남전쟁에 끊임없이 물자를 퍼붓느라 경제력이 많이 약해졌습니다. 여기저기서 빚도 많이 지고, 물건을 사느라 달러를 찍어서 뿌리는 바람에 공급이 늘어난 달러의 가치는 떨어졌습니다.

그런데 원유는 달러로만 결제할 수 있습니다. 가만히 있던 산유국들은 달러 가치가 떨어지는 바람에 앉아서 손해를 봤습니다. 똑같은 돈을 받고 팔았는데 그 돈으로 살 수 있는 물건이 적어진 것입니다. 다른 말로 하면 달러에 비해 물가가 너무 올라버린 겁니다. 그러자 당연히 산유국들은 유가를 올렸습니다. 앉아서 손가락만 빨 수는 없으니까요.

달러가 저렴해진 만큼 유가는 비싸졌습니다. 게다가 사우디아라비아 통화국이 미국 재무부 증권을 수십억 달러어치의 현금으로 바꾸고 있다는 소식이 퍼졌습니다. 미국이 제때 돈을 낼지 안 낼지 믿을 수 없다는 것이지요. 그러자 너도나도 달러를 팔고 싶어 했습니다. 미국 경제가 전망이 없다는 사람들의 판단과 함께 약 10년간 달러는 계속 약세를 보였습니다.

빙글빙글 세계경제

1970년대는 세계경제가 마치 올림픽 싱크로나이즈 경기 같았어요. 싱크로나이즈를 하면 물속에서 거꾸로 선 선수들이 코를 막고 가라앉았다가 떠오르고, 빙글빙글 돌다가 다리를 접었다 펴지요. 당시 세계경제도 비슷한 움직임을 보였습니다. 금태환제를 포기했다가 베트남전쟁을 벌였다가 오일쇼크가 벌어졌다가 달러 가치가 엄청나게 떨어졌다가…. 이런 움직임을 통틀어 '닉슨 쇼크'라고 부르곤 합니다. 어쨌든 닉슨이 대통령으로 있던 미국이 주도한 일들이니까요. 여기에 대한 대응으로 미국 정부는 전쟁과 '닉슨 쇼크'와 원유 부족으로 인한 인플레이션을 막아야 했습니다(1971년 닉슨 쇼크라고 하면 금태환제 중지와 미국으로 수입되는 모든 물건에 높은 관세를 물렸다는 사실만 기억하면 됩니다).

인플레이션을 막는다는 건 물가가 오르지 못하게 억제해야 한다는 뜻이고, 그러려면 금리를 올려야 합니다. 금리를 올리면 신규 대출이 막히고, 기존 대출의 이자가 비싸져서 이자비용을 감당하기 힘들어하는 기업이 나옵니다. 그러면 산업은 어려워지지만 달러는 다시 강세를 보입니다.

돈이 없는 사람들이나 빌릴 돈이 필요한 회사는 금리 인상이 괴롭겠지만, 돈 가지고 장사하는 사람들은 돈값이 비싼 곳에서 돈을 팔고 싶은 게 인지상정 아니겠어요. 여기서 실물경제와 금융경제의 괴리가 생기기도 합니다. 어쨌든 이자를 많이 주는 달러와 매력적인 고금리 미국 채권을 갖고 싶어 하는 사람들이 많아지면서 달러는 강세를 보이기 시작했습니다. 그러면서 살아남은 미국 회사들은 IT 분야를 개척하기 시작했고, 사람들은 기축통화국 통화가 강세라 하니 미국 경제가 잘 돌아간다고 생각하게 됩니다. 그 회사들에 투자하고 싶었던 세계 자금이 몰려들기 시작합니다.

사람은 누구나 장점과 단점이 다 있죠. 누군가를 평가할 때 어떤 부분은 장점이고 어떤 모습은 단점인데, 장점이 단점보다 크면 매력적으로 느껴지고, 단점이 장점보다 크면 '별로 좋지 않다'고 생각하게 됩니다. 금리도 마찬가지예요. 교과서대로라면 금리가 오를 때 벌어져야 하는 일들이 있고 내릴 때 벌어져야 하는 일들은 정해져 있습니다. 하지만 언제나 그대로 되지는 않습니다. 특히 미국과 관련해서는 더더욱 그렇습니다. 그런데 우리나라에 중요한 환율은 달러와의 환율이고,

세계 시장에서 미국의 개입 정도가 너무 중요하기 때문에 경제뉴스를 읽으려면 미국과의 예외 케이스를 기본 상식만큼 잘 알아야 하는 거죠. 미국이라는 장점이 다른 단점을 다 가려 버리는 셈이랄까요. 사람이 이렇고 저런 단점이 있으면 차여야 정상인데 이상하게 모임 자리에서 혼자 관심을 독차지하고 있는 거예요. 하지만 그래도 예외는 예외기 때문에 기본을 알아야 정확히 이해할 수 있습니다.

기본을 충실하게 익힌 후에, 여러 주요 변수들의 움직임을 남들보다 빨리, 많이 보면서 '이번에는 시장이 금을 안전자산이라고 생각했구나. 그렇다면 달러는 이 방향으로 움직일 가능성이 크겠는걸.' 같은 방식으로 해석할 줄 알아야 합니다. 연결된 시장과 시장 사이 관계에는 절대적인 법칙이 있는 게 아니라 경향성과 확률이 있기 때문이에요.

사실 책이나 뉴스에서 "이러이러해서 달러 약세가 지속되고 있습니다"라고 했다고 '요새 달러는 약세군!' 하고 바로 판단을 내리기는 이릅니다. 당장 2020년 대선 전후 전문가들을 포함해 많은 시장 참여자들은 조 바이든이 제46대 미국 대통령이 되면 달러가 약세가 될 거라고 예상했어요. 침체된 경기를 살리기 위해 돈을 엄청나게 풀 테니(이걸 '블루 웨이브'라고 합니다) 달러 유동성이 어마어마하게 흘러 들어가 달러 수요를 압도, 어디에서나 헐값이 될 거란 생각이었죠. 하지만 2021년 1

분기, 달러는 오히려 강세를 보이고 있습니다. 통화의 가치가 높고 안정적인 6개국 통화(유로화, 엔화, 파운드화, 캐나다 달러, 스위스 프랑과 스웨덴 프랑)와 미국 달러의 환율을 지수화한 달러 인덱스가 떨어지면 달러 약세라고 하고 올라가면 달러 강세라고 하는데요, 이 달러 인덱스가 예상과 달리 수치가 올라간 거예요. 다른 나라들이 코로나19에 아직 허덕이는데 미국은 견실하게 회복하고 있다는 이유라고 합니다. 물론 이 부분을 읽으시는 순간 다른 이유로 다시 약세로 돌아가 있을 수도 있답니다.

세계경제는 이렇게 민감하기 짝이 없어서 정치적, 정책적, 또는 시장 관련 이슈가 있을 때마다 결과가 획획 바뀌어요. 그러니 정보가 필요할 때마다 항상 가장 최근 소식을 확인해보시기 바랍니다. 이 문장이 바로바로 경제정보를 독해할 능력을 키워야 하는 이유이기도 해요. 누군가 설명해주기를 기다리는 사이 이미 상황이 바뀔 수도 있으니까요.

'국가'가 아닌 '상황'을 이해하는 힘

"중국이 그렇게 잘 나간다면서 가만히 들여다보면 미국 달러에 대한 내용만 줄줄 늘어놓고, 위안화가 어떻게 태어나서 어디로 흘러가고 있는지, 뉴스에서는 어떤 식으로 다루는지 왜 설명하지 않지?" 하는 의문을 가지신 독자님도 계실 거예요. 그런 분들께는 "왜냐하면 아직 중국이 그 정도는 아니기 때문"이라고 답변드려야겠어요. 중국이 미국을 정말 따라잡을 수 있는지, 중국이 미국의 자리를 대체할 수 있는지는 전문가들 사이에서도 뜨거운 논쟁거리랍니다. 여러분과 같이 공부하는 입장인 제가 말씀드릴 수 있는 건, 그렇게 커다란 주제에 대한 판단은 조금 보류하고 되도록 세부적으로 보시라는 정도예요.

성장률이나 기세로 보자면 중국이 확실히 강력하죠. 중국은 아직 발전해야 하는 부분이 많이 남은 국가고, 도전자 입장이니까요. 미디어는 늘 새로운 소식을 전해야 하므로 '변화'를 전달할 수밖에 없고, 그렇다면 변화가 빠른 개발도상국 이야기가 훨씬 큰 뉴스 가치를 갖게 됩니다.

그렇다고 뉴스가 과장되고 왜곡됐느냐고 하면 당연히 그런 건 아닙니다. 그럴 만한 근거가 자꾸 나오니까 중국 경제에 대한 평가도 올라가고 있는 것입니다. 그러니 국가 이름을 갖고 크게 판단하기보다는 내가 관심을 가진 산업, 내가 관심을 가진 회사의 주식, 우리나라와 연결된 무역 상대국 같은 정교한 시선으로 평가하는 편이 나을 거예요(중국 경제도 자세히 들여다 보면 기업부채라든가 강력한 규제, 정부 정책 불확실성 같은 문제가 있어요).

개인적인 감상을 덧붙이자면 "만약 미국 국적과 중국 국적 중 자유롭게 선택할 수 있다고 한다면 어느 나라 사람이 될

래?"라고 물어봤을 때 사람들이 중국을 선택하기 시작하면 중국이 미국을 따라잡았구나, 하고 생각할 것 같아요. 경제에서는 각종 통계적 수치도 중요하지만 시장 참여자들이 시장에서 느끼는 행복과 효용도 중요하거든요. 사실 그게 경제활동의 목적이죠.

이 책을 통해 여러분이 경제이론을 학술적으로 배운다기보다도, 경제공부를 처음하면서 경제현상과 시장, 경제이론에 대해 흥미를 느낄 수 있다면 좋겠습니다. 한 발 더 나아가 더 정교하고 깊은 공부를 찾아가신다면 더없이 기쁠 거예요.

돈이 어디에서 태어나서 어디를 어떻게 흘러 다니는지, 나는 수많은 시장의 어디쯤에 있는지, 돈의 흐름을 읽어내려면 어디서부터 시작해야 하는지, 앞으로도 우리 함께 알아가 봐요.

현명한 선택을 도와주는 경제상식

안녕하세요, 정인입니다. 여기까지 읽어주셔서 감사합니다. 에필로그를 읽고 계신 독자님은 저와 함께 쭉 공부를 해오신 셈이에요. 저도 요 몇 년 경제공부를 정말 열심히 했거든요. 미디어와 커뮤니케이션을 전공한 저는 대학교를 다니면서 우연히 경제정책 제안 공모전에서 상을 타게 됐습니다. 그 인연으로 국책연구원에서 경제정책 정보를 전달하는 일을 시작했죠. 하지만 업무적 부족함을 느낀 나머지 대학원에 진학해 경제학을 전공하기에 이르렀습니다. 그러다 다음 직장에서는 경제뉴스 데이터를 다루게 됐어요.

경제현상과 경제뉴스를 이해하기 위해 각종 책과 강의의 내용을 제가 이해할 수 있는 가장 작은 크기로 쪼개보았던 그대로 책에서 설명했습니다. 저는 이런 식으로 개념을 쪼개고 쪼개서 파악한 후 실제 현상을 들여다봐야 온전히 이해되더라고요.

덕분이었는지 코로나19 바이러스가 처음 전 세계로 퍼져나갈 즈음 우리나라 증시의 움직임에 대한 제 주관이 뚜렷했습니다. 유동성과 정부 정책 때문에라도 생각보다 금세 회복될 거라고 생각했죠. 과감하게 잃어도 생활에 지장 없는 현금 전부를 투자했고 수익을 거뒀습니다. 과감하다고는 해도 제 시점에서 이 시국에 안전한 주식에만 투자했어요. 그래도 원금의 50%가 넘는 수익률을 달성할 수 있었습니다. 그런데 제가 지금 이런 말씀을 왜 드리는 걸까요? 경제공부를 하면 주식투자에 성공한다는 이야기를 하고 싶은 거냐고 묻는다면, 그건 아닙니다.

그렇게 손에 넣은 수익이 100만 원이 조금 안 될 거예요. 처음부터 자본금이 별로 없었던 거죠. 1억 원을 투자하신 분 같으면 5,000만 원을 버셨겠지만, 그리고 3~6개월마다 1억 원의 50%, 1억 5,000만 원의 50%, 2억 2,500만 원의 50%⋯ 같은 식으로 늘어나면 몇 년 안에 집 한 채 값이 나올 수도 있겠지만, 저는 아니었죠. 투자라는 게 그래요. 돈이 많은 만큼 많은 돈을 가져간답니다. 직장 생활하면서 주식투자를 하다 보니 종일 신경 쓸 수가 없어 매매 타이밍을 놓친 적도 많고요. 요새 주식투자가 인기고, 분명히 좋은 기회이기는 하지만 아직 연봉 자체가 높지 않은 보통의 젊은 직장인들에게 주식으로 단기간에 인생 리뉴얼은 좀 허황된 얘기죠. 정말로요.

실컷 하라는 공부를 했더니 이렇게 김빠지는 이야기를 왜 하냐고요? 저는 이번에 좀 다른 좋은 걸 확인했거든요. 번 돈의 액수와 상관없이 제가 이해하고 예상한 대로 시장이 움직였잖아요. 모든 부분에서 그러지는 않았지만, 꽤 많은 부분에서요. 이게 얼마나 어마어마한 일이냐면, 최소한 일을 하면서 앞으로 무슨 프로젝트를 맡든 쉽게 망하는 선택을 하지는 않겠구나 하는 자신감을 얻었습니다. 복잡한 경제정책 정보나 경제뉴스를 보면서 제가 이해한 방향이 어느 정도 옳을 거라는 자신감도요.

자신감은 참 중요해요. 살다 보면 무엇보다 신속한 의사결정과 재빠른 행동이 중요할 때가 많은데, 자신감이 그걸 가능하게 해주는 것 같아요. "실수하면 어때, 내가 틀린 게 아니라 시장에 변수가 생겼던 거야. 다시 해보지 뭐", 하는 회복탄력성도 주고요. 그렇게 매번 조금씩 더 좋은 선택을 하면, 나이를 더 먹었을 때는 지금보다 근로조건이 좋은 직장을 다니면서 연봉이 많이 올라 있을 거 아니겠어요. 부수입 기회가 생겼을 때 놓치지 않고 잡아서 종잣돈도 어느 정도 생겼을지도 모르고요. 그럼 그때의 50% 수익률은 지금의 50% 수익률보다 훨씬 나은 50%일 거예요.

여기까지 저와 함께 해주신 독자님도 높은 확률로 저와 비슷한 사람일 거라고 생각합니다. 억대 연봉자나 부모님께 물려받을 유산이 큰 자산가는 아니리라 짐작해요. 아마도 10년 차가 채 안 된 직장인이실 거고요.

저는 일확천금을 믿지 않아요. 매주 재미로 로또를 1만 원어치 사는 수준은 일상에 즐거움을 준다고 생각하지만, 단숨에 재산을 서너 배로 불려준다든가 단돈 100만 원으로 시작해 3년 안에 서울 부동산을 거머쥐게 만드는 투자 방법처럼 황당하거나(거짓말이니까) 위험한(무언가 덫을 파놨으니까) 이야기는 없어요. 경제공부는 이런 사기를 피해 가는 방법을 공부하는 것이기도 합니다.

대신 저는 현명한 선택이 가진 복리의 힘을 굳게 믿는답니다. 손해를 봐야 할 땐 가장 손해를 적게 보는 선택, 이득을 낼 수 있을 땐 가장 단단한 이득을 내는 선택, 행정 업무를 처리할 땐 비용을 가장 덜 들이는 선택, 지원을 받아야 할 땐 가장 큰 지원을 받는 선택, 퇴직연금과 보험의 종류 선택, 경제적 사기를 피하는 선택, 이직 타이밍 선택, 마케팅 채널 선택 같은 것들 말이에요. 이런 좋은 선택들이 쌓여서 결과적으로 좋은 인생을 살게 된다고 믿는 것이지요.

그래서 저는 제가 직접 투자한 주식 수익률 50%보다 회사에서 의무적으로 가입한 퇴직연금 DC형에서 제가 펀드를 고르고 납입한 뒤 만든 7.3% 수익률이 더 마음에 듭니다. 어차피 의무라서 제가 종목을 조정하지 않았어도 원금보장형에 자동 납입돼 약정이율 1~2% 정도 수익을 냈을 거예요. 하지만 저는 다소 리스크를 안는 선택을 했고, 가만히 두는 것보다 훨씬 좋은 결과를 얻었어요. 리스크가 있었기 때문에 코로나19 바이러스가 한창 확산됐던 2020년 여름에는 수익률이 마이너스 13%까지 떨어졌었답니다. 그래도 납입상품을 조정하진 않았죠. 얼마 안 있어 반등할 거란 판단을 했기 때문이에요.

이런 식으로, 독자님 역시 이 책을 통해서 '내가 일상에서 맞닥뜨리는 경제적 선택지는 무엇인지', '좋은 선택지를 고르려면 어떤 정보를 찾아야 하는지', '그 정보들을 해독하기 위해 필요한 기초 상식은 무엇인지'를 얻어 가셨으면 하는 게 저의 바람입니다. 함께 성장하고 싶은 마음이죠.

경제정보를 독해할 수 있는 능력이 생기면 세상의 많은 것이 달라보이게 된답니다. 앞으로도 내 앞날을 위해 계속 함께 노력하고 공부해가요!

1주차. 경제공부의 시작

1. 하지만 삼성전자는 2021년이 되기 전에 8만 원을 넘겼습니다.

2. 3월 19일에 1439.43까지 떨어졌던 KOSPI 지수는 2020년 8월에 폭락 이전 수준을 회복하였고, 2021년 1월 초에는 한때 3266.23까지 오르기도 했습니다.

3. 요새는 점점 더 괴리나 독립현상이 심해지고 있습니다.

4. 보통 유동성을 공급한다는 경제 뉴스가 나오는 이유는 정

부가 경기를 활성화시키려는 정책을 펼치고 있을 때입니다. 특히 광범위한 자연재해 등 특수한 상황이 있을 때 대규모로 공급하죠.

5. 출처: OECD

6. 출처: Macrotrends(https://www.macrotrends.net/1333/historical-gold-prices-100-year-chart)

7. 출처: 〈어피티〉, 2019년 12월 16일자 머니레터 인용

2주차. 금리 공부

1. 기회비용을 이야기합니다.

2. 일해서 받은 노동소득에 대해서는 소득세를 뗍니다. 연봉 구간별로 다르게 적용되지요.

3. 엄밀히 말해 금리와 물가는 다른 개념이지만, 너무 복잡하게 설명하면 더 헷갈릴 수 있기에 여기서는 보다 단순하게 다루고 있습니다. 이를 자세히 알고 싶다면 실질금리와 명목금리 등을 공부하시는 것을 추천합니다.

4. 〈어피티〉, 2019년 9월 9일자 머니레터 인용

5. 매몰비용을 이야기합니다.

6. 사실 교환 사태는 대한제국이 망하기 직전, 이미 금융 주권을 빼앗긴 상태인 1905년에 일어났지만 이 책은 역사책이 아니라 경제 현상의 이해를 돕기 위해 쓰인 사례이므로 쉽게 각색해 씁니다.

7. 정태헌, 《문답으로 읽는 20세기 한국 경제사》, 역사비평사, 2010

8. 2008년 짐바브웨에서 일어난 물가폭등을 말합니다. 당시 짐바브웨에서는 물가가 25시간마다 2배로 뛰어 1998년에는 자동차 12대를 살 수 있었던 돈으로 2008년에는 빵 한 조각도 사기 어렵게 됐습니다. 그해 물가인상률은 무려 2억%였습니다.

9. 단기채는 저축, 장기(산업)채는 금융채로 자금을 조달합니다.

10. 방금 본 것처럼 최초에 증가된 통화량에 비해 실제로 돈이 도는 과정에서 늘어난 통화량은 더 많고, 그래서 통화량은 어디까지를 통화량으로 보느냐에 따라서 종류가 아주 다양합니다. 가장 좁은 의미의 통화량이 본원통화이고, 여기에 다양한 예금이나 증권계좌 예수금 등이 포

함되기도 하죠. 여기서는 자세한 설명은 생략합니다.

11. 〈어피티〉, 2019년 10월 21일자 머니레터 인용

12. GDP 디플레이터 방식으로 물가상승률을 계산한다면 세상의 모든 물건값을 분석해서 평균을 내는 것과 비슷한 결과가 됩니다. (참고 KDI 경제정보센터 사이트: https://eiec.kdi. re.kr/material/conceptList.do?depth01=00002000010000100009&idx=142)

13. 앞에서 금리가 내려가면 경제가 살아난다고 이야기했습니다. 그리고 화폐의 수요와 공급도 이야기를 했죠. 어떤 과정을 거치는지 다시 살펴봅시다. 기준금리를 내리는 경우, 중앙은행은 그만큼 통화량을 늘립니다. 화폐수요공급 곡선에서 말하는 화폐의 공급이 늘어나는 것이죠. 그러면 균형이자율은 내려옵니다.

이 과정을 거쳐 기준금리가 내려옵니다. 이때 늘어난 통화량은 앞서 설명한 통화창조 등의 과정을 거쳐서 통화량이 더 크게 늘어나게 됩니다. 그리고 이렇게 늘어난 유동성은 앞서 살펴본 것처럼 사람들로 하여금 더 많은 물건을 구매하게 만들고, 금리가 낮아졌으니 돈을 빌리려는 사람들도 많아집니다. 그래서 경제가 살아나는 것이죠.

14. 〈동아일보〉, 2019년 10월 18일.http://www.donga.com/news/article/all/20191018/97932857/1

15. 〈내일신문〉, 2020년 3월 4일. https://www.naeil.com/news_view/?id_art=342511

16. 출처: 《국제통계연감》, 2008

3주차. 환율 공부

1. 이런 무역 방식을 바터무역(구상무역)이라고 하는데, 아직까지 지속되고 있는 무역 형태입니다.

2. 출처: World Bank

3. 출처: World Bank

4. 사담 후세인이 통치하던 이라크가 쿠웨이트를 침공하자 미국이 34개국 다국적군을 결성해 쿠웨이트를 지원했던 전쟁입니다. 이라크와 쿠웨이트는 역사적으로 동질성이 강한 지역이었으나 과거 제국주의 영국이 임의로 국경선을 분할해 다른 나라로 만든 이후 강제 분리의 후유증에 시달리고 있지요.

5. 2020년 6월 29일, 7월 6일 [라떼극장] 참고

6. 태국 바트화가 고정환율로 0.5달러에 고정되어 있다고 해
   도, 바트화를 사람들이 팔기 시작하면 실제 가치는 낮아
   집니다. 그리고 태국 외환보유고가 줄어들고 언젠가 교환
   비율이 낮아지겠다 싶어지면, 이러한 투매는 투기적 세력
   이 몰려들어 외환보유고가 바닥나거나 교환비율이 낮아
   질 때까지 계속됩니다.
   이것이 고정환율제의 치명적인 약점입니다. 변동환율제
   라면 바트화 가격이 바로바로 낮아지기 때문에 이렇게까
   지 투기적 공격이 심해지지는 않거든요.

7. 출처: https://prezi.com/wcj0no26nfuu/asian-financial-
   crisis-of-1997/?frame=d67958f2581d5b3a4b4b1037df9
   267e0ae3fb05f

8. 이제민, 〈한국의 외환위기〉, 경제발전연구 제13권 제2호,
   2007, pp.1~43

9. 현재 한국은 상당한 외환보유고를 쌓아 두고 있습니다.
   외환보유고는 지금까지 설명한 것처럼 비상금의 성격이
   강해서 다양한 목적으로 투자하기 어렵습니다. 그래서 몇
   몇 사람들은 외환보유고가 너무 많다고 이야기하기도 해
   요. 하지만 외환보유고를 줄였다가 엄청난 고통을 당해봤

던 대한민국 정부는 외환보유고를 줄이기가 매우 힘들겠죠.

10. 〈연합뉴스〉, 2014년 12월 4일. https://www.yna.co.kr/view/AKR20141204065400009

11. 〈조선일보〉, 2020년 8월 3일. https://biz.chosun.com/site/data/html_dir/2020/08/03/2020080301579.html

12. 출처: CES(The University of North Carolina)

13. 출처: IMF

14. 출처: IMF

15. 출처: https://www.economist.com/news/2020/07/15/the-big-mac-index

16. 출처: https://www.imf.org/en/Publications/WEO/weo-database/2020/October

17. 출처: World Bank

4주차. 유가 공부

1. 출처: 대한석유협회

2. 출처: 대한석유협회

3. 세계 3대 단일 연기금은 노르웨이의 국부펀드, 일본의 후
   생연금, 한국의 국민연금입니다. 한국의 국부펀드는 한국
   투자공사로, 국부펀드와 공공펀드는 조금 다릅니다.

4. 출처: EIA(U.S. Energy Information Administration)

5. 출처: EIA

6. 출처: FRED(Federal Reserve Economic Data)

7. 출처: EERE(Office of Energy Efficiency and Renewable Energy)

8. 출처: U.S. Global Investors

9. 출처: EIA

10. 출처: EIA

11. 선물은 주식과 달라서 중간중간 발생하는 비용 때문에
    기다린다고 해서 완벽하게 원금이 보전되지는 않습니다.

참고문헌

책

· 《거시경제학(제3판)》, 데이비드 로머 지음, 안국신·유진방 옮김, 맥그로힐에듀케이션 코리아

· 《경제로 읽는 교양세계사》, 오형규 지음, 글담출판

· 《경제학》, 니얼 키슈타이니 지음, 박준형 옮김, 북이십일

· 《글로벌 금융위기 이후 세계경제의 주요 리스크와 정책대응》, 한국은행 조사국 국제경제실 지음, 한국은행

· 《금리의 역사(제4판)》, 시드니 호머·리처드 실라 지음, 이은주 옮김, 리딩리더

· 《기초경제의 이해》, 김용민 지음, 도서출판 두남

· 《무역학원론》, 김희철·이신규 지음, 도서출판 두남

· 《문답으로 읽는 20세기 한국 경제사》, 정태헌 지음, 역사비평사

· 《미시경제학(제6판)》, 이준구 지음, 문우사

· 《미쉬킨의 화폐와 금융》, 프레드릭 미쉬킨 지음, 정지만·이상규·이명훈 옮김, 피어슨 에듀케이션 코리아

· 《미중 카르텔: 갈등적 상호 의존의 역사》, 박홍서 지금, 후마니타스

· 《석유 이야기: 세상을 움직이는 에너지》, 사회정보리서치반 지음, 손주희 옮김, 방송대출판문화원)

· 《석유 지정학이 파헤친 20세기 세계사의 진실》, 윌리엄 엥달 지음, 서미석 옮김, 도서출판 길

· 《외환시장론(제2판)》, 한복연·김진성 지음, 한국방송통신대

학교 출판문화원

· 《정치경제학의 대답》, 김수행·장시복 지음, 사회평론

· 《크루그먼의 경제학입문》, 폴 크루그먼 지음, 김재영·박대근·전병헌 옮김, 시그마프레스

· 《트럼프 시대, WTO에 던지는 5가지 질문: 다자무역체제에서 바라본 미중무역분쟁의 본질》. 박정욱 지음, 박영사

· 《한국경제통사(제7판)》, 이헌창 지음, 도서출판 해남

· 《행동하는 용기(경제위기와 그 여파에 대한 회고)》, 벤 버냉키 지음, 안세민 옮김, 까치글방

· 《환율전쟁 이야기》, 홍익희 지음, 한스미디어

논문 및 자료

· 〈외환위기 이후 실물 및 금융부문의 회복과정과 교훈〉, 연구총서. vol 76 p. 11, 이창용, 텔코경영연구원

· 〈숫자로 보는 광복 60년〉, 한국은행

· 〈한국의 외환위기(원인, 해결과정과 결과)〉, 경제발전연구 제13
권 제2호 pp. 1-43, 이제민, 한국경제발전학회

기사

· 경기도민 75%, "지역화폐 경제 활성화에 도움된다", 〈파이
낸셜뉴스〉, https://news.naver.com/main/read.nhn?mode=
LSD&mid=sec&sid1=102&oid=014&aid=0004498659

· "긴급재난지원금은 10% 더 내세요"…곳곳서 '바가
지 상흔', 〈노컷뉴스〉, https://www.nocutnews.co.kr/
news/5345560

· '냄비 속 개구리'된 한국경제, 강한균의 경제칼럼, 〈김해
뉴스〉, http://www.gimhaenews.co.kr/news/articleView.
html?idxno=20624

· 亞 외환위기 20년…인니·태국 주식보다 한국 여전히 저
평가, 〈매일경제신문〉, https://www.mk.co.kr/news/stock/
view/2017/07/448513/

· 동학개미 승리?… '곱버스'에 물린 2.5兆 남았다, 〈서울경
제〉, https://www.sedaily.com/NewsView/1Z3Z132KE2

· '디폴트' 위기 베네수엘라, 4000% 초인플레이션에 몸살, ⟨뉴시스⟩, https://news.naver.com/main/read.nhn?mode=LSD&mid=sec&sid1=104&oid=003&aid=0008304970

· "미-중 무역분쟁으로 韓 성장률 0.4%p 하락", ⟨MBC뉴스⟩, https://news.naver.com/main/read.nhn?mode=LSD&mid=sec&sid1=101&oid=214&aid=0000987747

· 재난지원금 바가지? "황당한 얘기" 속터지는 상인들, ⟨국민일보⟩, http://news.kmib.co.kr/article/view.asp?arcid=0014567373&code=61141111&cp=nv

· [주식ABC] 헤지펀드, ⟨조선일보⟩, https://biz.chosun.com/site/data/html_dir/2013/10/01/2013100100390.html

· 지역화폐가 왜 필요하냐고요? 돈은 돌고 돌아야죠, ⟨오마이뉴스⟩, https://news.naver.com/main/read.nhn?mode=LSD&mid=sec&sid1=101&oid=047&aid=0002253411

· 한국 외환위기 때 IMF처방에 실수… 스트로스칸 총재 첫 시인, ⟨매일경제신문⟩, https://news.naver.com/main/read.nhn?mode=LSD&mid=sec&sid1=101&oid=009&aid=0002270176

· [현장칼럼] 'IMF 트라우마'는 치유되지 않았다, ⟨헤럴드경

제〉, https://news.naver.com/main/read.nhn?mode=LSD&
mid=sec&sid1=101&oid=016&aid=0000412397

· "화폐는 휴지, 황금만이 살길"... 베네수엘라판 골드러시,
〈조선일보〉, https://news.naver.com/main/read.nhn?mode=
LSD&mid=sec&sid1=104&oid=023&aid=0003411523

오늘 배워 내일 써먹는 경제상식

초판 1쇄 발행 · 2021년 4월 28일
초판 7쇄 발행 · 2024년 6월 1일

지은이 · 김정인
감수자 · 남시훈
발행인 · 이종원
발행처 · (주) 도서출판 길벗
브랜드 · 더퀘스트
주소 · 서울시 마포구 월드컵로 10길 56 (서교동)
대표전화 · 02) 332-0931 | **팩스** · 02) 322-0586
출판사 등록일 · 1990년 12월 24일
홈페이지 · www.gilbut.co.kr | **이메일** · gilbut@gilbut.co.kr

기획 및 편집 · 오수영(cookie@gilbut.co.kr), 유예진, 송은경 | **제작** · 이준호, 손일순, 이진혁
마케팅 · 정경원, 김진영, 최명주, 류효정 | **영업관리** · 김명자 | **독자지원** · 윤정아

본문디자인 · this-cover | **교정교열** · 최진
CTP 출력 및 인쇄 · 금강인쇄 | **제본** · 금강인쇄

ISBN 979-11-6521-532-3 03320
(길벗 도서번호 090271)
정가 18,500원

독자의 1초를 아껴주는 정성 길벗출판사

길벗 | IT실용서, IT/일반 수험서, IT전문서, 경제실용서, 취미실용서, 건강실용서, 자녀교육서
더퀘스트 | 인문교양서, 비즈니스서
길벗이지톡 | 어학단행본, 어학수험서
길벗스쿨 | 국어학습서, 수학학습서, 유아학습서, 어학학습서, 어린이교양서, 교과서